日中平和友好条約締結45周年記念出版

「香香《シャンシャン》」と中国と私

忘れられない中国滞在エピソード

第6回 受賞作品集

三日月大造・高畑友香
清水哲太郎・森下洋子
など45人共著

段躍中 編

日本僑報社

第六回「忘れられない中国滞在エピソード」受賞作品集出版にあたり

呉江浩大使からのメッセージ

第六回「忘れられない中国滞在エピソード」コンクール受賞作品集の発刊にあたり、駐日中国大使館を代表して、受賞者の皆さま、日本僑報社および関係者の皆さまに、心よりお祝い申し上げます。

二〇一八年に第一回「忘れられない中国滞在エピソード」コンクールが開催されて以来、千三百人近い日本の方々が、このコンクールを通じてご自身が体験した「中国滞在エピソード」を語り、独自の「中国観」を読者と共有してきました。皆さまは自らの経験を通じて、「草の根の交流」の視点から中日両国間の相互理解を促進し、友好を深めるために、積極的な努力をされてきました。

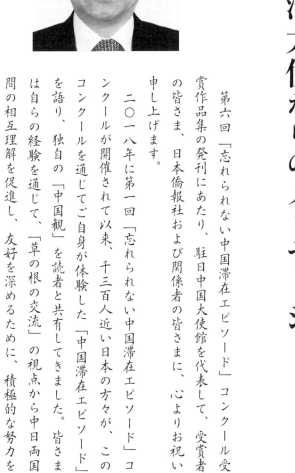

第六回コンクールにもたくさんの日本の友人たちがご参加されました。そのご職業は政治家、芸術家、医師、会社員、教師など、多岐にわたります。受賞作品の中で最もよく出てきた言葉は「忘れられない」「驚き」「感謝」「友好」「祝福」などです。これらのキーワードは、中日両国の平和と友好に対する日本国民の期待を十分に反映しているといえるでしょう。

今年は中日平和友好条約締結四十五周年の節目にあたる、記念すべき重要な年です。四十五年前に締結されたこの条約は、中国と日本が長期的な平和友好関係を発展させることを法律の形で規定したものです。中日両国は未来に向けて、双方が平和の初心を忘れず、友好への信念を強め、先人の知恵に学び、時代の流れに順応し、両国関係の安定した長期的発展を促進すべきだと思います。「九層にも及ぶ高台も、小さな土を重ねることから着手し、千里の道のりも足下の一歩から始まる」という言葉があります。新しい時代にふさわしい中日関係の構築を推進するということは、一滴一滴落ちる水のしずくのような、ささやかな民間友好の積み重ねと切り離すことはできません。受賞作品集の出版が、より多くの日本の友人たちにとって、中国に触れ、中国を知り、中日両国の友好的な交流に参加するきっかけとなることを願っています。私たちは、中日両国の各界が手を携え、両国関係の改善と発展に新たな活力を吹き込むことを期待いたします。

二〇二三年十月

中華人民共和国駐日本国特命全権大使

呉江浩

目次

一等賞

二等賞

三等賞

あとがき

付　録

特別賞

万里の道も一歩から

滋賀県知事　三日月 大造

本年、日中平和友好条約締結四十五周年および滋賀県と湖南省との友好提携四十周年を迎えることができ大変喜ばしく思います。これまで両国の友好、両県省の交流にご尽力いただいた多くの皆様に敬意を表しますとともに、心から感謝いたします。

滋賀県と湖南省との交流は、琵琶湖と洞庭湖という湖の縁を礎として一九八三年三月に始まりました。当時の武村正義知事と湖南省の孫国治省長が琵琶湖に浮かぶ遊覧船「ミシガン」の船上でサインを取り交わしました。その後、長い年月を経て、お互いを理解するための文化交流から、環境、経済、観光、医療、青少年など様々な分野での事業交流へと発展し、信頼関係を築いてきました。

私は、滋賀県知事二期目に入った二〇一八年十一月、友好提携三十五周年記念訪中団の団長として、県議会議長、県内経済界、民間交流団など各界からの総勢二百名と共に湖南省を訪問し、各分野で交流を行いました。

現地で中国共産党湖南省委員会杜家毫書記および湖南省人民政府許達哲省長との会談を行い、記念式典や歓迎レセプションが催されました。現地で植樹を行い、私が詠んだ句〝八景の 湖に鳰飛び 福来る〟を彫った石碑を設置していただきました。特に心に残っているのは、両県省の書道家、画家、写真家による作品展「湖南滋賀芸術展」が盛大に開催されたことです。私自身の書も出品しました。

2018年、中国共産党湖南省委員会杜家毫書記との会談

本県はこれまで洞庭湖の環境改善にも貢献してきました。「水環境シンポジウム」を開催し、洞庭湖と琵琶湖の水質がどのようになっているのか、生態系を含めてどのような課題があるのか、お互いの現状と課題について共有しました。

また、湖南省では「平和堂」が有名です。滋賀県に本社を置く平和堂が一九九八年に湖南省長沙市に百貨店を出店して二十周年の節目でしたので、その記念式典および物産観光フェアが開催されました。

湖南省とのつながりは私たちにとって誇りです。双方の長い歴史に学び、行くたびに新しい友人ができ、様々なことを教えてくれます。湖南省人民と滋賀県民との友情を再確認し、それを基礎に文化交流、経済交流、さらには観光なども含め、まだまだ様々な交流発展の可能性を感じることができました。

これからは共に学び合いながら、私たちの誇りである友好提携を互恵でさらに発展させたいと願っています。二〇一九年七月には長沙市内に滋賀県誘客経済促進センターを開設しました。開設後半年でコロナ禍になってしまいましたが、事務所を拠点として観光誘客に向けた魅力発信や経済交流の活動を積極的に行い、人的往来が制約される中であっても、オンライン交流などを通じて両県省の関係を発展させることができました。

日中の関係は長い歴史を持つ、一衣帯水の隣国です。滋賀県と湖南省は友好連携により、地域間交流を深め、お互いの文化を学び、同時にかけがえのない友情を育んでまいりました。地方間だからこそできる草の根の友好交流を続けることで、両国のみならず世界の平和と発展にも寄与していきたいと考えています。

「売り手よし、買い手よし、もって世間よし」。

自分たちだけがよければいいのではない、周りの社会もよくならなければならない。これは、今だけではなくて未来のことも考えて商売やモノづくりをしなければならない、という近江商人の「三方よし」の精神です。近江商人がこのような精神を持つように至ったのは、滋賀県には早くから広く仏教の教えがあったからではないかと言われています。では、仏教はどこから伝わったのかと言えば中国大陸

2018年、湖南省にて記念植樹と記念碑設置を実施

からです。伝教大師・最澄が近江（今の滋賀県）に伝えました。皆のこと、未来のことを考える思想は、日本と中国の底流に共通して流れていると思います。もちろん、色々な国々、企業同士が時として厳しい対立関係や困難な問題に直面することがあるのかもしれませんが、底流に流れる思想から学び、乗り越えていくことが日中両国では可能なのではないかと思います。

これから特に力を入れていきたいのは「青少年交流」と「平和」です。友好の絆を未来に向けて発展させていくために、交流のバトンを次の担い手である青少年につないでいきたい。文化や芸術、スポーツ、学術などの交流に可能性を感じています。

若い時の海外交流経験は、その人にとっても社会にとっても非常に有意義です。私自身、「滋賀青年の翼」という友好事業で初めて訪中し、中国人の青年と交流しました。知事になってからは高校生訪中団と一緒に中国を訪れています。

ここ数年はコロナ禍でリアルでの交流は停止せざるをえませんでしたが、今年八月に四十周年記念事

2023年８月、湖南省にて、平和祈念交流行事を実施

業として、私自らが県内の高校生、大学生を伴って湖南省を訪れました。また、中国・清華大学と本県は包括協定を締結しており、未来を担う青少年の交流をさらに強化、拡大するとともに、新たな友好の絆を築いていきます。

国会議員であった二〇一三年、横路孝弘元衆院議長を団長とする日中友好議員団で盧溝橋を訪問し戦争の悲惨さを感じ、戦争の歴史だけは絶対に繰り返してはならないと心に誓いました。湖南省は日中戦争の激戦地で多くの方々がお亡くなりになった場所です。今年八月の四十周年記念事業では、湖南省で平和交流事業を行い、湖南省で斃れた全ての人々の命の前に花を手向け、哀悼の誠を捧げてまいりました。今後も、戦後八十年の節目を前に、世界共通の願いである平和への希求のため、恒久平和に向けて祈りたいと考えています。このことは私たちの世代がやらないといけないことだという使命感を持っています。決して簡単に実現できることではありませんが、これまで良好な関係を築いてきた滋賀県と湖南省との間でなら乗り越えられると信じています。

万里の道も一歩から。二〇〇二年初めて中国の大地を歩いた時、心に刻んだ言葉です。

皆さん　ともにがんばりましょう‼

三日月 大造
（みかづき たいぞう）

一九七一年生まれ。滋賀県出身。一九九四年、一橋大学経済学部卒業後、西日本旅客鉄道株式会社に入社。駅員、電車運転士や営業スタッフなどに従事。二〇〇二年四月（財）松下政経塾入塾。「滋賀青年の翼」日中友好訪中団で初めて訪中する。二〇〇三年十一月に衆議院議員に初当選し、以降四期連続で衆議院議員を務めた。二〇〇九年九月民主党政権下において国土交通大臣政務官、国土交通副大臣などを歴任。二〇一〇年五月四川省成都での「日中韓物流大臣会合」、同年八月北京での「日中ハイレベル経済対話」に出席、二〇一三年には日中友好議員団等に参加。二〇一四年七月滋賀県知事に就任。現在三期目。二〇二二年十二月関西広域連合長に就任。湖南省友好提携四十周年記念行事に向け、湖南省との地域間交流を深める。次世代を担う子ども・若者と共に歩み、誰もが幸せを実感できる「健康しが」に向け取り組んでいる。

特別賞

心に残る中国体験

松山バレエ団 松山バレエ学校 総代表
清水 哲太郎

私は一九六六年、中国に留学しました。北京語言学院で中国語を学びつつ、北京中央バレエ団でバレエの稽古を受けるという、ひとりの日本人留学生としての中国での生活が始まりました。この留学体験は私にとって自分をきたえるよい機会となりました。朝起きて、語言学院の授業を受け、午後は一時間以上かけ自転車で北京中央バレエ団へ通い、稽古をするという毎日でした。

凍てつく寒い日もオーバーを着て手袋をはめ自転車で北京中央バレエ団に通いました。

後に北京中央バレエ団の主役級の踊り手になった友人の盛建栄氏と共に北京中央バレエ団の更衣室にベッドを運び入れ寝泊まりして、バレエの稽古を毎日早朝から深夜まで続けました。そんな生活を通して、中国の人々をみていると、自分を生かして、主体的に生きていこうとしている。自分ものんびりしていてはいけない。世界の中で一人のアジア人のバレエアーティストとして、もっと主体的に生きていかなくてはいけないと考えるようになりました。全世界のバレエ芸術、舞台芸術界で、人類の俯仰不屈の精神、その人間美をたくさんの人々に届けよう。そのような思いを持てたことが中国留学で得た貴重な学びの体験でした。

また、二年半の留学体験は、自身が生きる道はバ

唐家璇氏と清水哲太郎氏、森下洋子さん

レエと決意させ、バレエの意義をつかみ、自分の意思で踊ることを決意させ、主体的に踊ることとの大切さを学んだ二年半でした。

　中国への留学を終え、さらにモナコやニューヨークでバレエを学び、私の妻である森下洋子と共に、日本以外でも、アメリカ、イギリス、フランス、ドイツ、オーストラリア、イタリアなど多くの国々で公演し、また国内外のコンクールで審査員も務めました。数多くの賞もいただき、現在は松山バレエ団、松山バレエ学校の総代表として活動を続けています。

　それらも二年半の中国への留学が基礎になっているように思っています。

　松山バレエ団は私の父母、清水正夫と松山樹子が創立して、これまでに十七回、中国での公演を行ってきました。

　松山バレエ団と中国との友好、協力の基礎にあるのは松山バレエ団が世界で初めて中国の古い民間物語をバレエ化した、バレエ「白毛女」です。

　なぜ、松山バレエ団が「白毛女」をクラシックバレエ化したのか。その答えは、幾千年に渡り小さな島国の日本に人類の文明文化の灯りを、見返りを求めず送り続けてくれた中国に限りない尊敬と厳かな憧れを感謝としてあらわし、さらに近代における日本の軍国主義による侵略、それを進めたファシストの残虐非道な行為と悪辣な人間差別に対し、大きな罪の意識を持ち、声をあげて中国の人々への感謝と謝罪を心から叫ぶ日本人もいることを理解していただきたい。小さな民間団体である松山バレエ団、それも戦争を経験していない若い人たちがクラシックバレエで中国への感謝と謝罪を表現する。そんなバレエ団の心を表現したものがクラシックバレエ「白毛女」であり、それを世に出した理由です。

松山バレエ団がバレエ「白毛女」を創作し、中国国交回復前の厳しい状況下にありましても、国交回復後にありましても中国の人々は、私たち松山バレエ団をあたたかく受け入れて下さいました。そして私たちも中国の人々を大切に思い、慈しみ、原罪の呪いを一糸、一糸伸ばすように友誼を深めさせていただく年月を過ごして参りました。

そんな中国の人々とのあたたかい交流の中で、忘れられない体験もたくさんあります。一九七三年、私たち、松山バレエ団の八人は北京に行きました。偶然、北京飯店の玄関で散髪に来られていた周恩来総理にお会いしました。その偶然に驚き団員の一人は思わず「あ〜っ、周先生」と叫びましたが、周恩来総理は私の名前を呼んで「てっちゃん」と声をかけてくださいました。後日、人民大会堂で開かれた京劇の特別公演に来られた周恩来総理は、松山バレエ団の若い団員たちに「このあいだ、おめにかかりましたね」と楽しそうに声をかけていただきました。周恩来総理の慈愛に満ちたあたたかい眼差しが懐かしく思い出されます。

私の父、松山バレエ団を創立した清水正夫は中国との友好交流について、「私たちは、どんな苦しい立場にあっても、また中国がどう変わろうと、一貫して中国との友好を大切にしました。私たちの生きているあいだは長い日中交流のなかのほんの一瞬なのです。それならば、この一瞬を大切にしようと考えたのです」と話していました。

その志を思い、新中国建国の先人と日本の先人の皆様が命がけで日中友好の為に架けて下さった橋を私共松山バレエ団は大切に引継ぎ、これからも舞踊の道を歩んでまいりたいと思っています。松山バレエ団は「芸術は人を選ばず、芸術は美しさ、醜さ、美醜の差別の念を持たず」「芸術は人々の幸福のためにある」の理念ももとに歩んでいます。

中国は何千年も前から日本に文化文明の「何をもってしても返すことのできない巨大な恩」を与えてくださいました。

この恩に報いるために常に中国留学体験で得た宝を心に刻みこれからも活動を続け、先人が架けた日中友好の橋を守り育てていきたいと思っています。

清水 哲太郎（しみず てつたろう）

一九四八年、松山バレエ団創設者の松山樹子と清水正夫の長男として生まれる。日本において東勇作、松山樹子、モナコにてマリカ・ベゾブラゾヴァ、ニューヨークにてスタンリー・ウイリアムズの各氏に師事。一九七四年ヴァルナ国際コンクールに森下洋子と出場、ダブル受賞となる。芸術選奨文部大臣賞など受賞多数。二〇〇五年には紫綬褒章を受章。現在、松山バレエ団のすべての作品の演出・振付・振付改訂を務めながら、全体を統括し、団長森下洋子と共に積極的な活動を続けている。

特別賞

心に残る中国体験

松山バレエ団 理事長、団長、
プリマバレリーナ 森下 洋子

私はバレエの師でもあり、夫、清水哲太郎の母である松山樹子先生が踊るバレエ「白毛女」を初めて見た時、どうしてだかわからないけれど、鳥肌がたって涙が出ました。

松山樹子先生の舞台人としての存在自体がすごいと、その踊る姿を見て思いました。

そして一九七〇年に松山バレエ団に入団しました。入団後、松山樹子先生から「白毛女をやりなさい」と言われ、その時、すごく嬉しかったことを覚えています。そして私の中国との交流も始まりました。

それから五十年以上が過ぎましたが、その間、たくさんの中国の人々との感激の出会いがありました。

松山バレエ団は一九七一年九月から十二月まで、北京、西安、延安、武漢、長沙、韶山で訪中公演を行いました。私たちは、香港から線路を歩いて深圳に行き、深圳から広州に着き、広州空港のロビーで広州の歌舞団と友好交流をした後に北京に向かいました。

北京空港に着いたのは真夜中でしたが、飛行機から空港を見ると私たちを歓迎する黒山の人だかりでした。熱烈な歓迎に答えるべく、空港ロビーで私たちは着ていた洋服そのままで「白毛女」を踊りました。国慶節式典では北京の中山公園で「白毛女」を踊り、人民大会堂の祝賀レセプションで周恩来総理

四人の白毛女 王昆女史・森下洋子さん・田華女史・郭蘭英女史（2004年）

にお会いしました。

周恩来総理と握手した時、ものすごく柔らかい手で、深い優しさと柔軟さが伝わってくる手だったことを今もよく思い出します。

その後、バレエを踊りつづけて世界を回りましたが、周恩来総理ほど周りの人に対し、すべてを尽くすという人を見たことがありません。また、人間的にこれほど魅力を備えた方はいないと思いました。周恩来総理からは私たち松山バレエ団のメンバーに「あなたたちは大切な、大切な友人です」と言葉をかけていただきました。

周恩来総理は私たちに「白毛女」のかつらや衣装を贈ってくださり、その衣装には一人一人の名前まで書かれていました。そのかつらと衣装は、今も大切に使わせていただき、喜児を踊る時には周恩来総理のやさしい笑顔が浮かびます。

その公演の旅では上海舞踏学校のオーケストラと指揮者、合唱隊が全コース、私たちといっしょに列車で旅をし、中国の友人たちと楽しい時間を過ごしました。長い公演が終わる頃には、みんな家族のようで、日本に帰る時には別れるのが悲しくて涙が出ました。

一九七八年九月から十一月まで北京、大同、成都、昆明、杭州、上海で公演をしました。北京空港に着いたのは夜の十時を過ぎていましたが、空港では大勢の人たちに出迎えていただきました。

その公演中、私は松山樹子先生と共に、松山バレエ団がお世話になった懐かしい友人と再会することができました。その懐かしい人々には松山樹子先生が周恩来総理から「三人の白毛女」と紹介された、オペラ「白毛女」の王昆さん、映画「白毛女」の田華さんがいました。

周恩来総理夫人の鄧穎超さんは、その再会の場を訪ねてくださり、私を抱きしめて「恩来の代わりに私が来ました」と話してくださいました。

私はたくさんの中国の先輩、友人に恵まれ、バレエ「白毛女」に取り組みながらいろいろなことを先輩、友人に教わりました。教わっているうちに、次第に中国のことがわかってきました。バレエと喜児を通して中国の本質、人間の真理、原理原則を学んでいったのです。

松山樹子先生は、中国との交流を続けた半生を振り返り、「河が流れるように時代が変わり、人間の考え方や生き方も変わっていく。時代、環境、自分の周囲の人間、自分自身も時の流れとともに変わることを受け入れ、しかしいつまでも変わらない人間を信じる心を持ち続けねばなりません。バレエは人間を厳しく鍛え、人間の魂によって創り出す仕事です。私たちが日本と中国の間で歩いてきたこの四分の一世紀は世界から見れば一瞬の些細なことかもしれませんが、世の中がどんなに変わろうと中国を愛するわたしたちの気持ちは変わらないし、中国の友人に対する愛情はきっと次の代の若者も受け継いでくれると信じています」と話されていました。

松山バレエ団を創った松山樹子先生、清水正夫団長は痛みを背負い、芸術で日本と中国の心と心を結んでこられました。

私は70年のバレエ人生で多くの人から教えと叡智をいただきました。先人が私たちに注いでくださった慈愛を心に刻み、さらに新しいもの、素晴らしいものを学び、美しい光、そしてバレエ芸術にかえて届けていきたいと思っています。

私は、一瞬のうちに消えてしまうバレエ、その消える前に人々の心の中に永遠に刻みこむことができるかどうかが、芸術となるかならないかの境目だと思い、一日一日を大切にし、体と心を整え、基本を繰り返して体に染み込ませ、舞台で死に切る覚悟でバレエ芸術と向き合ってきました。

私たちは中国から数千年にわたりあまりにも多くの文明の恩を頂いています。

中国で初めて白毛女を踊ってから五十年。人々の心を一つにする芸術の力を信じ、中国の人々との出会いの日々、一瞬を大切にし、先人が命がけで築いた中国と日本の文化を通じた絆を大切にして、平和への祈りを込めて、これからも踊り続けていきたいと思います。

森下 洋子（もりした ようこ）

一九四八年、広島市生まれ。三歳よりバレエをはじめ、葉室潔、洲和みち子、橘秋子、シュベッツオフに師事。十二歳で単身上京。一九七一年、松山バレエ団のメンバーとなり、松山樹子に師事。一九七四年、ヴァルナ国際バレエコンクールにて金賞受賞。エリザベス女王戴冠二五周年記念公演など海外でも幅広く活躍。英国ローレンスオリビエ賞など日本人として初となる数多くの賞を受賞。一九九七年、女性最年少の文化功労者として顕彰される。二〇〇一年、松山バレエ団の団長に就任。松山バレエ団プリマバレリーナとしてほとんどの公演に主演する一方、バレエ団の創作活動の要として活躍。日本芸術院会員。

中国大使賞
最優秀賞

「香香《シャンシャン》」と中国と私 ―また会える日まで

会社員　高畑　友香

二〇一七年六月、上野動物園に赤ちゃんパンダが生まれた。その愛らしさに虜になった私は、幼少期の中国滞在中にお手伝いさんに呼ばれていた自分の名前「香香」を赤ちゃんパンダに名付け、採用となった。それがシャンシャンと私の出会いだ。夢中で推しに会いに上野動物園へ通った熱狂的な日々。一時は私自身の中国駐在で離れてしまったが、日本で生まれ、育ってくれた五年間に感謝し、またいつか、中国へ会いに行きたい。

パンダを初めてかわいいなと思ったのは二〇〇八年、父の駐在で北京に滞在している時のことだった。北京動物園にいる赤ちゃんパンダが、庭の中を走り回り、木によじ登ったと思ったら、うまく登れずに木から落ちて尻もちをついたり、とにかくよく動く様子に目を見張った。それまで見たことのあるパン

2023年3月、雅安パンダ基地にて。公開は1週間遅れたものの、シャンシャンのパネルは既に設置されていた

ダは皆おそらく大人のパンダで、動きがなかったので、パンダってこんなに活発に動くんだと感心した。

二〇〇九年、高校に進学するタイミングで日本に戻り、その後パンダ熱は冷めていた。高校、大学と進学し、中国語の勉強は細々と続けていたが、パンダのことはほぼ忘れていた。しかし、転機が訪れた。二〇一七年六月十二日、上野動物園で待望の赤ちゃんパンダが誕生した。シャンシャンである。テレビでは日々大きくなっていくシャンシャンの様子が放映された。最初はエイリアンのようだったシャンシャンがだんだんふっくらしてきて、うっすらピンク色のふわふわの毛が生え、キラキラした目が開き、口角は少し上がり微笑んでいるかのように見えた。お母さんのシンシンが大好きで甘えるような仕草や、飼育員さんにメジャーで身長を測られる様子、全てがかわいくてかわいくて、毎日のようにSNSで画像を漁った。

上野動物園が赤ちゃんパンダの名前を募集していると聞いた時、急に応募しようという気になり、上野動物園のホームページを開いた。名前と名前の由来を書く欄があり、由来の欄には「子供の頃、中国でお手伝いさんに呼ばれていた名前が香香だった。」と記入した。一歳から三歳のことなので、私自身の記憶にはなく、父や母から聞いていたエピソードだった。数ヶ月後、まさか本当に香香になると思わなかったので、名前が決まった時は嬉しいよりも驚きが大きかった。他にも名付け親となった人はたくさんいたため、名付け親だという証明は応募時のホームページのスクリーンショットしかないが、名付け親の一人と自認し、更に愛着が芽生えた。そこから、上野動物園の年間パスポートを購入し、上野動物園に通い詰めた。世の中はシャンシャンフィーバー真っ只中で、二時間並んでも一分見られるかどうか。しかもまだ赤ちゃんなので、寝ていることや、顔が見えないこともしばしばあった。しかしそれでこそギャンブルのような中毒性があり、何度も何度も暇があれば上野動物園へ通い、列に並んだ。園内では限定のグッズを買いに行き、香香を題材に書いたOL川柳も投稿した。「持て余す母性を全てシャンシャンに」。自分の気持ちをそのまま表したような、何の捻りもない川柳だったが、世がシャンシャンフィーバーだったこともあり、なんとこれが入選し、イラストをつけたカレンダーにまでしていただいた。狂ったようなときめきと行動力、シャンシャンは私の推しであり、この行動は今で言う推し活だったと思う。

二〇一九年、今度は自分自身の駐在で十年ぶりに中国へ戻った。三回目の中国滞在で、前回、前々回に滞在した北京でも広州でもなく、住んだことのない上海。その上、仕事で駐在ということもあり、楽しみ半分、不安半分だった。シャンシャンとは遠距離になり、見にいくこともしばらくなかった。赴任の一年後にコロナウイルスが勃発して、思うようにいかないこともたくさんあったが、上海では日本人中国人含め色んな人に出会い、公私ともに大事な仲間がたくさん増え、更に一段中国という国の存在が私にとって大きく大事な存在となった。

そして二〇二三年、無事に四年間の上海駐在を終え、四月についに本帰国となった。二〇二二年末まで続いた厳しいゼロコロナ政策が終わりを迎えた頃、大好きなシャンシャンが当初の予定よりかなり遅れて中国に戻ってきた。シャンシャンのいる雅安パンダ基地は、四川省の省都・成都から車で二時間ほどと行きづらい場所にある。しかし、他のどこよりも行きたい場所だったので、二〇二三年三月末に満を持して会いに行った。ところが、シャンシャンの繊細な性格が考慮され、予定より公開時期が一週間遅れてしまい、パンダ自体はたくさん見ることができたが、残念ながら雅安でのシャンシャンとの再会は叶わなかった。パンダ基地の職員にシャンシャンは元気かと尋ねると、彼は「日本人か?」と尋ねた後、「元気じゃなかったら公開を検討することだってしないから、元気に決まっているじゃないか。」と四川訛りの中国語で答えてくれた。

　こうしてまたもや、私とシャンシャンは遠距離になってしまった。しかし、ゼロコロナ政策も終わり、日中の行き来は今までよりもずっとしやすくなった。いつかまた会いに行きたいと思う。その時はシャンシャンも中国でお母さんになって、私は彼女の子供を見ることだってあるかもしれない。

　香香、五年間、暖かいときめきと熱狂をありがとう。近くにいても離れていても、大好きだよ。またどこかで会おうね。

髙畑　友香（たかはた ゆか）

一九九三年千葉県生まれ。一歳になる前に父の仕事の都合で中国広州へ。三歳になる年に帰国。その後小学校三年時に再び中国広州、その後中国北京に移動し、中学三年時まで七年間中国に滞在。お茶の水女子大学文教育学部人文科学科卒業後、大手服飾資材メーカーに就職し、主に海外営業支援に従事。四年目より仕事で中国上海に四年駐在。三年目まで都内で勤務したのち、現在は帰国し、東京都内に在住。

1等賞

湖南の友が作ってくれた、世界で一冊だけのアルバム

地方公務員　荻野　大

滋賀県と湖南省は、琵琶湖と洞庭湖という、お互いの国を代表する「湖」を有することが縁となって友好提携した、四十年来の友人である。私は二〇一九年から湖南省長沙市に駐在し、三湘四水（湖南省のこと）をくまなく歩き、理解に努め、貴重な友情にも恵まれた。湖南の友が記念に贈ってくれた一冊のアルバムにまつわる、最も心に残っているエピソードの紹介を通じて、多くの方に湖南の魅力の一端をお伝えしたい。

二〇二三年三月末、私は約四年駐在した湖南省長沙市を離れた。帰国後しばらくは、長沙の賑やかさと比べてかなり静かで穏やかな滋賀の日常に多少の戸惑いと物足りなさを感じたが、新しい生活や仕事に馴染んでいくうちに、逆に中国での記憶がだんだん薄れていくような気がしてならなかった。

滋賀に戻って一月ほど経ったある日、思いがけず長沙から小包が届いた。差出人は現地の友人・陳さ

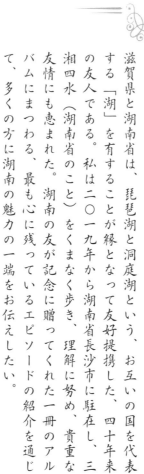

湖南の友が開いてくれた送別会（2023年3月）。筆者は最前列中央

んだ。封を開けてみると、私の駐在時の写真を集めてオーダーメイドしてくれたアルバムではないか。何というサプライズだ！かなりの手間暇をかけて編集くれたことがわかる。

厳選された三十点ほどの写真を見ているうちに、中国で経験した数多くの意義深い出来事や貴重な友情など、生涯忘れ難い記憶のシーンが次々と脳裏に浮かんできたのだった。それは……。

湖南省の面積は日本の国土の約六割にも及ぶ。私は四年をかけ省内に十四ある市・州全てを訪れ、多くの人々と出会った。忘れ難いのは、三湘四水の雄大さ、青山緑水の麗しさ、五千年の悠久の歴史、少数民族の独特の文化、そして湘西腊肉、寧郷花豚、東安鶏などの美食と美酒だ。地域ごとに異なった特色があり、世界的に有名な張家界、崀山、紫鵲界、鳳凰古城だけでなく、長江の支流である沅水流域に栄えた洪江古商城と黔陽古城、瀟湘八景の第一景「瀟湘夜雨」の萍洲書院、永州江永で女性だけに伝承される女書文化、温潤な安化黒茶、岳陽君山島に伝わる恋の物語など、湖南の魅力は枚挙にいとまがない。

人口七千万人を擁する湖南の人々の気質は開放的、情熱的、友好的、誠実で、向上心に溢れるという印象。私はなぜか湖南人ととても気が合い、初対面でもすぐに仲良くなれた。二〇一九年六月の赴任時に友人と呼べる人はごく僅かだったが、帰任する頃にはWeChatの朋友圏は千五百人を超えていた。

永州市江華の村では瑶族の民族衣装を誂えてもらい、地元の人々と一緒に歌い踊った。中国語が少しばかり上達し、「劉海砍樵」や「瀏陽河」などの民歌をマスターすると一層交流の幅が広がった。長沙日本語サロンで知り合った友人とは何度も食事をした。長沙マラソン大会に出場した時、彼らは肌寒い悪天候の中、三十一キロ地点の橋の上で「滋賀之星荻野大選手加油」と書いた横断幕を持って私の通過を待っていてくれた。それを見た瞬間苦しさが吹き飛び、フルマラソンを完走することができた。また他にも多くのエピソードがある。湖南の友は情に厚く、いつも私を気にかけてくれた。彼らは私の人生にとって貴重な財産だ。

当時の私の使命は、湖南の人々に滋賀のことをもっと知ってもらうこと。いくつかの大学からお声がけいただき、日本語を学ぶ学生向けに計十四回の交流講座を開いた。

とても驚いたのは、多くの学生から「ナマの日本人と会うのは初めて」と言われたこと。これは責任重大だ。「私の印象＝日本人に対する第一印象」になるのだから。目の前の学生たちに向かって、日本に興味を持ってほしい、将来日中友好の架け橋になってほしいという私の思いを語った。

アルバムの最後のページを飾るのは湖南の友が私のために開いてくれた送別会。

幹事役を引き受けてくれた友人から「映画館一室貸切りで行う」と聞いた時は、「そんなに大勢来てくれる？」と半信半疑だった。しかしそれは杞憂で、なんと百五十人もの人が集まってくれた。中にはわざわざ上海から駆けつけてくれた人もいた。

会場に入ると「湖南と滋賀との友情は海のように深く、長沙には星のように多くの親友がいる。私たちは荻野所長との再会を楽しみにしている！」の横断幕が目に飛び込んできた。それだけではない、友人たちが次々とマイクを握り「日本といえば滋賀を連想するようになった」、「多くの湖南人に日本人の良い印象を残した」など、私との思い出をスピーチしてくれたのだ。私はなんて幸せ者なのだろう、駐在員冥利に尽きるではないか。四年間全力で取り組んできたことが湖南の友に認めてもらえたと思うと、肩の荷が下りたような気がした。その時思わず熱いものが頬を伝ってきた。一生記憶に残る素晴らしい送別会だった……。

　私は一通り見終わるとアルバムを閉じた。

　湖南の友が作ってくれたアルバムは私にとっての「卒業アルバム」だ。「いつでも湖南のことを思い出せるように」との気持ちが詰まった、滋賀と湖南の心と心をつなぐ世界で一冊だけのアルバムなのだ。私は陳さんに感謝のメールを送った。すると「不十分な点がありますがご容赦を」という、控えめな彼らしい返信があった。

　湖南で駐在できたことは私の誇り。送別会で皆と約束した「離任しても心は離れない」の言葉は片時たりとも忘れはしない。

　今の私の使命は、より多くの滋賀県民に湖南のことを知ってもらうこと。折しも今年は滋賀と湖南との友好提携四十周年に当たる。数年ぶりに対面での交流活動もできそうなので、湖南の友との再会を楽しみにしている。次は私が湖南の友のためにアルバムの続きを作ってあげる番だ。

荻野 大（おぎの　すぐる）

一九七二年京都生まれ滋賀育ち。大学卒業後滋賀県に入庁。二〇一〇年に初めて湖南省を訪問したことがきっかけで中国語学習を始め日中交流活動にも携わる。二〇一九年に滋賀県の中国事務所立ち上げのミッションを受け四年間長沙市に駐在。二〇二三年四月から滋賀県庁に戻り国際交流と多文化共生を担当。湖南省人民対外友好協会「第六期海外名誉理事」（二〇二一年）、日本湖南人会・日本湖南省友の会「日本湖南友好使者」（二〇二一年）を受ける。

1等賞

十歳の私が一人で武術留学した話

歯学生　住友　麻野香

武術留学中のある日の出来事をきっかけに、私の中で私の知る「中国」という国が一気に大きくなったのだ。

国が違えば、育つ環境も、得る情報にも違いが生じることを理解した。

また、それらが違えば当然、価値観や思想も変わる事も。


二〇〇四年の秋、当時十歳だった私は中国・杭州の地に降り立った。これは誰に言われたからでも無く、自分の意思で決めた事。それは、映画「少林寺」でも有名な、胡堅強という私の師匠が作った武術学校・少林武術中心への留学のチャンスが舞い込んできたからだ。ここには中国全土からプロの武術家を目指す生徒達が選抜され、集っている。歳もそう変わらない生徒達が周りの期待を背負い、確固た

中国・杭州の「少林武術中心」にて、師匠達や生徒達と共に撮影した集合写真。写真右下で正座をしているのが筆者。

る意思の強さを持ってここにいるのだ。そんな中、私のような他国の小学生に中国で学ぶ機会を与えてくれたことを幸せに思う。

食事と就寝の時間を除いて、朝から晩までずっと武術の鍛錬に励む毎日。全身の筋肉痛がしばらく続くほどの過酷な練習。煌びやかな映画や舞台の裏側の厳しさに挫けそうになった事もある。それは皆同じなはずなのに、師匠達や友人達は優しく励ましてくれ、敬意を持って接してくれる。強く優しい、武道の志を持つ彼らの振る舞いを心から尊敬していた。だからこそ私一人だけ泣き言は言えない、と自然に思うことができた。尊敬できる人達と共に切磋琢磨できるこの機会に感謝し、日々の訓練に必死で食らいついていた。

滞在中に、師匠達のご好意で中国武術の大会に出場する機会を頂いた。私は左足の付根を怪我していたので不安もあったが、練習の成果を皆に見せる時だ、と意気込んでいた。私は長拳の型を披露した。基本の歩型である弓歩、馬歩、仆歩と続けて足を運んでいく。しかし、特に片脚を伸ばしたまま深く腰を落とす仆歩は負傷している私には難しい姿勢で、バランスを崩してその場で尻餅をついてしまった。失敗した！　瞬時に頭によぎった。続いて、感情がふつふつと内面から湧いてくる。悔しさ、悲しさ、そして自分に対する怒りが。師匠達や友人達の「加油！」の声にハッと気付かされる。最後までやり遂げるしか私に残された道はないのだと。

そこからは、失敗もなく型を終えた。無我夢中で上手くできていたかは自分には分からなかったが、結果は銀メダルだった。しかし、銀メダルだからこそ達成できなかった時の悔しさや、失敗を恐れずに物事を果敢に挑戦する勇気を学ぶ事ができた。

そんな日々が続いたある日、日中関係に端を発したデモが行われた。この時、私は改めて「異国」にいることを痛感し、なんだか一気に遠い所に来てしまったように感じて、途端に恐ろしくなった。少しピリついた空気を肌で感じた。ホームシックになったことは無かったが、この日初めて本能的に、ここは危険かもしれない、日本に帰った方がいいかもしれない、と思った。不安からか堪えられずに涙が出た。未知への恐怖が大きかった。

師匠達の配慮や、友人達が寄り添ってくれたこともあり、私の不安や恐怖は少し和らいだ。皆の優しさに触れて、なぜ恐いと感じたのか改めて向き合う事ができた。

まずは、私の中で私の知る「中国」という国が一気に大きくなった事だった。なぜなら、それまで私の知る「中国」は私の周りの中国人達の事であり、苦楽を共にし、絆を深め合った彼らに守られたあの環境の事でしかなかったからだ。しかし、デモで知った「中国」の新たな一面は、今まで私に優しくしてくれていた師匠達や友人達と比べ、私の中で大きなギャップを感じ、ショックを受けたのだと気づいた。

次に、「嫌われる理由を知らない事」だと思った私は、今回のデモの原因を周りの大人達に尋ねた。当時十歳の私にどう説明するか悩んだ結果、彼らは

「歴史の教科書に載っている事が日本と中国で違っているから」だと簡単に説明してくれた。学ぶ歴史が国によって違う事を初めて知った私はびっくりした。そして、国が違えば、育つ環境も得る情報にも違いが生じる事を理解した。また、それらが違えば当然、価値観や思想も変わる事も。そのため、もしかしたら私の周りの中国人達も日本に対する思いがあったかもしれないが、日本人である私を元気づけようとする心遣いが嬉しかった。

こうして、幼いながらに私の中で強烈な体験となったデモもいつの間にか落ち着き、私はその後も引き続き、杭州で学び続けた。うまくは言えないが、この一件で国という単位での物の見方や世界の広さに気づいた事で、もっと大きく物事を捉えながら日々を過ごしていたように思う。

十歳での中国留学は私にたくさんの気付きと勇気を与えた。私は中国を離れた後も、自らアメリカやヨーロッパへと留学するチャンスを積極的に掴み、その国々での教育を受けながら文化を学んだ。中国での学びは、広い世界へと続く扉の鍵となったのだ。そして、これからもその鍵でより広い世界への扉を開いて行こうと思う。

住友 麻野香（すみとも まやか）

一九九三年岐阜県生まれ。二歳の時に、母の研究留学に連れられ、カナダ・モントリオールへ。帰国後、東京にあるニューインターナショナルスクールに入学。十歳の時に初めて一人で中国へ武術留学する。世界への興味に拍車がかかり、十四歳でアメリカ・バーモント州にあるSt. Johnsbury Academyへ高校留学。医学の道を進むため、ハンガリー国立デブレツェン大学の医学部へ留学。EU医師資格取得。帰国後、新潟大学歯学部歯学科に編入学し、現在に至る。医科歯科のダブルライセンスを目指す。

1等賞

中国で学んだ価値観

会社員　飯岡　美沙

大学卒業後、中国の深圳市に移住した筆者は、新たな価値観に触れました。現地での学びを得て、自らの活動を通して中国と日本の文化交流の役割も果たしました。同時に心の中での不安なども経験しましたが、ファンの方々の支持や現地での人々との交流を通じ、価値観の変遷への理解や、日中の新たな友好関係の形成の重要性を実感。未来を見据えて、日中の相互理解と友好の形を追求していく決意を新たにしました。

私は大学時代に独学で中国語を学び始め、大学を卒業した二〇一七年には、かねてから訪れてみたいと考えていた中国の深圳での滞在を決断しました。

深圳は過去三十年間で急速に発展し、今もなお成長し続ける勢いのある都市です。深圳で働く人々のエネルギーは街全体にも浸透していて、常に新しい発見や驚きと出会う日々を過ごしていました。

このように発展のスピードが早い深圳で暮らして

四川省「成都大熊猫繁育研究基地」で旅行Vlogを撮影している筆者。この時の映像が250万回再生を突破し、それを機に様々な体験や人々との繋がりが広がっていった

いく中で、私は特別な価値観に出会いました。それは、新しいことでも「とりあえず試してみる」という姿勢です。

成功するのか、失敗するのかは挑戦するまで分からないし、上手くいったら継続しながらより良くしていこう、仮にもし失敗したら別の方法を試せばいい。この大らかで自由な価値観は私にとってはとても斬新で、この街が勢いを増しながら発展していく理由は、きっとここにあるのではないかと感じました。この価値観に気がついた時、私は中国ではどんなことでも自分の気持ちに正直に向き合い、何でも挑戦して良いのだと勇気をもらえた気がしました。

私は現地の映像製作会社に入社し、動画編集や撮影のサポート業務などを行うことになりました。様々な映像製作の業務を通じて、私はあるアイデアを思いつきました。それは、中国での生活や興味深い出来事を映像に収め、日本人の視点から発信するということでした。当時、そのようなコンテンツはインターネット上にほとんど存在しなかったため、ますます挑戦したい気持ちが高まりました。

私は中国で暮らしているという貴重な機会を活かし、難しいことは考えず「とりあえず挑戦してみよう」という気持ちになりました。キャノンの一眼レフカメラを自分の正面に設置し、そのレンズに向かって中国と日本の文化の違いについて話してみました。

最初は自宅で撮影をしていましたが、動画の投稿を続けていくうちに徐々に注目を得るようになり、旅行Ｖｌｏｇを撮影したり、各地の郷土料理や日本では見たことがない食べ物にも挑戦したり、様々な都市の観光名所を訪れたりすることもできるようになりました。

そしてそれらを、自分自身のリアクションとともに動画に収めて発信しました。これらのコンテンツは日本と中国の価値観や文化の違いを伝える役割も果たし、かなりの反響を得ることができました。とある動画の再生回数が二百五十万回を突破してからは、より多くのファンの方とコミュニケーションをとったり、映像編集のスキルだけでなく、中国のインターネットやＳＮＳ上の文化についても徐々に理解を深めることができました。

実は中国へ行く前に、心のどこかで「日本人として差別されるのではないか」という不安を抱いていた時期がありました。しかし実際に日常の中に溶け込んでみると、私の抱いていた不安は幻想だったのだと気がつきました。現地の人々は、第一印象が荒っぽく見えることもありましたが、私が困っている時には助けてくれたり、わずかな中国語しか話せなくてもコミュニケーションを図ろうとしてくれる人が多くいました。これらの経験は、私の予想を覆すものでした。

しかし、インターネットで活動を始めてフォロワーが増えるにつれ、日本と中国の歴史をめぐる複雑な議論も避けられなくなりました。コメント欄で歴史について言及するユーザーも徐々に現れ、時にはあまり嬉しくないコメントもありました。しかし、そうした状況でも、多くのファンの方が味方となってくれました。彼らは励ましの言葉を私に送ってくれたり、差別的なコメントに立ち向かってくれました。その時、国境を超えて多くの方に支えられていることへの深い感謝と、こうした行動をとってくれる素敵な心を持ったファンの方々をとても誇りに感じました。

　これらの経験を通じて、日本と中国の間には確かに歴史的な問題が存在し、その影響は無視し難いことを理解しました。しかしながら、出身地だけで差別することがクールだとは思われていない現状や、新たに浸透している価値観があるということも実感しました。

　そして同時に、私たちはインターネット上でも新たな行動規範や文化を築き上げているのだと感じました。こうした私の中国での体験は、時代に合った友好関係の形成の仕方があることや、相互理解をしようと努める姿勢とコミュニケーションの重要性を再確認させてくれました。

　過去の歴史に縛られることなく、未来に向けて手を取り合い、歩みを進めるために、これからも私は中国の様々な地域の方と、より深い相互理解を追求していくことができればと考えています。また、その過程で日本と中国の間に新たな友好の形を見出し、より多くの人々にそれを伝えていきたいと思います。

飯岡 美沙（いいおか みさ）

福島県生まれ。Oxford Brookes 大学卒業後、中国・深圳市に移住。主に映像制作業務に従事。滞在期間中に自身も中国のSNSプラットフォームにて日常や旅行の記録、文化の違いなどについて発信。当時の総フォロワー数は十六万人。現在は帰国し東京都に在住。帰国後も中国語学習継続及び様々なSNSプラットフォームにてトレンドを発信をしながら、新たな日中友好の形を模索する。

1等賞

私の価値観を大きく変えた西安の旅

大学生　渡辺　千草

西安旅行は私にとって初めての中国国内旅行で、何もかもが初めてだった。たくさんの困難があり、一生忘れることはできない思い出になった。

西安での旅行中、中国人のたくさんの優しさに触れてきた。その経験から、偏見だけで話している人たちに向けて自分で見て体験して分かったことを発信していくことが私は重要だと思う。


私は今北京外国語大学の三年生で、北京に来て半年が経った。三年前に入学したが、新型コロナウイルスの影響から、二年間のオンライン受講を経て、去年の十一月ついに北京で私の大学生ライフが始まった。

初めての大学、海外での生活すべてにわくわくしたが生活をしていく中ですぐに感じたことがある。それは〝中国人ってもしかして優しい?〟というこ

中国で実際にお世話になったおじさんたちとの写真。
中国人の優しさに触れた思い出深い一枚

とだ。今までの中国のイメージは一概には良いと言えなかった。私はもっと中国という国を実際に自分の目で見て知りたい、中国人が何を話しているのか理解したいと思い中国に留学をすることを決めた。案の定周りの人は〝なぜ中国なの？〟と決まって質問してきたが、私は親も説得し、留学するという意見を曲げなかった。

実際に中国に来てすぐに分かったのは、これらは中国人のマナーが悪いわけではなく国や文化の違いである。例えば、声が大きいのは地域によって農業をしている時に普段から大きな声で会話をしているから、テーブルに骨などを置くのは昔からの習慣など。他にも中国にはただ普通に生活していても驚くことがたくさんあるが、それは私たち日本人の主観に過ぎず、中国ではごく当たり前のことでもある。だから私は一部しか見みないで判断するのではなくもっと中国という国を知ってもらいたいと思う。

私の趣味は旅行だ。なぜなら自分の住んでいる場所にいるだけではわからないことが見られるわくわく感があるからだ。日本ではお金を貯めてそれを使っていたが、今の私の留学ビザは中国国内でのアルバイトをすることは禁止されているため普段の生活で節約をして、週末や長期休みに交通費をなるべくかけずに旅行をしている。最近では様々な経験ができるためこの節約旅がひとつの楽しみになっている。今までに北京市内のほかに、西安、洛阳、青島、天津、上海に行った。私はいつも友人と旅行に行く。私はまだ中国の生活に慣れてなく、中国語も話せない。だが私とは反対に友人は中国に何度も訪れたことがあり、中国語も話せて環境にも慣れている。そんな友人との旅行はとても刺激的で勉強になることばかりだ。その中でも西安での経験は私の価値観を大きく変えた。

西安旅行は私にとって初めての中国国内旅行で、何もかもが初めてだった。たくさんの困難があり、一生忘れることはできない思い出になった。中でも小さいことだが一番印象に残っている話がある。

西安での旅行中はほぼ電動バイクや自転車で移動をした。しかし中国の交通ルールは日本人にとってとても難しい。日本では信号が多く、表示には絶対従う。従わなければ嫌な目で見られる。しかし、中国では信号がない所が少なくなく、平気で渡る人が多い。また、日本に比べて圧倒的にバイクと自転車の量が多いため半年間北京に住んでいて何度も危ない場面に遭遇した。私は最初この中国の習慣に慣れることができず、信号がない道では車の多い所は避けて通るようにしていた。その日の夜も自転車に乗って観光地からホテルまで帰っていた。いつも友人は私を気遣って流れに逆らわず道なりに行けるように道案内をしてくれる。しかしその日の道はしばらく信号がなく、ところどころに横断歩道があるだけだった。ホテルに行くためにはその横断歩道をどうしても渡らなければならない。仕事が終わる時間帯だったため交通量がとても多く、私にとってはハードルが高すぎると思ったがその後のスケジュールもあるため、私たちはしかたなく横断歩道をわたることにした。友人は車の少しのすきを見計らって〝今‼〟と叫んだが、私は向かってくる車をみて前に出る勇気が出ず一人その場に取り残された。その後も通り過ぎていく車を見て焦ってしまい立ち尽くしていると、一台の車が止まった。すると隣の車線の車もその後ろもみんな私のためにクラクションも鳴らさずに止まった。私は日本でもこのような経験をしたことがないだけでなく、この頃はまだ中国に対してあまりいいイメージを持っていなかったため、唐突に起こった出来事がとても印象深く残っている。また、笑顔で通っていいよと手で合図までも送ってくれたため、中国人のおおらかな性格に触れることができた。この他にもタクシーに乗って日本人とわかると大体の人が興味を持ってくれたり、旅行で切符を買い間違えて家に帰れなくなりそうだった時に近くにいた知らないお母さんが心配してつきっきりで教えてくれたり中国人のたくさんの優しさに触れてきた。

　これらの経験から、偏見だけで話している人たちに向けて自分で見て体験して分かったことを発信していくことが私は重要だと思う。

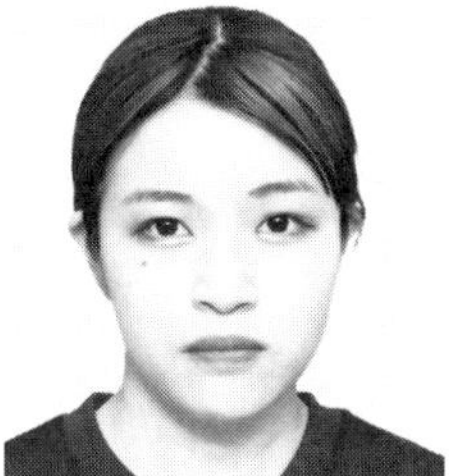

渡辺 千草（わたなべ ちぐさ）

二〇〇二年生まれ、北海道出身、高校まで地元札幌で育ち、現在北京外国語大学三年生で中国に留学中。新型コロナウイルスの流行により二年間のオンライン授業ののち、去年十一月中国での留学スタート。中国で刺激のある生活をしながら、日々勉強や趣味である旅行をして、中国の文化や歴史を学んでいる。

2等賞

中国が生んだ家族

医師　木俣　肇

私の両親は日本人であるが、中国に行き戦争中滞在していた。しかし父は軍医で母も医療関係者であったので、終戦後でも中国に強制的に抑留された。当時は医師不足で、中国では日本人でも医師が重宝された。当時は敗戦の混乱もあり、多くの日本人が中国に残った。しかし父母は延々と終戦後八年も滞在し、滞在中に出会い結婚した。

それだけ長期間に滞在した日本人は例外的である。理由の一つは、父の帰国の順番がきたとき同僚に譲ったからである。父の同僚は医師の資格なしで、医療行為をしていた。もちろん違法であり、それが判明すると当時の中国では厳罰になる。そこで父の帰国の順番がきたが、その方に懇願され帰国を譲った。残った父に帰国の補償はなく、ずっと中国に滞在する可能性もあった。しかし人の命の重みを感じた父の善行である。その為、長年の試練の連続となる。しかし中国の人達は分け隔て無く、父母は中国人の方達とも生活では協力しあっていた。いわば地域のチームプレーで、人々は生活していた。物資が少ない時代で、中国の方も必死で生きていたし、日本の方も抑留ということを忘れて協力していた。父母の話からは不自由さはなく、生きることにおおらかな様子が見られる。国籍を凌駕して、生きていく逞しさがあった。技術が未熟な時代で、農耕や狩猟で生活の糧を得ていた。しかし酒はたくさんあった。父は酒が好きで、中国の人々とのコミュニケーションでは酒はなくてはならないものであった。その習慣は帰国後でも役だった。友人との酒を酌み交わしての団欒は、疲れを癒やしてくれる一時であった。父母は中国で医療従事者として働き、それなりの収入も得た。しかし帰国にあたって費用がかかり蓄財は殆どなかった。そして昭和二十八年に私が生まれ

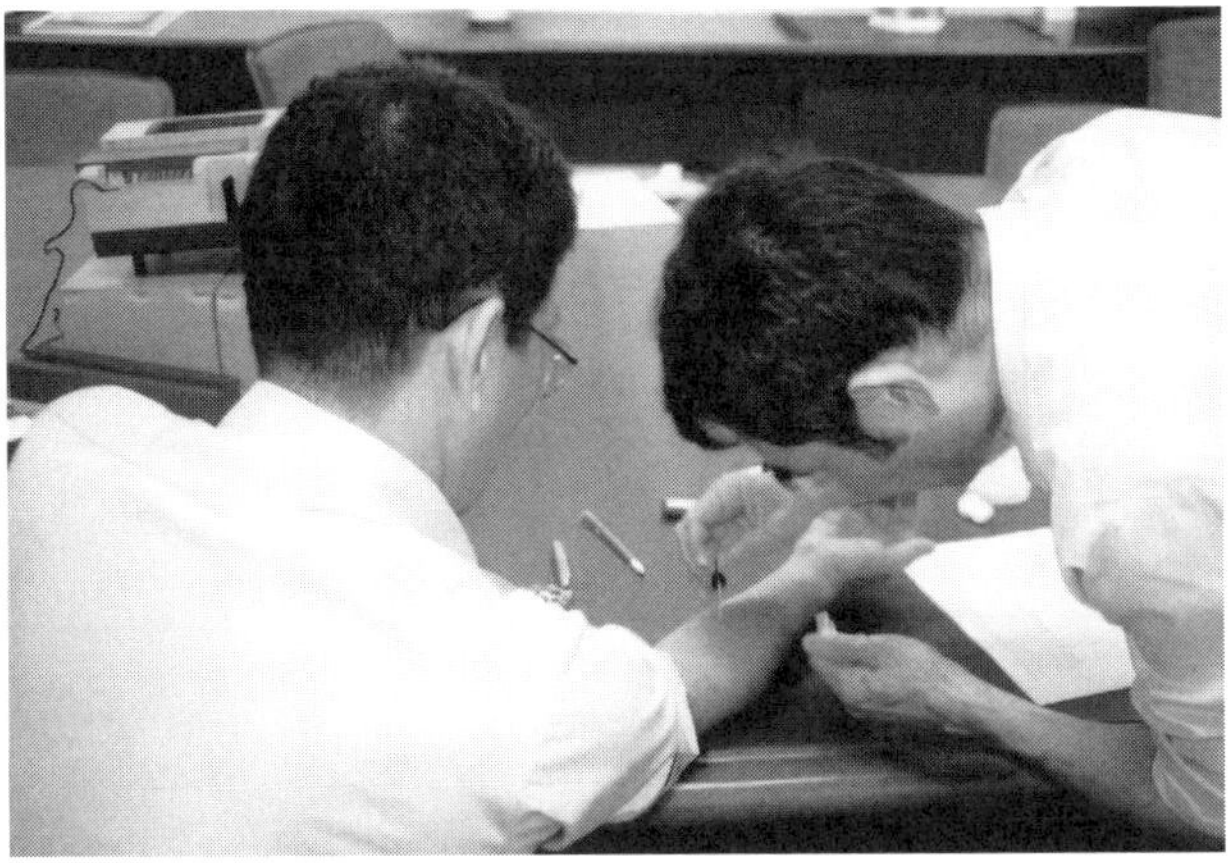

アレルギーのテストを行っている若い頃の筆者。プリックテストという、皮膚のアレルゲン液を落とし、特赦な針でこする膨疹反応を測定する方法で、採血の痛みがなく、赤ちゃんから高齢者まで簡単に測定できる

たが、すぐには帰国できず、生後半年してようやく帰国ができた。だから私の出生地は中国で、中国に滞在したことになる。父母も中国で出会い、私も中国で生まれ、中国が私の家族を生んだ。

父は帰国後に中国に滞在した日本人達で会をつくり、年に一回集まり再開を喜びあっていた。会報も作り、父もよく寄稿していた。会員でいつか中国を訪れようと計画もしていた。私は両親よりよく中国の話をきかされた。両親とも中国語は堪能で、父は胡弓をひきながら中国語で歌うのが好きであった。また中国の自然の壮大さには憧れていた。対岸が見えない大きな川、そびえ立つ巨大な山、どこまでも続く広大な野原等、日本では見られない情景を思い、中国に思いをはせた。生活もそういう自然と融合して健康的である。こういう中国らしさは、もしかすると乳児期に体験した記憶が体に残っているのかもしれない。

両親から聞いた中国の話は、どこまでも壮大である。言語も多種類あり、同じ中国でも南と北の人々では、方言も違い、食生活も違う。その為、遠方の方達が交わる場合、相手の地域の言葉や食生活をあらかじめ調べておく。また中国の文化やスポーツや音楽は多種多様である。

中国独自の文化としての曲芸は、先祖代々続くもので、そのバランス感覚を養うために、赤ちゃんの時でも戸外で大人がゆるやかに赤ちゃんを投げて受け取る。もちろん下に安全マットとかはない。落ちれば大変であるが、落ちるという概念がない。そうして赤ちゃんでも空中での感覚を鍛える。中国はスポーツ大国であるが、中でも卓球はずっと世界の覇者である。広大な国土に多くの人口で、そういう方達が幼少児から卓球になじみ、国をあげて訓練される。母集団が大きい分、当然頂点では優れた方達が君臨する。音楽も中国独自の楽器があり、世界的な演奏者も多く、素晴らしい音色をインターネットで聴ける。それも伝統と中国人の才能のなせる技である。

そういう壮大さが両親のおおらかさを作った。父は豪放磊落な人であった。あれだけ苦労しても、中国生活を語る言葉はいつも笑顔に満ちていた。帰国して開業したが、全く資金のない所から、借金して設備を整え診療した。患者さんとの交流もよく、病気のみならず生活も指導する田舎の名医であった。母も実家から遠ざかる生活で、仕事に明け暮れる中で私を出産し育ててくれた。日本でも開業医の父を支え、仕事をしながら家事と私の育児をせっせとしてくれた。診療室と食事の場はすぐ隣で、診療の合間に食事を作り私に食べさせてくれた。仕事が終わり片付けをして、それから家事をして、朝も早朝から起きて家事をしていた。でもいつも笑顔であった。

父母は慈しみの人であった。患者さんや隣人にも怒ったことはなかった。あれだけ苦難の生活をしてきて、日常生活で不満を言わず他人を思いやることができるのは偉い。それも中国の壮大さがなせる技であろう。父母は中国を訪問することはできなかったが、私は生まれ故郷を訪ねてみたい。父母の位牌を持って。

木俣 肇（きまた はじめ）

一九五三年中国生まれ。一九七七年京都大学医学部卒業後、一九八五～一九八八年米国UCLA留学。二〇一四年からアレルギー科木俣肇クリニック院長。二〇一五年イグノーベル賞受賞。現在は、ステロイドホルモンやプロトピックを一切使用しない治療で、アトピーや他のアレルギー疾患を診療。ステロイドを使わない治療を求めて、他府県からも多数の患者さんが受診している。

2等賞

中日関係を思う

会社員 貴田 雄介

大学時代から演劇に携わってきた私は、劇作家で演出家の平田オリザさんの芸術論などを読む。平田さんは著書の中で、他者とのコミュニケーションという切り口で地理的な距離の近さと人間関係の好悪に関係があると語っている。そして、距離が近ければ近いほど、文化も似ていると錯覚をしてしまうため却って関係が拗れやすいと指摘している。それは平田さんが仕事をする中で、ヨーロッパの人ともアジアの人とも協働する機会が多くあり、その比較によって実感したことが書かれているのだろう。中国と日本は古くから関係が深い。漢字、仏教、麺など、日本にある多くのものがルーツを辿ると中国を経由してもたらされた。また同じアジア人ということで外見も似ている。そういった様々な理由から、ともすれば、同じ文化圏に住んでいて共通項が沢山あるような錯覚に陥ってしまう。当たり前だけれど、実際には、国が違えば様々な点で相違がある。全く異なる歴史や文化を生きて来たと言っても過言ではない。大陸である中国と島国である日本など、共通点と同じだけ相違点も見つけることが出来るかもしれない。

一方で欧米人に対する時、日本人はハナから全く別の民族、人種であると考えている。そのため、違いを受け入れやすい。例えば、欧米人は家の中で靴を履いて過ごすため、日本人とは考え方が全く違うと認識している。一方で韓国人は、例えば家に上がる際に靴を脱ぐ。だから、一見日本人と同じだと思ってしまう。しかし、日本人は所作の美しさなどの点から脱いだ靴を揃えて、しかも、帰る時に履きやすいように向きを変えることが礼儀と考えられている。しかし、この所作を韓国ですれば、韓国人からは不信を抱かれるという。それは家に来た時から帰る時の事を考えて準備をするなんて、早く帰りた

熊本でコロナ禍のため実施した配信ライブの準備を行う

いと思っているのかな?と思われるのだそうだ。一見些細なことのようだが、塵も積もれば山となる。そういった些細な違いが心のすれ違いを生み、取り返しがつかないぐらい大きな衝突が生じてしまうということもあるかもしれない。昨今日本で起きている嫌中と言われるアンチ中国、中国批判の言説の多くがそういう所を根として発生しているのではないかと私は感じる。そういう日本の現状を鑑みて、日本人はこれから中国の人たちとどんな関係を構築していくかを、もっと大局から考えた方が良いとおもう。長い歴史を考えれば大国中国に対して日本は常に近隣の小国として慎ましく暮らして来た。遣隋使や遣唐使の時代、中国から様々な文物を譲り受けてきた。その時にもらった贈り物の恩恵を受けることで現在までの発展を遂げてきた。そのどれか一つでも欠ければ今とは違った社会になっていただろう。

第二次世界大戦の際に中国と日本との間で日清戦争が起きる。欧米各国は中国が圧倒するだろうと予想していた。しかし、予想に反して日本が勝利する。明治維新以降日本が経済的に急速に成長したことに欧米列強は脅威を抱いた。自国の実力を正確に計り損ねた日本は、十分な準備をする時間も人的余裕も無い態勢で無謀な戦争に突入し敗戦する。戦後処理の中でアメリカが日本に進出し、今にまで続くアメリカと日本のパートナーシップが結ばれた。

　二度の世界大戦の時代まで日本にとっての理想は中国だった。それが二度の大戦によって中国からアメリカにその理想の対象が移り変わった。それから日本は中国に重きを置かなくなった。とはいえ、日本の政治史において田中角栄を始め、中国とのパートナーシップを大切にした首相は何人もいた。しかし、大局的に見れば、アメリカとの関係を最重要としてきた。そしてアメリカを重視すればする程、中国は軽視された。アメリカが中国をライバル視していることも関係しているだろう。私はそんな日本のスタンスを残念に感じる。これまでの長い歴史を考えれば中国と日本の関係が深いことは明らかである。アメリカと日本の関係が始まったのはほんの最近のことであり、そのために中国との関係が悪化するのは本末転倒だ。右肩下がりの日本がこれからの時代を生きていくためには、隣国の中国とのパートナーシップを今一度深め、これまでの歴史に学び、もう一度、丁寧に関係構築をしていかなければならない。そして、その際に現在そして将来の中国の経済成長を見積もり、打算的な思惑で中国と関係を強化しようとするのは違う。あくまで、これまでの長い歴史を振り返った時に中国が日本の最も身近な国であり、関係の深い国であったということを思い出し、今一度中国の人たちから刺激を受け様々な物事を学び直すこと、そして対等なパートナーシップを築いていけるようにお互いの国の人々同士が手を取り合っていくことが非常に重要だ。

貴田 雄介（きだ ゆうすけ）
一九八六年大阪府生まれ。大阪市立大学法学部卒業後、劇団態変に就職し制作に従事。韓国公演プロジェクトに参画しソウル・固城での公演を実現。その後、兵庫県立ピッコロ劇団に就職。制作を担当した『間違いの喜劇～現夢也双子戯劇』は第六八回文化庁芸術祭賞〈演劇部門〉優秀賞を受賞。現在は熊本県立劇場舞台技術グループに所属。祖母から中国の桂林の雄大な景色の話を聞いて以来中国旅行の夢を膨らませている。

2等賞

孫悟空の桃と岡山の桃

大学生　谷　拓篤

「孫悟空の桃を食べて待っていて」と、私が言われたのは中国の杭州・浙江省の大学研究施設であった。母の仕事に同行していた小学生の私を中国の先生方はあたたかく迎え入れてくれ、おやつに桃を出してくれた。岡山で生まれ育った私は、小さい頃から夏にはよく岡山特産の桃を食べていたのだが「孫悟空の桃」にとても驚いた。赤くて少し平べったい中華料理の桃饅頭に似た形で、かじると食感もしっかりあってじわっと甘味が広がってくる、岡山の円形の白桃とはまるで違う果物のように感じた。きょとんとしている私に母の仕事仲間の先生は、「どう、美味しい？　これで不老不死になれたね」とにっこり笑って話しかけてくれた。なぜ桃が孫悟空なのか、自分の言葉で聞きたくなって勇気をふりしぼり「什么意《シェンマイー》思《スー》（どういう意味ですか）？」と習いたての中国語で聞いてみた。年に一度は母の中国での仕事に同行していた当時の私は、自分の言葉で話したくて中国語を習いはじめたばかりだった。母の仕事先の先生は「孫悟空の桃」を食べてきょとんとした私よりももっと驚いた顔で、「中国語を話せるの？」と優しく笑ってくれた。そして、西遊記に出てくる「孫悟空の桃」のお話を教えてくれた。天界に住んでいた孫悟空は、西王母に桃園で蟠桃《ばんとう》の管理を任せられていたにも関わらず、蟠桃会に招かれなかったことに怒って九千年に一度しか実をつけない蟠桃を食べてしまったそうだ。貴重な桃の効果で不老不死になったが、孫悟空は天界から追放されたという逸話があるとの話だった。少しだけ話せた中国語が通じたことと「孫悟空の桃」の謎が解けて、すごくほっとして桃があまく感じたことをよく覚えている。

　桃は私の育った岡山の特産物としてもとても有名で、とろっとした食感と糖度が高くて色が白いのが特徴であ

小学6年、浙江省の西湖で

る。昔話の桃太郎も桃から生まれて鬼退治をした岡山出身の有名人とされていて、神社などでも祀られている。岡山は、空港名も「岡山桃太郎空港」というほど桃とゆかりが深い。白桃・清水白桃・黄金桃など初夏から秋までたくさんの品種を食べられることもあって、桃は岡山が発祥の地だと私は思い込んでいた。中国から帰国した後も「孫悟空の桃」のことが頭から離れなかった私は、桃について調べることにした。すると、桃は中国が原産で岡山では明治の初めに品種改良して誕生したのが白桃であることを知った。日本の桃の品種の大半は岡山県がルーツだそうだが、その前のルーツは中国だったことをはじめて知ったのだ。

「孫悟空の桃」の話をもっと知りたくて、西遊記が原語で読めるようにと私は中国語の勉強を前よりも熱心にした。それと同時に、「孫悟空の桃」と「岡山の桃」は同じ桃でも違う果物に感じるほど桃には品種がたくさんあることにもとても興味を持つようになった。調べていく中で、桃の品種改良はとても進んでいて冬に食べられる品種もすでにあることやそれぞれの産地において好まれる色や食感や糖度は地域に根ざしていることなど、桃について多くのことを知ることができ、農業にも興味を持つようになった。その後、中学・高校と中国語や化学の勉強も続けた私は、この春から農学を専攻する大学生になった。桃はバラ科サクラ属の植物で、果実だけではなく葉や種にも健康成分が豊富に含まれている。果実には食物繊維やカリウムが含まれているので、腸内環境や疲労回復に効果的でコレステロール値を下げることも近年の研究で明らかになったらしい。まさに不老不死と呼ばれるにふさわしい果物だ。おいしくて身体にいい桃を中国と日本の共同研究で世界に届けることができればどんなに素敵だろう、これが私の現在の夢だ。きっと世界で好まれる色や食感や糖度は土地によって異なるだろうし、土壌も異なるので湿度や硬度の異なる環境や病気にも強い品種が必要かもしれない。しかし、世界に中国と岡山がルーツの桃を創って是非届けたい。そして、はじめて「孫悟空の桃」を食べたあの日の私のようにルーツに関する勉強をはじめるきっかけを、まだ会ったこともない同じ世界の誰かとも共有したいと強く願っている。

　世界的なコロナ禍で中国に出張できなくなった母は、オンラインで中国の先生達と変わらずコミュニケーションをとっている。落ち着いて対面で会える日が待ち遠しいそうだ。次回は私も同行させてもらい、今度は自分の言葉で「孫悟空の桃」をきっかけに農学に興味を持ったことをあの時の先生に是非お話ししたいと思っている。もう少し勉強を重ねながら、その日が近い将来になるように今は待ちたいと思う。

「孫悟空の桃」と「岡山の桃」、同じ桃でも少し違うけれど不老不死や鬼退治など人を幸せにしたいと思う気持ちは共通なのではないかと私は思う。忘れられないあの中国滞在の日の桃からはじまる未来を、これからつくっていきたい。

谷 拓篤（たに ひろあつ）

岡山県で生まれ育った岡山大学農学部一年生の十九歳。幼少の頃から母の海外出張に同行し、東アジアを中心に七カ国に滞在経験がある。特に中国への渡航は、浙江省を中心にこれまでに十二回。孔子学院で中国語も学び、中国語の朗読やスピーチコンテスト等での受賞経験もある。これまでに中国語と英語の資格も取得しており、将来は東アジアの農業研究所で働くことを夢みている。

2等賞

一日一日が楽しくなる北京生活

大学生　大塚 笑

こんにちは、私は北京外国語大学中文学院四年の大塚笑です。私が高校三年生の時、この大学に入学する事が決まってから、四年間母国を離れての大学生活への期待で胸がいっぱいでした。

しかしコロナにより入学時から中国で大学に通うという計画が崩壊されました。入学時から日本に留まらなければならず、毎日家でオンライン授業を受ける日々を過ごし、大学の学生に会えず、数年間も孤独を感じる生活を送りました。家族以外の人に会う事はほぼなくなり、コロナ前よりも自分が内気な人になった気がしました。いつになったら中国に行けるのか、この先どうなってしまうのかという事で頭がいっぱいでした。

そして四年生が始まる前に、自分の一つの夢であった中国に行く事が出来ました。中国に渡ってから、本格的な学校生活が始まり、オフライン授業やイベントが続々と開き、学校内で多国籍の方と出会う事が日常茶飯事になりました。また、毎日中国語を使用する環境に浸っているため、自分の専攻である中国語が飛躍的に向上しました。中国に渡ってからまだ数ヶ月しか経っておりませんが、私が現在まで送った中国での生活で得た事は、友人が一人増えれば道が一本増えるという事です。学校内外に関わらず友達を作る機会はどこにでもあります。

例を挙げると、今年の冬休みに大学の留学生と重慶に旅行に行った時のことです。私が一人で昼食を食べていた際に、突然二十代くらいの男性が私の目の前の椅子に座り、料理を注文しました。彼は私と友達になりたいような感じがあったので、私が中国語で自己紹介をすると、「君の中国語はすごいよ！　君に出会えたのは本当に奇跡だ！」と言ってくれました。私は彼の言葉を聞き、とても胸が弾みました。彼との会話で、中国人は友人をす

北京市にある国貿商城で行われた北京に滞在している外国人が中国の伝統話芸「相声」を体験するイベントに参加した際の写真（2列目の1番左が筆者）

ごく重要視する事を彼は言及しました。生粋の中国人である彼は中国での生活は今昔に関わらず誰でも絶対打ちのめされるような困難な時期を経験しなければならないが、友がいるからこそ乗り越えられる、また友が多いほど、自分の人生を豊かにすると言いました。

私が中国に来て中国人と話していると、中国での生活は大学受験、就職、結婚など尋常ではないプレッシャーがある事を身に染みて感じます。また大学で中国史を学んで、中国は無数の波瀾万丈の歴史を繰り広げている事に気が付きました。これらだけでなく、中国には友情を歌った曲周華健の「朋友」のような友情を歌う名曲があります。そのため、中国では友人をとても大切にする伝統的な考えがあるのではないかと思いました。

私は中国で中国人だけではなく、韓国、東南アジア、ヨーロッパなど私と共に中国語を学び、自分の夢に向かって走る友達が出来ました。彼らは私と同じ大学に通っていても、今まで経験してきた事や好きな事、価値観、将来の目標は十人十色です。彼ら一人一人と接していると、彼らの自分なりの「色」や「道」が見えます。

例として、オマーン人の友達がいます。彼女とは大興国際空港で行われた元宵節の文化体験イベントで出会いました。彼女はとても優しく明るい性格を持っており、日本のアニメや漫画が大好きであった為、日本人の私と出会い、友達になれてとても嬉しかったと言っていました。その後、彼女は留学生の寮で私にオマーン料理を振る舞ってくれました。彼女を通じて、国の文化に触れる事ができ、私の事を心から気にかけ愛してくれる友達が出来ました。正に、友人が一人増えると道が一本増えます。新しい人に出会う度に、新たな「道」を発見し、自分の人生が彩られます。「友達づくり」が正に私の留学生活での一番の楽しみです。

しかし私が自分の一番の楽しみは友達作りというと、私が毎回自分から積極的に知らない人に話しかけ、すぐに打ち解ける力を持っているように思われるかも知れません。でも実は自分が相手と友達になりたいと思っても、まだまだ内気になり自分から話しかけるのが恐い時があります。家族や知り合いから「もっと積極的になれ」「自分から話しかけろ」と注意される時がありますが、それでも私は自分のそのような部分を変えようとは思いません。これは自分らしさでもあり、無理に変える必要はないと思うからです。相手から話しかけられても、私が相手について知りたいという気持ちがあれば、友達になれる可能性は大いにあります。自分のペースで自分の心から楽しめる事をやるべきです。

私は四年次に中国に来てから、新しい夢を見つけました。それは中国の大学院に通い、高校生時代から興味のあった国際関係について専門言語である中国語で学び、日本と中国を結ぶ架け橋になる事です。それと同時に、引き続き更に多くの方と友達になりたいです。

大塚 笑（おおつか えみ）

二〇〇二年茨城県神栖市生まれ、二〇二〇年四月北京外国語大学入学、コロナの影響により、大学三年までは日本でオンライン授業を受けていた。二〇二二年十月から現在まで中国に留学している。小学生の頃から英語が得意で、将来は外国語を学び、関連した仕事に就きたいと思い始めた。

2等賞

中国で巡り合った素晴らしい家族の思い出

フリーランス通訳　大西　裕子

三十年以上前になりますが、当時大学生で中国語を勉強していた私は、夏休みに天津にある南開大学で中国語集中講座を受講することにしました。

当時は交換留学で米国の大学に滞在中で、米国から日本に帰国する飛行機を予約したところ、なぜか韓国ソウル行きのチケットがついてきたので、仁川港から天津行の船で行くことにしました。中国に行くのは初めてでしたが、国際船路なのでどこかで両替が出来ると思いきや、この船は中国から韓国に出稼ぎに行く朝鮮族の中国人が殆どで、観光客は皆無でした。

両替も出来ず、夜天津港に到着してからどうしようか途方にくれました。幸運にも船内で会話をした朝鮮族の女の子が私の様子を見て同情してくれ、自分の婚約者の家族が迎えに来るから一緒においでと招待してくれました。ほんの数時間過ごしただけの方でしたが、溺れる者は藁をも掴む心境でお言葉に甘えることにしました。彼女は美玉さんという朝鮮族の中国人で、婚約者は漢族でお姑さんとハルビンから天津港に迎えに来ていました。婚約者もお姑さんも優しい方で、初対面の私を彼らがその夜泊まる招待所（中国人専用の宿泊施設）に連れて行ってくれました。当時は外国人と中国人が使える施設は区別されていて、当然外国人は宿泊不可なのですが、彼らが招待所のスタッフを説得してくれ、なんとか一晩泊めてもらえることになりました。

招待所に到着した時にはもう夜中で、ビーチで使うようなベッドが沢山並べられている大部屋で、貴重品を抱きしめて真っ暗闇の中寝ました。外貨は持っているものの、人民元も兌換券も持っていなかった私の宿泊料は美玉さんの婚約者家族が払ってくれました。おまけに南海大学行きのバス停まで送ってくれ、バス代も出してくれ

長男の人民大学留学中に河南省に家族旅行に行き、洛陽、鄭州近くの歴史的な名所巡りを楽しんだ

た上、お別れにとジャムの空き瓶のような瓶をプレゼントしてくれました。なぜガラス瓶をくれたのか当時は分からなかったのですが、数か月後彼らを訪問した際にその意味が分かり感動しました。

南開大学の中国語夏季講座は楽しく、あっという間に数か月が経ちましたが、住所を貰っていた美玉さんとは文通を続け、遊びにおいでという言葉に甘えてハルビンを訪問することにしました。

当時の中国の鉄道事情は酷く、硬座といわれる二等列車はいつでも大混雑で、トイレに行くのもままならない状態で十時間以上過ごしました。何の前知識もなしに乗った私は、周りの乗客が全員ガラスの空き瓶を持っているのを見て驚きました。彼らは長い道中ガラス瓶をコップ、皿、ボウルのマルチ器具として活用しており、それでお茶を飲んだりお湯を入れてインスタントラーメンを作ったりしていて、車中の生活必需品だったのです。美玉さんのお姑さんがくれたガラス瓶がどんなに大事なものだったかを知り、それを見ず知らずの私にくれた彼女の心の優しさに感動しました。それと同時にそのために十時間以上の旅をガラス瓶なしで過ごさなければならなくなったことに、今更ながら大変申し訳なく思いました。

ハルビン駅には美玉さんと婚約者さんが迎えに来てくれていて、自宅へ連れて行ってくれました。婚約者さんは三人兄弟で、お兄さん二人はもう綺麗な奥さんと結婚していて、ご両親夫婦と美玉さんと皆一緒に住んでいました。総勢八人のとても賑やかな家庭で、毎日お姑さんが美味しい家庭料理をふるまってくれ、温かい家庭で毎日おしゃべりをしながら過ごす日々は本当に楽しかったです。

ある日の晩、家族のみんなが私をどこかへ連れていくべきかどうか、強烈すぎるのではないか、というような事を深刻そうに相談していました。その翌日、議論を終えた皆さんが私を連れて行った場所は、七三一部隊跡でした。私は七三一部隊の事は知ってはいましたが、実際の収容所と実験の様子の展示を目にした時は、やはりとてもショックでした。ただの一介の若者だった私には美玉さんの家族に謝罪することしか出来ませんでしたが、当時でも反日感情は大きかったでしょうに、日本人の私を温かく迎え入れてくれ、家族の一員の様に接してくれた美玉さん家族には大きく心を動かされました。

その後美玉さんとは文通をしばらく続けましたが、お互い引っ越しが続き、いつしか住所が分からなくなってしまいました。以前のハルビンの住所は宛先人不明なので連絡はとれませんが、美玉さんとご家族はどうしているだろうとずっと思っていました。貧乏だった学生時代に巡り合ったので何のお返しをすることも出来ず、今消息が分かれば何かしらの恩返しが出来るのに、と何度も思いました。

広大な中国には色々な人がいますが、日本では考えられないくらい心の大きい善良な人々が居る、そう教えてくれた美玉さんと家族には生涯感謝の念を持ち続けます。

謝謝美玉さん、今もこれからもお元気で幸せでいることを願っています。

大西 裕子（おおにし ひろこ）

一九七一年奈良県生まれ。奈良、東京、台湾で育ち、早稲田大学在学中に南開大学に語学留学。その後アメリカの大学院卒業後結婚し、インド、ベトナム、フィリピン、シンガポール、日本、香港で仕事をしながら三人の子供を育てる。父親は神戸外国語大学中国語科卒業、息子もイギリスの大学時代に北京の人民大学に留学し、親子三代で中国に縁がある。

2等賞

中国で救われた命

会社員 齋藤 裕之

十年以上前の初夏の出来事だ。私は、中国の黄浦江沿岸の港に貨物船へ荷物の積み込みの立会の為に訪れていた。朝から始まった作業は順調に進んでいたが、突然スコールのような大雨になり、作業は一旦中止になり、私は荷役会社の王さんの車に避難した。

彼と車内で雑談の最中に、「あなたの携帯に電話すると国際ローミング電話料金になるため、これを持っていて欲しい」と中国の携帯電話を渡された。「トランシーバー代わりか」と、私はそれを胸ポケットに入れる。

一時間後に作業は再開され、積み込み作業が完了した。船は、船倉のカバーを閉め出航準備に入りはじめる。その時、私は船の中の積載状況を確認したいという衝動に駆られた。

「急がないと船が出港してしまう」あせった私は誰にも連絡せず船の甲板に上った。船倉のカバーは閉められていたが、船倉に降りる垂直ハシゴのハッチは開いている。ハッチから下を除くと、中は真っ暗である。

「上から光が差し込んでいるから、降りればなんとかなるはずだ！」私は、そう決断しハシゴを降りた。しかし三メートル程降りた時に、右足が滑りバランスが崩れ体が宙に舞った。気づいた時、私の体は船の底に横たわっていた。何が起こったか理解できない。周囲は真っ暗でほとんど何も見えない。頭は打っておらず意識はハッキリしている。左手と右足が少し痛む。右脚が不自然な角度で曲がっていて、動かそうと思っても動かない。骨折しているようだ。しかし痛みは無い。出血も無い。

さて、どうするか？　右の腰ベルトに着けてる日本の携帯電話は落下の衝撃で壊れていて使えない。まず、助けを呼ぶ事にしよう。

「オーイ、助けてくれ！」大声で何度も叫んだ。しか

広大な敷地に建設された恵州の石化プラント。この建設工事に携わり、成長している国の人々の熱気に感動を覚えた

し、私の声は暗い船倉に虚しく響いた。「このまま出航してしまったら、日本に着くまで私は発見されないだろう。私は死ぬかもしれない？」私の頭を恐怖がよぎる。私は必死で何か助かる方法を考え始めた。「上半身と左脚は動くのだからタラップの下まで這っていって、腕と左足の力で上がろう」とアイディアが浮かんだ。ところが、這う体勢になるために体の位置を変えようとした瞬間に左足に激痛が走った。今の状態が、安定していて痛みを感じないポジションで、それを変えようとすると折れた骨が神経に触れて激痛が走る。

「動けないし声も届かない、無理なのか？」と諦めかけたところ、胸ポケットの王さんの携帯電話に気がついた。それを取り出し、王さんに電話をかけることにする。

「王さんの電話番号を覚えていない！」「どうする？」「そうだ、通話履歴を使おう！」通話履歴に順番に電話すれば、その内に英語のわかる人がでてくれるだろう。私は、電話をかけ始めた。幸運なことに、三人目で王さんと一緒にこの港に来ている英語を話せる関係者につながった。私は、彼に事情を説明する。しばらくして、人の声と梯子を降りる音が聞こえてくる。懐中電灯の明かりと王さんの顔を見た時、「助かった！」と涙が出た。

体を動かすと激痛が走る為、タンカーに私を載せて港のクレーンで私を吊上げることになった。しかし人間を港のクレーンで吊るという事は、規定外という事であり許可が下りるまで待たなければならない。しかも何時間かかるかわからないとの事だ。私は、意気消沈した。

王さんは、そんな私の手を「ぎゅっ」と握って「大丈夫、心配ない」と励まし続けてくれた。手を握ってくれたのは「気」を送ってくれていたのだろう。その手の暖かさは私に元気を与えてくれた。

結局、三時間後に私は救助され、救急車で王さんが選んでくれた病院に向かった。到着後、先ずＭＲＩを撮った。その写真を見ると、右足の大腿骨がいくつかの破片に分かれていた。こんなひどい怪我が、ここで治るのだろうか？　また輸血もしなければならないので感染症も心配になった。

王さんにそのことを話したところ、「ここの病院の腕は俺が保証する。心配する事は無い」と力強い言葉を返してくれた。その言葉で、私は安心して手術を受ける事ができた。

手術室に入ると、すぐに全身麻酔の為に意識がなくなり、次に目を覚ましたのはベットの上だった。六時間もの大手術であった。左足と左手は捻挫の為ギブスで固定されている。さらに右腕には点滴の針が刺されているという状態で、両腕および両足を動かすことができない。こんな状態でどうなるだろうと不安だったが、この病院には二十四時間付き添いのサービスがあり、十二時間交代で二人の方が親身になってお世話をしてくれた。食事、洗顔、洗髪、髭剃り、買い物そして排泄物の処理、体の動かせない私にとっての命綱となってくれた。

そして、松葉杖で自由に動けるようになった段階で日本に帰国した。帰国後の回復も順調で、後遺症が出ることなくゴルフや山登りを楽しんでいる。

中国で命を救われた後の人生は、第二の人生と言っても良いだろう。考え方のベースに日中親交を置き両国の懸け橋となっていきたい。

齋藤 裕之（さいとう ひろゆき）
五十代後半、男性。東京の国立大学卒業後、大手企業の建設部門に所属し、エンジニアとして国内外の建設に従事。中国では、惠州市にて石油化学プラント建設、上海にてプラント機器輸出業務に従事しトータル一年の滞在経験あり。

2等賞

椰子の風に吹かれて

―南の島の日本語教師―

大学教師　大谷　美登里

海南島は椰子に覆われている。椰子の木を渡って来る風に吹かれていると、心がふわっとして、なんだか幸せな気分になる。

四年前の夏、私は海口市にある海南師範大学の日本語教師になった。それまで私は、埼玉北部の県立高校で三十八年間、国語の教師をしていた。日本の高校では生活指導に追われ、教科指導は片手間だった。生徒は言うこと聞かないいし、教えても、教えても何も覚えてくれない、同僚の若い教師とも話が通じない、そんな残念な教師生活を送っていた。ところが、一転、こちらに来てみると、目をキラキラ輝かせて私の話を聞いてくれる学生、授業のことから生活のことまで心配してくれる日本語科の心優しい先生たち、充実した毎日、なんとも幸せな教師生活が待っていたのだった。

最近、私を最も幸せな気分にさせてくれたのは、二年生のスピーチのテストだった。

スピーチの授業は十週で終わる授業なので、四月の最終週がテストだった。三分間のスピーチをするためには九百文字の原稿が必要だ。作文の授業でも四百字以上の作文は書いたことがない。少し心配だった。しかし、彼らの提出してきた作文はどれも千字を超える大作で、内容も面白かった。―両親が離婚、その後母親が再婚して新しい家族ができるが、馴染めなかった自分に、ずっと可愛がっていてくれたおじいさんがそっと寄り添ってくれたという話。中学生で弟が生まれた時、生まれると聞いたときも、生まれた弟を囲んで家族が大喜びしているときも素直に喜べなかったけれど、ずっと世話をしているうちに可愛さに気が付いたという話。可愛い飼い犬が犬買いに捕まってしまい、食べられてしまったという話。子供の頃、飼い猫に死なれてから、動物を飼うのが怖く

大学院生の趙予菡さんが企画してくれた「お別れ会」（中央右が筆者）

なったが、今は、傷ついた捨て猫を拾って育てているという話。子供の頃は嫌々やっていたバイオリンだが、最近また始めてみたら楽しさに気付いたという話。故郷の美しい自然の中でのびのびと過ごした幼少期の話。毛沢東の足跡を訪ねて一人旅をして来たという話、等々。

何度か書き直をして、原稿は出来上がった。果たして、こんな長い原稿を暗記して、発表できるのだろうかと、また心配になった。しかし、テスト当日、彼らの発表は私の予想を遙かに超えた素晴らしい出来だった。彼らは誰一人として、原稿を見ることなく、堂々と発表した。身振り手振りをつけて、笑顔で、という私のアドバイスを守ってくれた子もいた。テストだということを忘れてしまいそうなスピーチだった。そして、彼らは私の自慢の学生だと胸を張って言いたいと思った。

私と一番長い付き合いになったのは、三年生の学生たちだ。一年の後期の会話から、三年生の高級日本語まで、十科目の授業を持った。いろいろな子がいて面白いクラスだ。初めて彼らと会ったのは一年生の後期の会話の授業だった。その時、私の日本語がまったく聞き取れなくて呆然としていた彼らが、今、高級日本語の授業では難しい文章を読み、私が冗談を言えば笑ってくれるようになった。

　この中に劉さんという、天真爛漫で明るく積極的な女子がいる。彼女は初めから、私の日本語をよく聞き取り、授業中はいつも積極的に発言してくれる子だった。しかし、彼女には弱点があった。作文が下手なのだ。やる気はたっぷりあるのだが、思考回路がどうなっているのか、彼女の書く作文は話題があちこちに飛びまくり、添削すると、いつも、原稿用紙は真っ赤、そのたびに彼女は落胆するが、しばらくすると立ち直って、また書く。しかし、直しても、直しても、彼女の作文は上手くならなかった。

　ところが、それは今朝のことだった。「先生、作文を書いたので見てください」と言って原稿を送って来た。「またか」という気持ちで、ファイルを開いた。すると……なんだか、いつもと違う。言葉の間違っているところはあるけれど、構成がいい、いつもの力の入った大袈裟な表現がなくなっている。いったい何が起こったのだろう。ついに彼女の努力が報われる時が来たのかもしれない。きっと、彼女はコツがわかったのだろう。今回は一度の添削で、ＯＫを出した。

　昔読んだ本の中に、「いい教師とは、生徒が気づかないように後を押してやれる教師だ。」とあったことを思い出した。私の後押しで、前に進むことのできた学生がいたかどうかは分からないが、私としては、今出来ることの精一杯だったと思う。これからも、何らかの形で彼らを応援できたらと思っている。

　海南島での三年間を振り返ってみると、確かに、コロナに翻弄された日々だった。ＰＣＲ検査に並んだ日々、健康コード、今となっては全て懐かしい。不自由なことはあったが、辛いことは一つもなかった。やはり、海南島は私にとっては南の楽園だった。

　楽園を吹く風は、今日も温かく、私を包みこみ、椰子の並木を吹き抜けて行った。

「さようなら。椰子の島。またいつか。」

大谷　美登里（おおたに　みどり）

一九五九年埼玉県生まれ。駒沢大学文学部国文科卒業後、埼玉県の県立高校国語科教諭として三十八年間勤務。二〇一九年三月定年退職。大学時代に中国語を学び、北京語言学院、海南大学、北京大学、厦門大学で二週間～一か月の短期留学を経験。二度の海南大学短期留学が縁となり、二〇一九年九月より海南師範大学の日本語教師として、二〇二三年七月まで勤務。

2等賞

主婦の蘇州滞在記

薬剤師　清水　あき

中国に縁の無い日本人は、中国と聞いて一体何を思い浮かべるだろうか。中華料理、パンダ、国際的社会的問題、中国残留孤児、あるいは爆買い、様々な有形・無形物が出て来るだろう。しかし、隣国でありながらこれほどまでに心の隔たりがあるのは一体どうしたことなのだろうか。

中国渡航前の私は、少なくとも中国に対して良い印象はなかった。夫の中国駐在が決まった二〇一二年、私たち家族は悩んだ末に一家で転勤することにした。ここからの三年間は今にして思い返すと怒濤のような生活であった。この時はまだ、二〇一五年の本帰国後に度々中国の生活を懐かしむとは思いもしなかった。

私たち家族が約三年間暮らしたのは上海の隣にある蘇州という都市だ。蘇州の観光地区には川が流れ世界遺産の中国庭園が数多くある。正直なところ当時の川は濁っていたが鎌倉に似た雰囲気を持つ素敵な街であった。居住地区の最寄駅付近については打って変わって高層ビルが立ち並び、近代的でただただ驚いた。到着してすぐに感じたのは、英語なんて全く通じない！ということであった。夫からは「会社では日本語と英語で生活できるし、居住地域は欧米人が多い」と聞いていたので騙された！とさえ思った。

居住数日で第一の関門が立ちはだかる。マンションのガスが使えなくなった。チャージ制ということを知り、慌てて指定の場所に向かう。中国語しか通じないため、何が何だかわからないままなんとかチャージを済ませた。こちらは何も悪いことをしていないのに何故か怒られているような感じでとても悔しい思いをした。今にして思うと中国語の発音や音量のせいだったのかもしれない。

そして、蘇州に到着して数日で蘇州大学の留学生クラ

蘇州大学の中国文化体験授業にて、石刻拓本を体験中の様子。

スに入学することを決意する。原動力は「言いたい事を言えなくて悔しい」、この一言に尽きる。ただこれだけの為に三年弱で私が発揮したパワーは底知れない。

蘇州大学の留学生生活は本当に夢のようであった。大学の講師は皆教え上手で、休み時間は各国の留学生といろいろな言葉を使いながらコミュニケーションを取る。共通言語は中国語なので、使えば使うほどスポンジが水を吸収するように習得していく。さらに自宅ではバックミュージックのように教材のCDを流し続けていた。これだけ中国をドップリ学んでいたことを思い返すと、あの頃子どもから「夢で中国語に襲われた」と聞いた事にも頷ける。外国語を学ぶには海外で狭い日本を作らないということが肝要だ。もちろん、同国の知人は心の拠り所であり、また得られる情報も大変貴重であるので大事にすべき仲間である。

生活の中での驚きは数知れない。まず道路環境。基本横断歩道はなく、ガンガン車が走る中、計六車線くらいをうまくタイミングを測りながら渡らなければならない。最初は苦心したが、慣れればどこを渡ってもいいので案外便利だった。居住マンションでは、物の壊れ方もダイナミックだった。夜中の二時にすごい音がして見に行くと、お風呂場の天井からバスタブ一杯分程度の水が一気に放出していた。給湯タンクの底の破損による漏水だった。友人宅ではシャワールームのガラス張りの扉が一瞬にして粉々に砕けたと聞いた。断っておくがこれは日本人駐在の住宅であり、それなりにおしゃれな内装のマンションである。水が止まるのは日常茶飯事で、何があっても何とかなる、という大陸的精神も同時に学んだような気がする。

　食べ物に関してもさまざまな経験をした。親切な中国人が季節になると上海蟹の専門販売所へ連れて行ってくれた。生け簀から好きな蟹を選ぶと、店員さんが蟹を紐でグルグル巻きにしてカゴに入れてくれるので逃げ出すことは基本ない。しかしたまにすり抜けの技を使い保管していたマンションのベランダから投身自殺してしまう蟹もいる。そんな時の中国人の落胆の仕方はそれはもう相当なもので食へのこだわりを垣間見ることができる。市場では見たことのない野菜や果物が並び料理方法を模索する。中国はまさに食の宝庫である。

　三年弱の中国生活の中で、私と中国人の間で度々交わされた言葉がある。「国家間での関係はギクシャクすることがあっても私たちは友だちだ」。公共交通機関では子どもと老人に必ず席を譲る情の厚さ、子どもとすれ違えばまるで自分の子どもや孫の様に声を掛けてくれる優しさ。今の日本で忘れかけられている温かみを感じた。駐在という機会が無ければ踏み入れることがなかった中国。これからもボランティア通訳など細々とした活動を通して繋がっていきたい。

清水 あき（しみず あき）

一九七一年神奈川県生まれ。二〇一二年から二〇一五年の約三年間、夫の中国蘇州駐在に帯同し、初めて神奈川県以外の土地に居住。その間、蘇州大学海外教育学院に在籍し、各国の留学生達と共に初級から上級の中国語を学ぶ。二〇一四年にＨＳＫ六級を取得。現在は薬剤師の仕事の傍ら、公的機関の通訳ボランティアを細々と継続中。

2等賞

君の名は？

教員　宇野雄二

「美味しい中華を食べに行こうぜ！」――親友I君の誘いにふわっと乗って、中国旅行に出かけたのは三十一歳になった翌日だった。

一九八六年三月下旬、上海に降り立った僕らは、自ら立てたプランをもとに、蘇州・無錫・杭州・紹興をわずか一週間で回って来ようと考えていた。往復の航空券だけは予約して、あとは気ままに江南の春を楽しもうという料簡だった。ちょうど日本国内を旅するように中国も旅行できるものと考えていたのだが、甘かった。当時の中国は改革開放からまだ日が浅く、交通機関も宿泊施設も暢気な二人組を受け入れてくれるほど整備されていないことに気が付くはずもなかった。

試練はすぐに訪れた。列車の切符が簡単に取れない。一度だけ座席が取れた後はずっと立ち席。最後にはどの列車の切符も買えなくなった。ホテルに泊まるのも苦労した。杭州ではどこでも「部屋は空いてない」とすげなく断られ、次のホテル、また次のホテルと濡れ鼠になって歩いた時は、雨に煙って美しいはずの西湖の景色も目に入らなかった。旅のメインの中華料理も、有名店はどこへ行っても長蛇の列。食事を断念せざるを得ないこともあった。

そんな中で最後の訪問地・紹興へと向かった。駅でどんなに粘っても切符は手に入らなかったため長距離バスに変更。杭州からずいぶん長い時間バスに揺られて、やれやれなんとか紹興に到着した。

しかし、バスターミナルに着いてから困ったことが発生した。ガイドブックの地図にある場所とはどうも違うようなのだ。近づいてきたおばさんから地図を買った。目的地の紹興飯店の場所は地図に書いてあるのだが、残念ながら現在地が分からない。おばさんは地図の一点を指さしてここだと言う。だが、今度はホテルの方向が分からない。やりとりを見ていたおじさんが近づいてきて、

上海大厦をバックに蘇州河のほとりに立つ私（左）とI君

「紹興飯店ならあっちだ！」と顎をしゃくる。しかし、おばさんは「違う、違う！」と全く別のほうを指す。お互いに自信ありげに主張するからどちらを信じていいか分からない。そうこうするうちに野次馬がどんどん集まってきた。僕らをぐるっと取り巻いて事の成り行きを面白そうに眺めている人もいれば、この議論に参加する者も出てきて収拾がつかない。どうしたらいいんだ！

するとその時、一人の青年が現れた。僕が手に持っていた地図をさっと奪い取って、「一緒に行こう！」と歩き出す。その勢いにおばさんもおじさんも置き去りにされ、地図を奪われた僕とI君は彼の後に付いて行くしかなかった。青年の足取りは自信に満ちている。ともかく彼を信じるしかない。

「紹興飯店は分かりますか？」

「分かる」

「どこにありますか？」

「あっち」

「どれぐらいかかりますか？」

「すぐ」

白いワイシャツに黒いズボン、刈り上げた短い髪。どう見ても素朴な労働者にしか見えない青年の答えは簡潔極まりない。そして表情は硬く、笑顔も見せない。

彼は早足でどんどん歩く。途中、小さな川を挟んだ向こう側に若い女性が立っていた。知り合いらしいその女性と大声で何事かを言い合う。いや、怒鳴り合う。双方の表情は険しく、口調は激しい。そのやり取りは全く聴き取れなかったが、僕は想像した。

「何やってるの？　もう仕事の時間でしょ」

「そんなの知ってるさ」

「あんたの後ろの二人は誰？」

「日本人。これから連れて行くんだ」

「またやるの、あれを。やめなさいよ、そんな真似は」

「うるせえな、お前の知ったことじゃねえよ」

僕の空想はどんどん発酵していった。これはまずい展開じゃないか？

彼は歩調を緩めず、僕らが眼中にないかのようにひたすら歩く。終始無言だ。二十分歩いてもホテルらしい建物は見えてこない。三十分が過ぎた。「すぐ」にしては遠すぎる。曲がるごとに道はだんだん細くなり、どんどん薄暗くなっていく。とうとうやっと一人が通れるような狭い路地に入り込んだ。相当やばい！　きっとあのボロ屋の陰から男の仲間たちが躍り出て、さっと僕らを取り囲むに違いない。僕は覚悟を決めた。I君の目にも悲壮な色が浮かんでいる。絶対に来るな、これは！

最後の角を曲がると、突然視界が開けた。大通りに出たのだ。そして彼の指さす先には紹興飯店がでーんと構えていた。疑って、ごめん！

僕は慌ててポケットを探って、なんでもいいから手渡そうとした。指先に触れた黒のボールペンを差し出すと、とんでもないというように左右に手を振った。

「せめて名前を聞かせて！」

彼はこの時初めて笑顔を見せて、しかし、何も答えず、踵を返してさっさと行ってしまった。

呆然と僕たちは立ち尽くした。見ず知らずの日本人のために貴重なはずの昼休みを費やして、なおかつ何の謝礼も受け取らずに去って行った白いワイシャツの青年。その後姿が三十七年の時間の彼方を遠ざかって行く、名前も何も分からないままに。

宇野 雄二（うの ゆうじ）

一九五五年三重県生まれ。三重県立四日市高校在学中に中国古典の世界に親しむ。静岡大学人文学部卒業後、神奈川県と三重県の県立高校に勤務。三重県在勤中に二度にわたり合計四年間、河南師範大学へ日本語教師として出向した。三重県を早期退職した後は上海の華東師範大学などで十年ほど教壇に立ち、帰国後は再び神奈川県の県立高校で非常勤講師として国語を教えている。

2等賞

中国で働くことに憧れていた過去の自分へ

会社員 小石川 美穂

二〇一九年四月三十日、私は新卒で入社した会社を辞めた。恐らく英語圏への留学だったら周りの反応は大きく違っていたかもしれない。私が会社を辞める理由は紛れもなく「中国で働きたいから」である。日本で三年働き、中国の就労ビザを獲得する条件を満たした私は、中国にある会社に転職することを決めた。

「日本が嫌いになったの?」「なんで英語圏じゃないの?」「中国で本当にやっていけるの?」など、マイナスな声の方が多かった気がするが、当時二六歳の私は日本から住所を抜き、中国に永住する気持ちで一人上海へと旅立った。

もちろん、中国語がペラペラなわけでもないし、現地に友達がいたわけでもない。それでも行動に移したのは、「一度きりの人生なのにやらずに後悔する方が怖かったから」である。

中国語の美しさ、中国人の情熱さ、そして発展が目まぐるしい国、中国。

大学の第二言語で中国語を選択して以来、中国の全てに魅力を感じ、中国現地で働くことがいつの間にか私の人生において最大の夢となっていた。

二〇一九年五月七日、そんな思いを胸に降り立った上海。さぞかし輝かしい中国OL生活が始まるかと思いきや、そうではなかった。

想像通りであるが、中国語という言葉の壁にぶつかった。日本でHSK五級は取得していたものの、いざ中国語の環境に飛び込むと全く歯が立たない。なぜ、働く前に言語学校に通うという選択をしなかったのか、当時は本当に後悔したのを覚えている。

それでも日本語ができる中国人の同僚のおかげで生きていくことはできたものの、「中国語が好きだから、中国に来た」なんてことは、口が裂けても言うことができなかった。

深セン蛇口での記念写真

中国人の同僚が笑っているのに、聞き取れないから話についていけない。会議に出席しても、何を話しているのか全くわからず、毎回忙しい同僚の手を止めさせて確認しなきゃいけない。

仕事は日本人のお客さん対応がメインだったため、中国にいるというのに日本語と中国語の使用割合は七：三。中国人家庭にホームステイをしたり、週末は中国人の友達と交流したりするも、なかなか上達しない。

あまりにもつらすぎて、街で見知らぬ中国人の方たちに対し「この人たちはみんな中国語ペラペラでいいな〜。私の日本語能力を一％あげるから、〇・一％ずつ中国語能力を私にくれないかな」と本気で願うほどであった。

日本に帰れば「中国語ペラペラなんでしょ？」と期待され、中国現地では同僚の中で一番中国語が下手。（日本で生まれ育っているので当たり前なのだが）

そのギャップが一番つらかった。

自己肯定感が下がりきったところで、泣きながら言語交換アプリであるHello Talkにその胸の内を綴った内容を投稿。ありがたいことにたくさんの方から励ましのメッセージを頂いた。

その中でも一番ハッとさせられたのは、次の言葉である。

「别这样自卑。你在中国的时候，你的日语比任何人都好，而且回到日本后，你的中文比许多日本人都好。」（そんなに卑下しないで。あなたは、中国にいる時は周りの誰よりも日本語が上手で、日本に戻った時は多くの日本人より中国語が上手な人だよ）

名前も顔も知らない人からのメッセージであったが、当時の私は涙が出るほどこのメッセージに励まされた。たった一年中国にいるというだけでなぜ中国語がペラペラになるなどと、私は思い上がっていたのか。

「卑下していてもつらいだけ。できないことよりも、できることに目を向けるべきなのだ。」

メッセージをくれた方とこそ繋がることはできなかったが、この投稿を機に上海で日本語を勉強している同い年の女性や、日本で同じ思いをしている中国人留学生と知り合い、再び中国ＯＬ生活を奮闘することができた。

あれから四年の月日が経った現在、私は日本で中国企業ＯＬをしている。「さすがに中国語ペラペラなんでしょ？」と聞かれたら、私が理想とするレベルとはまだまだギャップがあるが、事実として私は今、中国語を使って仕事をしている。

今でも劣等感を感じてしまう時があるが、その時は毎回四年前に見知らぬ人が送ってくれたあのメッセージを思い出す。

中国と縁もゆかりもなかった私が、なぜ今も中国に携わりながら働けているのか。それは紛れもなく、あの時「行動したから」、ただそれだけのように思う。

もちろん、つらいこともたくさんあったが、二十六歳の自分が決断した「中国で働く」という選択に少しも後悔はない。

今振り返ると、「全て意外となんとかなる」という思いだが、数年前必死に中国語を勉強していた過去の自分が今の自分を見たら、きっと眩しいくらいに輝いている。

あの時勇気をもって中国へ行くことを決断した過去の自分に感謝すると同時に、数年後の自分がもっと輝いて見えるよう、当時の気持ちを忘れずに一度きりの人生をこれからも謳歌していきたい。

小石川 美穂（こいしかわ みほ）

一九九二年千葉県生まれ。昭和女子大学卒業後、ファッション通販サイトを運営する会社に就職し、物流管理業務に従事。二十六歳の時に現地採用として上海のＥＣ代理運営会社へ転職した後、現在は北京に本社を構える中国企業の日本支社にて日々奮闘している。

3等賞

お世話になった先生方へ

元高校教諭　青山　恭子

一九八三年七月、大学二年生の夏休みに中国上海の復旦大学に短期留学をした。当時私は大学で中国語を学び始めて一年半であった。

上海での生活は見るもの、聞くもの全てが新鮮だった。外貨兌換券と人民元の使い分けや外国人と中国人の棲み分けが厳しいことに驚いた。現地に到着後は中国人に間違われたい一心で、言葉よりもまずは服装を全て中国で買いそろえ、それからルームメイトとも中国語で話すように心がけた。上海での生活は午前中、復旦大学で授業を受け、週末には名所旧跡を観光したり、平日の午後は自由に買い物に出かけたり、中国で知り合った中国の若者の家に遊びに行ったりご飯をごちそうになったりした。とにかく多くの中国の人たちと話すために、大学からバスに乗って中心街へ出かけて行った。ガタガタ揺れる帰りのバスではうとうとと眠ってしまうため、いつも運転手さんに〝到了复旦大学，请告诉我一声（復旦大学に着いたら一声掛けて下さい。）〟と言ってお願いをした。その時の私は、毎日明日どんなことを人と話そうかと一生懸命に準備をしては会話をしていた。街中で出会う人たちはとても親切であり、わくわくした生活を送ることができた。その四十日間で最も感動した景色は、週末の旅行で出かけた避暑地廬山である。白居易の「香炉峰の雪は簾を撥げて看る」の詩句を清少納言が『枕草子』で引用している、その有名な香炉峰を遠目に眺め、廬山に到着した。その夜には、星が降ってきそうな空を眺め、星座を見ながら地球はつながっていると実感できた。

今回、この作文コンクールに是非応募しようと思ったのは、当時復旦大学でお世話になった陳仁鳳先生、王世靖先生、徐羽厚先生、廖先生の四人の先生方がお元気でいらっしゃれば会いに行きたいからである。今、その一

第２回漢語橋世界中高生中国語コンテスト世界大会引率（国内予選）

心でこの文章を書いている。情報の行き届いた現代なので、消息を知る手掛かりが得られればと思い、応募することにした。四人の先生方には中国語を教えていただいただけでなく、個別に指導をしていただいたり、生活面でも大変お世話になったりした。授業の内容は記憶に残ってはいないが、当時使用した教科書は今も手元にあり、私が高校で中国語を教えてきた三十二年間いつも机の本棚に置いていた。特段見直すわけでもなく、置いてあるだけなのだが、心のよりどころであった。特に、王先生には教科書の文章をカセットに録音していただき、なおかつ別れに当たり、教科書に〝山本恭子同学　希望你継续努力，学好汉语和中国文学，为中日友好和文化交流作出贡献（山本恭子さん、中国語と中国文学を一生懸命勉強し、中日友好と文化交流に貢献して下さい。）〟という言葉もいただいた。私が住む福井県には藤野厳九郎先生の生誕地であるあわら市があるが、その藤野厳九郎先生が魯迅青年に贈った「惜別」の言葉と同様、私にとって重みのあることばである。三十二年間の中国語教育を通じて、青少年交流に取り組んできたが、今に至るまでその時々に「日中友好と文化交流に貢献」できただろうかと思うのである。その後、大学三年生の時、母校関西大学と復旦大学が姉妹校提携をする際、視察団の一人として来られたのが、陳仁鳳先生であった。再会を喜ぶとともに、大学を案内したり、座談会を持ち意見交換をしたりした。そのとき陳先生は、「日本の生活は早く！早く！の連続で大変」とおっしゃっていたが、今は逆転したような気がする。

私は今年還暦を迎え、そして高校で三十二年間中国語と国語を教えてきた教員生活に終止符を打った。その間、自宅で中国の高校生のホームステイを受け入れたり、相互訪問交流を行ったりした。また、各種スピーチ大会に生徒たちを参加させることで中国語を学びどのように生かしていくのかを生徒自身に考えさせたり、実践可能な限りの青少年交流やボランティア活動にもチャレンジしたりしてきた。しかし、退職前三年間はコロナ感染の拡大により、あらゆる交流がストップしてしまった。できることはオンラインによる交流であった。寝食を共にする交流とと比べて、やはり深まりはないが、生徒同士は交流を大いに楽しんでいた。

三十二年間の中国語教育の中で、私には大切にしてきたことがいくつかある。一つ目は人と人とのつながりである。特に若者がお互いの国を理解し、グローバルな視点で付き合うことを実践してきた。二つ目は、歴史を直視し、互いの人権を尊重することである。三つ目は生徒が自ら中国語を学ぶ意義を見つけることである。これらのことを実現するために、寝食を共にしたり、一緒に研究をしたりするなど、若い世代が大いに交流を深めることを推進してきた。

今後私は、日本と中国との文化交流に貢献したいと考えている。そして、未だ実現していない、お世話になった復旦大学の先生方への報告とお礼を申し上げたいと思う。私がこれまで中国語教育に携わって来ることができたその根幹を支えるものは、母校の大学の先生や仲間そして中国上海の復旦大学の先生方との出会いそのものである。〝继续努力，学好汉语和中国文学，为中日友好和文化交流作出贡献〟！

青山 恭子（あおやま きょうこ）

一九六三年福井県生まれ。関西大学文学部中国文学科で中国語を学ぶ。大学卒業後、小中高等学校での常勤講師や建設会社事務職として働いた後、福井県立足羽高等学校で三十二年間国語と中国語の教鞭をとり、この三月に定年退職を迎えた。その間、中高生や大学生との相互訪問交流活動や地元で暮らす中国の方々との交流活動を行い生徒の視野を広げる一方、生徒たちの中国語力の向上と相互理解の大切さを伝えてきた。

3等賞

中国の友人の温かい心に触れて

主婦 瀬川 多見子

二〇〇六年頃、娘が青年海外協力隊の一員として青海省西寧に赴任しました。

その任務中に私達家族は二度訪問しました。二度の訪問とも西寧の空港で待つ娘との再会はすんなりとは行きませんでした。

宿泊するホテルの人達の対応は、あまり良いものではなかったし、中国はこんなものだと変に納得したり。日頃から中国には、周りの人達兄妹ですらいい印象を持つ人は無く行こうとは思わないと言っています。

西寧の空港に、娘はニコニコとして出迎えてくれて、ここでの仕事が出来ているのだと思えました。周りの景色は茶色かったです。

たった数日の短い滞在中に話しきれないほどの体験をしました。

複数のお寺、青海湖、黄河、南山公園等々。歴史もスゴイと感じるし何もかもがとにかく広大です。

青海湖の辺りで高山病に罹ったようで、青海湖のほとりのホテルで毒のように真っ赤ないかにも効き目がありそうな薬を頂いて確かに良くなりました。

博物館を案内してくれる人の、この国を知ってもらおう理解してもらおうという熱心さに感心しつつ、私達も沢山の事を学びました。

中でも堺出身の河口慧海のことをここではっきりと知って、私達は堺在住なのにと恥ずかしかったです。

日本語教師として働いている娘の大学関係者の方達の心からの歓迎の食事会。

持参した日本酒や焼酎も飲んだけどアルコール度数の高い白酒でのカンペー。口の中はひりひりし、胃も少し痛めました。

和やかで家族の様ないつ終わるともわからない食事会。

中国青海省にあるチベット仏教の寺「タール寺」にて家族と

ほんとよく飲みます。

楽しくしゃべって、歌って。

チベットの歌、モンゴルの歌、漢族の歌、すべて心に響きました。

私も日本の歌を披露しました。

心に強く残る素晴らしい食事会でした。

食事では個人的に頂いた火鍋なども美味しかったなと思い出されます。

西寧の空港でのアバウトな飛行機の運行（と焦る私達には思えた）で、北京での乗り継ぎが間に合わなくなるというトラブル。

不安な気持ちで北京空港に着いたら、瀬川様と書いたプラカードを左右に振って慌てた様子の中国人が立っていてビックリしました。

その人について広い広い空港を、オリンピック選手顔負けの走りで、荷物ごと走り回り、汗だくになって、体当たりで交渉、先導してくれて……。

予約していた飛行機に荷物ごと滑り込むことが出来たのです。

すぐに動き出した飛行機の中でしばらくは涙と体の震えが止まりませんでした。

私達も頑張ったけど、機転を利かせてくれた娘の友人や、そのまた友人の親切に対しての涙だったのだと思います。

友人の「アナタとはとても善い友人だから……」の言葉に頭が下がります。

以前テレビで中国鉄道の旅をしたタレントが「何処の地でも心からの歓迎にあい、出会いをこれ程までに心から喜び大切にする心に触れて、それが自分の今後の目標だ」と話していましたが、「そうそう、ほんとにそう」と深くうなずけました。

博物館の人然り、青海湖行きを含む小旅行に同行してくれた人然り、学校関係者の方達、学生達、そのご家族。娘はこんな心温まる人達に囲まれていました。

広島サミットへの反発、地域への緊張の高まり、日中関係が厳しい、こんな時こそ交流を続けたいです。

今また円珍の「過所」という通行許可書が話題になっています。

昔からの中国との交流を大切に続けて行けたらと思います。

瀬川 多見子（せがわ たみこ）

一九四四年八月六日、京都太秦で生まれ、疎開を経て京都に戻る。小学校は数校転校。京都教育大学付属中学、京都府立鴨沂高校を卒業後、東芝に勤務。結婚で退職し、堺へ。四人の子育て一段落後は、夫の会社を七十五歳まで手伝った。中国への訪問は六十歳のころで、その後、上海万博を訪れて以降、中国へ行く機会はないが、日中友好を陰ながら祈っている。

3等賞

威海の教え子たち

団体役員　四宮　陽一

二〇一〇年八月の京都は下旬になっても三十七度近い猛暑が続いていた。熱波から逃れるように関西国際空港を飛び立った東方航空機が煙台空港に降り立ったのはそれから僅か二時間後。三十五年間に亘る保険会社勤務を定年で終えた私の六十一歳からの新しい人生がこの日、中国の山東省で再始動した。

空港に出迎えに来てくれたのは事務局のO青年。手配された車に乗って一時間足らずで目的地の威海市にあるF外国語学校に着く頃には、林間に見え隠れする校舎が既に夕闇に包まれ始めていた。四階建て校舎の三階にある外国人教師専用の広々とした個室に案内された時、窓から入って来る風がとても涼しく、威海市が日本では東北の青森と同じ緯度にある事を思い出した。

翌朝は部屋の外壁に取り付けられたスピーカーから流れる義勇軍行進曲で目が覚めた。授業はまだ夏時間のまま で、早朝七時前にはこの勇ましい国歌が校庭に向けて流される。やがて現れた生徒たちを部屋から眺めていると、全員が整列した後、担当の先生の掛け声に合わせて校庭をぐるりと回るランニングが始まった。それが終わると食堂での朝食、そしてクラス毎に分かれての授業開始となる。

F校の生徒数は全部で七百名余。その中の約半数が日本語専攻で、クラスは高校生、留学生、実習生の三つの部に分けて編成されている。中国語検定試験三級の資格しかない私は、日本語だけのコミュニケーションでも問題のない高校二年と三年のクラスを担当することになった。一クラスの人数は十八～三十五名とかなり幅があり、教師は全部で二十名。常勤の日本人教師は私一人だけで、他は若い中国人の先生方だったが、当然の事ながら皆さん日本への留学経験があり、日本語を流暢に話せるので

威海市での教え子たちとの記念写真

日常生活に言葉の問題はなかった。

授業内容だが、私には唯一のネイティブの教師として教科書を離れた実践的な指導をして欲しいとの事。この注文には頭をかかえたが、都心の超市から買い込んできた大量の画用紙を使い、漫画を描いての日常会話の練習を始めることにした。例えば道に迷った時の対応をテーマとした場合、Ａ地点にドラえもんを、Ｂ地点に名探偵コナンを描き、両地点を結ぶ複数の道路上に信号のある交差点や橋、トンネルなどを設け、この漫画の主人公二人がどう歩けば会えるかといった風に進めて行く。これは生徒たちには大変好評で、威海市滞在の一年間で五十枚の「作品」を残すことになった。

十一月に入ると、威海市にはもう冬の使者である雪が降り始めた。その雪の到来と共に授業に慣れ始めた私の担当範囲が、留学生クラス、実習生クラスにも広がった。この頃には生徒たちとの親しさも増し、個別の指導要領のコツもつかめて来たが、中でも明確な学習目的を持つ実習生たちの進歩の速さには目を見張るものがあった。

やがて年が二〇一一年に改まり、春休みで一時帰国していた京都から威海市に戻ったのが三月十日。その翌日、あの東日本大震災が起こった。津波に流される家屋や福島原発事故の映像を部屋のテレビで眺めながら呆然としている私に、生徒の父兄からは生徒を日本へ留学させても大丈夫か?との問い合わせが寄せられた。この時ほど返答に困ったことはそれまで一度もなかった。

後半の学期が始まり季節が春から夏へ移り始める頃になると、生徒たちの日本語の実力が確実に向上している手応えを感じた。同時に私の威海市での生活にも徐々に終幕が近づいていた。七月に入り、夏休みで生徒たちが少しずつ郷里に帰り始めた頃、日本への帰国便が決まった。O青年の運転する車で煙台空港へ向かう朝、校門の前に出て驚いた。まだ学校に残っていた二百名ほどの生徒たちが全員校門前に整列して見送ってくれたのだ。車に向かって手を振ってくれる教え子たちを見ながら思わず熱いものが込み上げて来た。

威海市で過ごした一年間の余韻に浸っている頃、O青年から嬉しい知らせが届いた。F校の教え子たちの十名ほどが原発事故への不安を乗り越えて私のいる京都周辺の学校へ留学にやって来るというのだ。数か月の後、初めて日本を訪れた彼等に京都市内の案内をしている間、若者たちの瞳はキラキラと輝いていてとても美しかった。中でも一番勉強熱心だったZさんは、その後京都に本社のある企業に無事就職し、今も日本と中国の懸け橋として活躍している。

思えば私が山東省を離れてから既に十二年近くが経つ。教え子たちによれば、今では威海市も見違えるように変貌し、海岸には高層ビルが聳え立つという。私がF校を去る時、校長先生が校庭に残してくれた記念パネルと植樹された蘭はその後どうなっているだろうか。コロナが収まれば是非再訪してみたい威海の街である。

四宮 陽一（しのみや よういち）

一九四九年大阪市生まれ。京都大学法学部を卒業後、大手損害保険会社に就職。主に外国営業部、船舶営業部に所属。勤務地は東京本店の九年間を振り出しに、大阪、京都、福岡の各地を回る。定年退職後の二〇一〇年、知人の紹介で山東省威海市所在の私立外国語学校に一年間の契約で日本語教師として勤務。帰国後、京都府日中友好協会に入会し、以降日中友好交流に努めている。

3等賞

いつもありがとう、これからもよろしくね！

日本語教師　細井 駿吾

「え？本当？　この時期に中国行くの？」「今じゃないとダメなの？　コロナが落ち着いてからで良いんじゃない？」「私でも中国には帰るのは難しいよ！」と周りの人、そして中国の友人にも言われましたが、二〇二〇年新型コロナが世界で猛威を振っている中、私は一つの大きな決断をしました。それは、中国へ行って働くということでした。確かに、コロナによって海外へ行くどころか、仕事や学校にも行けない、今まで経験しなかったことばかりで、私たちの生活を大きく変え、不安がなかったわけではありません。しかし、そのような状況であったとしても中国へ行きたいと思う理由があったのです。

世界を旅行や人と交流をするのが好きだった私は、様々な人と友達になりました。そして、日本だけでなく各国各地、様々な分野で頑張っている中国人や中華系の人々に会いました。そして彼らの優しさを身近に感じることがたくさんありました。そこから私は、もっと中国のことを知りたい！もっと中国の友達を知りたい！そして中国のことをもっと好きになりたい！と思うようになったことがきっかけでした。

二〇二〇年の春、内定をもらい、中国への渡航へ向けて準備をしていました。しかし、いつもとは違う状況のため、ビザ取得に時間がかかってしまい、やっぱり今、中国へ行くという決断は正しくなかったのではないかと悩むときもありました。しかし、それでも「大丈夫だよ、心配しないで」といつも支えてくれる中国の友人がいました。その後、中国に着いてから色々なことが私の前に立ちふさがっていました。隔離生活や手続きでの問題など文化の違い、言葉の壁など本当に心身疲労しきっていました。そんなときに、中国の友人は私に、「大丈夫？元気？」などメッセージを送ってくれたり、時には電話

プラナカンマンションにて

をかけてくれたり、またデリバリーでタピオカやご飯を注文して届けてくれました。他の人からすると「なんだ、そんなこと。小さいことじゃん！」と思うかもしれませんが、私にとってはとても心温まることでした。そして中国の友達がもっと好きになりました。他にも、レストランで注文をするとき、荷物を受け取るときなど、困っていると手を差し伸べ、私が日本人だと分かると興味を持って、「私は日本のアニメが好きだよ」「日本の製品は良いよね」と話しかけてくれる人もたくさんいました。こういった小さな日々の交流も私にとって忘れられない思い出になりました。

　また中国にいる間に色々な町を旅行したいと思っていましたが、残念ながら、旅行することができませんでした。しかし、これはきっとまた中国に行く機会を私に作ってくれたのだと思っています。そしてコロナという大変な時期であったからこそ、私は人の優しさや人と人とのつながりをより一層感じることができました。そしてこれらの経験は、私の人生を支えてくれるものであり、今後もつづいていくものになったと思います。そして旅行以上に大切なものになったと思います。このような経験ができた私は本当にラッキーだと思います。

また困ったときや知りたいときに、メッセージや朋友圏に投稿すると、いつも助けてくれる中国人が私の周りにはたくさんいました。そういった優しさに触れていたので、本当はもっと長く中国にいたいと思っていた私ですが、いろいろな理由から中国を離れ、今、私はマレーシアにいます。ここは中華系の人も多く、中華街や中華料理、中国の食材や商品が売っている店も数多くあります。そしてお店を見つけるたび、入って見たりして、中国での思い出を懐かしんでいます。やはり私は中国と縁があると感じずにはいられません。そして今も中国の友人と他愛もないことで、メッセージのやり取りをしています。また投稿してみんなにシェアしています。小さな繋がりかもしれませんが、このような繋がりは私にとって本当に大切なものです。

また私は今も中国語の勉強を続けています。どうしてと思われるかもしれませんが、それは、三つの理由があります。一つ目はもう一度中国に行って、以前は行けなかった町を旅行したいからです。そして、そこに住んでいる人たちと交流をしたいと思っています。もう一つは、中国に行ってから好きになった卓球が関係しています。以前は卓球について詳しくありませんでしたが、卓球王国である中国に行ってから卓球が大好きになりました。こんな機会が訪れるか分かりませんが、いつか中国の卓球選手と友達になって「日本の食事はどうですか。何が好きですか。どこか旅行しましたか。じゃあ今度は私が案内しますよ」などとおしゃべりしてみたいと思っているからです。そして中国の各地にいる中国の友人に再会して、感謝の気持ち、今までのこと、そしてこれからのことをたくさん話し合いたいと思っています。「いつもありがとう。これからもよろしくね！」と伝えて、これからもずっとずっと交流を続けていきたいです。

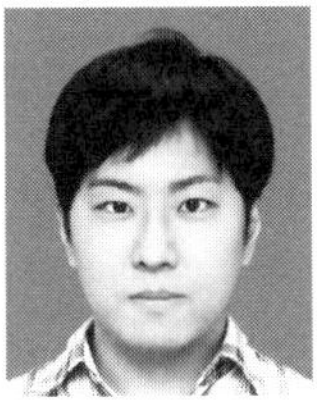

細井 駿吾（ほそい しゅんご）
愛知県出身。中山大学、広東外語外貿大学での勤務経験を経て、現在は、マレーシアの学校にて勤務。中国語の学習を継続し、ＳＮＳを通して中国の学生や友人との交流も行っている。

3等賞

上海での結婚式

国会議員事務所職員　小山　真理

「訪問の目的は?」と聞かれたときのために「友人の結婚式に参列するんです」という答えを用意して臨んだ入国審査では、スタンプを押されたパスポートが無言で返されただけだった。

一度目の中国は大学四年生の時。大学の同じゼミだった留学生カップルが帰省するというので、せっかくだから、ともっともらしい理由を付け、押しかけのような形で友人何人かと訪問した。彼らが案内してくれる上海は、ガイドブックに載っているところから路地裏の行きつけの店まで幅広く、夕食の時に雨が降り出したらお父さんが傘を持ってきてくれるという大サービスまで付いていた。

二年後の二〇〇六年六月六日。六の重なる縁起の良い日取りに彼らが上海で挙式をするというので、私にも招待状を送ってくれた。失礼がないようにと思い、ネットで中国の結婚式事情を調べた。ご祝儀袋は赤がいいのね。白はお葬式の色だから極力使わないようにしよう。着物で行こうとしていたけれど、半衿くらいなら白でも大丈夫かな。え、Tシャツにジーンズで披露宴に出る人もいるの?でも日本に留学していた二人の結婚式なんだし、鮫小紋みたいな柄なら大丈夫よね。着付けは何とかなるとしても、ヘアセットはどうしよう。そうだ、前に上海に行ったときに毎日美容室でシャンプーしてもらっていたっけ。夜遅くまでやっていたし、ホテルの近所の美容室でお願いしてみよう。椅子に座りながら泡立ててもらうシャンプー、面白かったなぁ。思いを巡らせながらの旅支度もまた楽しいものだった。

入国後は、友人である新郎とその家族に招待され、上海の高層マンションにある新居に案内してもらった。和室までも有する広々とした室内には精巧な切り紙で作ら

上海虹橋迎賓館での結婚式の様子。人前式後に同級生で記念撮影

れた飾りがあちこちに飾られていた。大量の爆竹やたばこは、翌日の挙式前に新婦を迎えに行くときに家の前で妨害されるので、賄賂として渡して道をあけてもらうために使うんだ、という話もしてくれた。ベッドにはお人形や卵が置かれ、それぞれがいわれのある縁起物だ、ということも教えてもらい、文化の違いを実感した。

夕食を戴いて辞去し、ホテルに戻った。周辺には夜遅くまでやっている美容室が多く、フロントでお勧めだと教わった店に入る。お決まりのシャンプーが始まってから美容師さんに、明日、挙式参列用にヘアセットをして貰いたい、という旨を英語で伝えた。担当の彼は困った顔をして同僚を呼ぶと、夜で閑散とした店内にはあっという間に私を囲んだ輪が出来た。英語が伝わらない。だが、私にはこの地をルーツとする漢字の知識がある。持ってきてくれた紙とペンを使い、ああでもない、こうでもないと筆談が始まった。なかなか伝わらなかったヘアセットは中国語で「設計」ということが分かり、翌日の予約も無事に取れ、私の髪の毛も「吹干」され、賑やかなギャラリーのままお会計までわいわいと見送られ店を出た。

翌朝、再度訪問するとその店で一番上手だというカリスマ感漂う男性美容師が担当してくれた。日本では必ず「多いですね」と言われる毛量の私の髪を、スプレーだけでアップにしてくれる技量を発揮し、見たことのないカラースプレーで髪が彩られた。ちょっと派手かな、と心配したがホテルに戻り着物を着てみると意外と悪くなく、お礼を言うためにもう一度その美容室に戻った。着物姿に大変喜んでくれ、皆で写真撮影をし、彼らが呼んでくれたタクシーで無事に会場に向かうことが出来た。

挙式は、数年前まで一般人は立ち入りが出来なかったという立派な迎賓施設の美しく整えられた庭で、人前式の形式で行われた。すっきりと晴れた青空とどこまでも続きそうな緑の芝生のコントラストは鮮やかで、シンプルなデザインながらも質の良さが際立つウエディングドレスの白に生花のフラワーシャワーがくっきりと映える様子は、まるでドラマを観ているようだった。お人形のようにきれいな新婦と、お人形のように固まった新郎の対比の微笑ましさももちろん印象的で、それを優しく見守る両家の親族の穏やかさも伝わってくる幸せな時間だった。

午後六時六分に始まった披露宴は六百人を超える大所帯で、それでも「呼びきれなかったから明後日もう一回、三百人くらいを呼んでやるんだよ」と当人たちは笑っていたが、三時間を超える披露宴のなかでカラードレス、チャイナドレスなど何回もお色直しをして登場する彼らはどれも目を見張る美しさで、まるでファッションショーのようだった。また二人が中座している間、私の着物姿を見た他のゲストが何人も話しかけに来てくれ、温かに歓迎してくれている雰囲気がとても嬉しかった。

その後、彼らには可愛い女の子が産まれた。昨日のことのように上海での結婚式のことを覚えている私をよそに、その子ももうあの頃の私たちの歳に近づいてきている。時の流れのあまりの速さに慄きながらも、温かく美しいあの時間は私の大切な経験として輝いている。

小山 真理（こやま まり）

一九八二年水戸市生まれ。茨城大学人文学部在学中に中東、ヨーロッパ、東南アジアを歴訪。大学四年次に同じゼミに所属していた中国人留学生の帰省に合わせ中国・上海に初訪問する。卒業後、彼らの結婚式への参列を含め、中国訪問は二回。大手証券会社・損害保険会社での勤務を経て、結婚・出産。現在は小学生の子ども二人の育児の傍ら、参議院議員の茨城事務所で働く。

3等賞

日中友好活動に従事する一家

会社員　羽毛　友里恵

私自身及び家族は様々な日中友好活動に携わってきました。祖父はかつて早稲田大学及び東京女子大学の教授でして、数十年前に首相が中国を訪問した際の通訳を担当されました。また、上海の宝山製鉄所という七年間にわたる日中協力の建設工事に参加したそうです。その建設には新日本製鉄を中心に日本の主要鋼鉄メーカーの力を終結し、最大規模の技術協力を行いました。技術担当者は中国語が話せないので祖父は二百名の通訳者を育成し作業現場に送り出しました。上海外国語大学の先生の誘いを受けて日中貿易関係の教科書を共に編著しました。その功績が認められ、復旦大学と上海交通大学の客座教授に任命されました。祖父から頂いた読み物の中に上海長寧区の「区史資料」という出版物があって、その中に祖父の生涯についての内容が載っていて、今でも大事に保管しています。

叔父と母も祖父の影響を受けて、日中関係の仕事をしています。叔父は中国の上海、寧波、江陰、そして日本の東京、大阪に貿易物流会社を設けております。中国交通省の認可を受けたＮＶＯＣＣであり、上海航運取引所の正式会員です。中国は「世界の工場」と称賛されるほど様々な製品を生産してます。叔父の仕事は中国製の物を世界に売る流れの一環です。工場の製品を検品して通関手続きを行い、海外に運送します。毎年欠かさず華東交易会（中国華東輸出入商品交易会）などの貿易展示会にも出展していました。株式会社丸紅などの商社とは長年の付き合いで、数え切れない程の製品の運送を担当しました。三十年かけて会社の社員数はたったの五人から数百人になりました。母は中国で日本料理屋さんを出店しています。食べに来るお客さんは日本人もいれば日本食を食べてみたい中国人もいます。本格的な日本料理を

中国の同済大学を首席の成績で卒業し、同大学の広報大使に任命されて５カ国語（日本語、中国語、英語、韓国語、ドイツ語）を用いて先生方と一緒に講演を行っていた時の写真

提供して世界に日本食の良さを伝えることが母が目指している目標です。また、日本でも中国風味のラーメン屋さんを展開しています。両国のシェフの交流会を開催したり、食を通じて人々の仲が深められると母は言いました。欧米人の常連様にも気に入れられて、口コミサイトでコメントを書いてくれました。叔父と母は経済の面において貢献した為高度人材に見なされました。

家族に憧れて私は三歳から努力してまいりました。中国語を始めとする、英語、ドイツ語、韓国語を学習しました。私は祖父を目指して中国語を何十年も勉強しました。小学生の時に英検一級を取得し、中学生の時に中国語検定一級を取りました。高校時代にＨＳＫ六級にチャレンジし合格しました。大学では韓国語の試験やドイツ語の資格に挑みました。大学院を卒業する前に中国語の教員免許及びＣＡＴＴＩなどの翻訳試験に受かりました。大学院を卒業してからＣＡＴＴＩの試験に参加してＡ級の評価を頂きました。ＣＡＴＴＩの通訳コンテストでも二等賞を得られました。言語学習を通じて広い視野を手に入れることができて、何事にも柔軟に対応することができるようになりました。中国語を習ったおかげで中国に留学することも可能になり、今ではかけがえのない思い出になっております。

私は数年前に中国人男性と結婚しました。夫は優しくて思いやりのある人です。国際結婚は決して順風満帆ではありません。私達は恋愛から結婚まで七年間かかりました。最初はやはりカルチャーショックで喧嘩することが多々ありました。例えば、食事をした際に割り勘にするかどうかで意見が分かれました。夫の言い分ではデート代は男性側が負担するべきだが、私は割り勘にしてほしかったです。最終的に二人とも一歩譲って夫が整数のお金を出して、私がおつりを出すということに至りました。月日が流れ、今ではあまり喧嘩しません。私達は二人とも子供好きなので近いうちに子供を授けたいです。私達の間に生まれる子供は日中ハーフの子供になります。将来この子が両国の架け橋になれるように、中国と日本の文化をしっかり習わせるつもりです。日中友好活動に従事することを私たちの代で終わりにせず、子供の代にも託したい次第です。

結婚してから、私は血の繋がった母以外に義理の母が出来て、義理の母には良くしてもらいました。配偶者の母は本当に優しい心の持ち主です。彼女はより多くの学生が高校で勉強できるように自腹で河南省で私立高校を立ち上げました。生徒たちの要望に応えるために日本語の授業を開設しました。勉強するうちに日本に留学したい学生が増えて来たので私は義理の母に山梨学院高校を紹介して、両校は姉妹校になり交換留学ができるようになりました。報われるようにしたことではなく、学生達からお礼の手紙を頂いた時は嬉しかったです。学生達を空港まで見送る時、ある生徒が自分の目標を私に伝えました。それは彼は日本で勉強して将来は両親に恩返しをしたい、両親が今生活している家は屋根から水漏れが多々あるからもっといい家を買ってあげたい、日中の友好大使になるのが夢のようです。生徒たちの未来を楽しみにしています。そして、これからも力の限り、日中友好活動に積極的に関わっていきます。

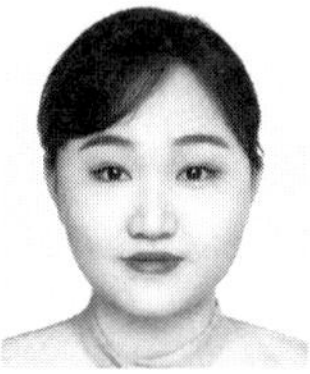

羽毛 友里恵（はも ゆりえ）

神奈川県出身。祖父呉俗夫（ご ぞくふ）はかつて早稲田大学、復旦大学で教鞭を執る。黒島伝治著『銅貨二銭』の訳者で、日本語学校を設立するなど様々な日中友好事業に貢献した。祖父に憧れて小さい頃から言語学習を始め、HSK六級及び中国語教員免許を取得しCATTIの試験でもA判定を頂いた。大学院を卒業した後シドニー大学で中国語の教員を務めた。中国の方と結婚した後、身内が経営する企業を手伝っている。

3等賞

忘れられない中国滞在

—我が国際交流の原点

法人職員　樋口　和憲

もう四十年も前のことだ。就職の内定が決まって、大学最後の卒業旅行に中国冒険を企てた。ようやく中国の対外開放政策で、外国人の中国各地への自由な旅行が可能になったばかりのことだった。

就職の内定先は非営利の特殊法人だった。様々な分野の学術振興、研究支援の事業を実施している団体だ。

就職直前の一月の終わり頃、当法人の総務部から大学卒業前の二月から三月にアルバイトをしないかと誘いがあった。私は二月中旬から三月上旬にかけて、一ヶ月ほど中国旅行を計画しているからと、丁重に断った。しかし、次の日に、今度は事業部の人から、中国には当法人の対応機関の中国科学院や中国社会科学院があるから、ぜひその人たちと会うと良いと強く勧められた。そして、相手方の連絡先を教えられた。思わぬ展開だった。実を言えば私は中国語が全くできなかった。正確には、にわか仕込みの「ニイハオ」、「私は日本人学生です」、「部屋は空いてますか」の三語句だけだ。それなのに、中国の対応機関の人たちと会うことになったのである。まだ正式な法人職員でもないというのに。

中国冒険が始まった。上海の行き帰りのフライトだけが決まっていて、あとは自由に移動して、自由に宿泊する。

上海に着くと、まず教えられた電話番号に連絡を入れた。日本語の上手な中国人で驚いた。当法人で一年間研修をした人だった。夜、ホテルに上海の科学院と社会科学院の皆さんが迎えにきてくれて、街場の宴会場に向かった。熱烈大歓待‼が待っていた。皆さんが日本での経験を嬉しそうに話してくれる。食べきれないほどの宴会料理に、注がれるまま老酒や紹興酒を延々と飲み続け、不覚にも潰れた。気がつくとホテルだった。

白剛氏（元中国関係機関の研修生、元在京中国大使館公使参事官）とともに

それから南京を訪れ、南京から普通列車の「硬座」で北京に向かった。当時北京まで三十時間以上かかった。何しろ学生の貧乏旅行である。「軟座」や「寝台」などの贅沢はできない。満員ぎゅう詰めの「硬座」で立ちっぱなしだ。何時間経っただろうか。小さな子供のいる家族が子供達の席をつめて、「座れ」と手招きしてくれた。子供達がゲームをしようと言った（ようだった）。お父さんが筆談でルールを教えてくれた。確か「紅十」という名前のカードゲームだったと思う。場札と手札の合計が十になるようにカードを切っていく。そこから延々とゲームが続き、時間の経つのも忘れて私たちは熱中した。北京に着いたときはフラフラだったが、楽しかった。「ザイチエン！」別れる時、子供達がずっと手を振ってくれた。

北京に着くと、上海と同じように事業部の人から教えられた電話番号に連絡を入れた。またもやきれいな日本語を話す中国人が出て、驚いた。北京の夜も北京の科学院と社会科学院の皆さんの熱烈大歓待‼が待っていた。ここでも当法人で一年間研修をした人たちが集まって、日本での出来事を懐かしそうに話してくれた。食べきれないほどの宴会料理に、懲りずに注がれるまま老酒や紹興酒を「乾杯！」、「乾杯！」と延々と飲み続け、北京でも飲み潰れた。またもや気がつくと、いつの間にか宿泊先に送り届けられていた。

北京は本当に寒かった。日本の防寒服は役に立たない。でも北京の街を歩くのは楽しかった。一人でレストランに入って、北京ダックを食べたいと羽根の手真似でダックの格好をして注文した。ウェイターの人は分かった！という顔をして大きく頷いた。やがてテーブルに運ばれてきたのは、大きな鯉のあんかけ料理だった。北京ではその後北京かぜをひき、下痢になった。歩くだけでも死にそうになる程きつかったが、ホテルで安静にしているのはいかにも時間が惜しい。漢方薬のお店で人参を買って飲み、北京の街を動き回った。長距離バスで「万里の長城」にも行った。バスの中で私が日本人だと分かると中国人の皆が「何か歌え！」という。どうしようかと思ったが、千昌夫の「北国の春」を歌ったところ、拍手喝采、皆が大喜びしてくれた。

その後も体調不良は完治しなかったが、北京から龍門石窟などの洛陽に南下し、さらに秦始皇帝陵及び兵馬俑坑のある西安へと回り、「硬座」の過酷な列車の安旅を続けた。「ニイハオ」、「私は日本人学生です」、「部屋は空いてますか」の三語句を武器に、ホテルは中国人と一緒の安宿にずっと泊まった。中国人と外国人との隔離政策は続いていたが、貧乏学生には寛容だった。西安から上海に直接戻る予定だったが、列車が真夜中に突然、蘇州で止まった。訳も分からず、夜中に蘇州の宿を探し、次の日は思いがけず「東洋のベニス」と呼ばれる蘇州めぐりも楽しんだ。

忘れられない旅だ。上海、北京で親切に熱烈歓迎してくれた対応機関の人たち、苦しい旅行中に助けてくれた多くの中国の人との楽しい思い出、私は長く国際交流の仕事に携わったが、その原点がここにある。

樋口 和憲（ひぐち かずのり）
一九五九年東京都生まれ、千葉県習志野市育ち。東京都立大学法学部卒業後、学術振興の法人に就職。大学の卒業旅行で中国各地を回り、中国関係機関職員と就職前に交流。その後、同法人において国際交流等の業務に従事。中国関係機関職員の研修生や中国研究者同窓会員とも交流。同法人海外事務所、国際事業部、研究者国際交流センター等の勤務を経て、定年退職。現在、同法人研究事業部で再雇用勤務。

3等賞

日中「次の45年」への提言

～刮目せよ 日本人、見直せ 漢字パワー！～

旅行作家 中嶋 健治

中国に行くと、私の姓に含まれる漢字「嶋」を知らない方々が多いことに気付かされる。簡体字の「岛」が常用されているためだ。

こうした事情から、長い間、この文字は日本人が独自に創造した和製漢字（畠、枠、込、躾、渋など）の一種だと思い込んでいたが、調べてみると、古くは紀元前の歴史書『史記』にも言及されるくらい、伝統ある語句という（『史記・田横傳』入居海嶋）。この漢字は会意兼形声文字に属し、象形文字の「山」と「鳥」の合成体で、〝渡り鳥が立ち寄る海中の山〟を意味する語句として「嶌」とも記されてきたようである。

さらに中国の旅先では、所謂、こうした水中に浮かぶ「島」に関し、○○山、○○島、○○嶺、○○岩、○○石、○○坝など、多彩な呼称が存在することにも驚かされる。日本語の「川」に相当する河川も、○○江、○○河、○○水、○○溪などと多岐にわたり、「山」についても○○山、○○嶺、○○崗、○○石、○○尾、○○坡、○○婆、○○頂などの名称が多用されている。日本語では単に「○○島」「○○川」「○○山（岳）」としか記されないが、中国では実に多くの呼び方が存在するのだ。

「言語は文化の鏡」と言われるが、このような多彩な表記習慣は中国文化の包容力を示す好例のように感じる（道教など）。約三〇〇〇年前に誕生した漢字は、時に新単語を自己生成し、また時に別の漢字と連結して熟語（中国語では〝詞〟という）を形成させたり、発音を基に人名や地名に「当て字」を用いるなど、柔軟なコミュニケーション・ツールとして機能してきた。長い時間をかけて他部族（国）を呑み込みつつ、集合体的な文化圏を作り上げていった中華文明の確立に大いに貢献した漢字は、主に記号的な書き言葉として重宝され、結果的に、

上写真は、香港での結婚式の様子（2016年1月）。日本からは両親が、中国・香港からは友人たちが駆けつけてくれた。後方は、曇天下の香港島・摩天楼とヴィクトリア・ハーバー。

今でも全く口語が通じ合わない方言を中国各地に数多く存続させているわけである。

実際、現地滞在の度に、日本では見られない、地元の方々の積極的で好奇心旺盛な言動に、いつも感心させられてきたが、こうした寛大でパワフルな国民性も「漢字＝中国文化」が持つ包容力や柔軟性の一端だと認識すると、すとんと腑に落ちるような気がする。ただし、気さくで親しみやすいが、身内と部外者との明確な線引きは常に意識的、無意識的に保持しており、さすが多文化共存の極意を遺伝子レベルで体得している大陸系民族だなあ、と痛感させられることも多いが。

日本列島もその中華文明圏の東端に位置したことから、もともと口語だけだった母語の中に書き言葉として漢字を輸入し、国土を大いに発展させてきた。そして、ある程度の文化的土台が整った後、文字の独自発展が進むようになり、仮名文字が発明され、さらに前述の和製漢字・漢語（熟語群）の創造へと繋がっていくわけである。明治維新以降、百五十年間にわたって日中経済力の逆転が生じると、日本は独自の文化的センスにより新しい漢語（経済、法律、文化、共産主義、服務、人気など）を数多く生み出し、それが中国へ逆輸入されていくこととなる。

そして今、この逆転現象もついに終焉を迎え、中国発のハイテク製品や資本投資などが日本へ大量流入している。今後もますますこの傾向は拡大し、十数年も経てば、日本列島内で中国発の新単語や用語がかなり併用されていることだろう。もともと歴史的に圧倒的な経済&文化大国だった中国の復権にあたり、我々日本人は謙虚に現実を受け入れ、先進的な文物を学ぶ姿勢を改めて持ち直していく、転換期を迎えつつあると考える。同じ漢字文化圏としての優位性や日本語独自の仮名文字を駆使し、積極的に自己成長のための交流と研鑽を積んでいきたいものである。過去の栄光や成功体験にとらわれてしまうと、所謂、大企業病のように臨機応変が効かなくなり、平成期に見せつけられた数々の大企業グループの没落と同じ轍を踏みかねない。

筆者も今年、四十五歳となる。まさに、日中平和友好条約と同じ年月を歩んできた人生だった。

この間、日中の経済関係は劇的に変化し、同時に日本人の対中観も大きく変わったことを痛感する。大学生時代までは、メイド・イン・チャイナの製品を見下す風潮が日本全体に確かに蔓延していたが、大学院在籍中だった二〇〇一年十二月に中国のWTO加盟が実現し、そのまま中国ブームが到来する。そして社会人になって十年ほどが経過し、GDPが日本を抜き去る瞬間にまで立ち会った。これからの四十五年は、その差がますます拡大する未来を目にしていくことだろう。

この前後九十年間もまた、二千年以上に及ぶ日中関係史の中では、ほんのわずかなイベントにしか過ぎないのだろうが、漢字文化が有する包容力と応用力を共に熟知する隣人どうし、お互いの独自文化を尊重しつつ、友好交流と共同発展をますます深化させていく軌跡を、残りの人生を通じ、凝視し続けたいと思う。そして個人的にも、在野の中国史愛好家として微力ながら、相互理解の前進に寄与していければと考えている。

中嶋 健治（なかしま けんじ）
一九七八年、兵庫県生まれ。慶応大学経済学部卒、早稲田大学大学院 社学研修了。南アフリカ・Midrand 大学（現 Eduvos）留学後、東京で貿易仲介サービス会社を起業。二〇〇九年、拠点を中国・深圳市へ移す。以降、歴史紀行サイト『大陸西遊記』を起草し、現在も執筆中。文化庁「第三回メディア芸術データベース活用コンテスト」最優秀事例、第五回自民党「国際政治・外交論文コンテスト」幹事長賞など受賞。共著『「グローバルチャイナ」の現在』（大学教育出版、二〇一〇年）。

3等賞

温かさに触れた中国旅行

主婦　芹澤　暁子

主人が「家族で中国に行きたい。」と言ってきた。子供達にとって初めての海外旅行だ。二〇〇九年、今から十四年前のことである。三人いる子供の末っ子長男はまだ三歳で、手がかかるし、私も中国には行ったことが無い。どのような国だろう。少し心配になった。

主人は、二〇〇二年に仕事で初めて北京、上海へ行った。国交正常化三十周年記念を祝う観光業界の交流イベント参加のためだ。人民大会堂で開かれたレセプションは華やかで素晴らしく、料理もとても豪華で美味しかったらしい。その後、数々の世界遺産を見学し、すっかり中国のファンになった。帰国後中国語を習い始め、その後も二度ほど赴いた。

二〇〇八年に北京オリンピックが開催され、広大な土地での多くの人の熱い戦いを目の当たりにし、主人の中国愛がムクムクと膨らんできた。子供達にも、お隣中国という国を見せたいらしい。子供達のパスポートを作り、八月初旬に三泊四日のツアーで、北京旅行に行く事となった。

中二日の北京観光では、故宮、万里の長城、天壇公園、頤和園、明の十三陵の五か所の世界遺産を回った。子供のころから、歴史の教科書などで知っていた万里の長城を特に楽しみにしていた。人類史上最大の建造物。日本列島より長い建造物など、想像もできなかったからだ。

バスでの道中、標高が上がるにつれ、心の心拍数も早くなってきた。万里の長城の八達嶺は多くの観光客で賑っていた。曇って霧がかかっていたが、木々の緑とともに長城はそこに存在していた。一歩石畳に足を踏み入れると、身震いがした。何千年もの昔に生きていた多くの人、一人一人の思いと努力が作り出した城。今、ここに自分が立っている。そしてこの城壁は山の形状にそって

万里の長城にて。3歳の長男はやんちゃ盛りだった

どこまでも続いている。

歴史の重みに思いを馳せている私に、かまうことなく三歳のやんちゃな長男がどんどん先を行く。アップダウンの激しい石畳をアスレチックの遊具に挑戦するかのように生き生き足を運んでいく。一方で慎重派の次女が「怖い。」と私にしがみつく。一気に現実に引き戻された。「待って！」叫んだ私の声は長男には届かない。主人は異次元の景色に心奪われ、写真撮影に夢中だ。次女の手をしっかり握り、必死で追いかけた。石畳は階段だったり、坂道だったり、途中に楼があったり。頑丈なその道は自然と一体化し、くねくねと続いている。

すると、高校生ぐらいの年の男の子が、長男と手をつなぎ歩いてくれているのが見えた。軍服のような制服を着ている。修学旅行だろうか。同じ制服を着ている男の子が沢山いた。近づくと、二人はニコニコ楽しそうではないか。言葉が通じないであろう二人。まったく違和感のない空気が流れていた。年の離れた弟でもいるのだろうか。握っている手は優しく愛情に包まれて見えた。感謝の言葉を伝えられないもどかしさがあったが、「謝謝、謝謝。」連呼した。小さな男の子が一人急な坂を行くのは危ないと、手を差し伸べてくれたのだろうか。なんと声を掛けてくれたのだろう。ホッとしたのと同時に、この温かい行為に胸が熱くなった。

その後すっかり疲れた長男は観光バスの中でぐっすり寝てしまった。次の目的地、天壇公園に着いた。「見学した事あるから、行ってきていいよ。」と主人は長男とバスに残ってくれた。娘二人と巡った公園は、小雨が降っていたが、とても思い出深いものとなった。七十二長廊という屋根付きの長い回廊には、多くのご老人達が、輪になり雑談したり、トランプや将棋を楽しんでいた。隣に座って見学したいほど盛り上がっている。これが日常の風景なのだろう。とても素敵な場所だ。また祈年殿の円いフォルムと藍色の瑠璃瓦は、雨に濡れて尚とても美しかった。思う存分カメラに収めた。

子供達がとても喜んだのはスーパーマーケットだ。見たことない商品や、見覚えのある商品。中国語の勉強にもなった。可愛いイラスト入りのお菓子や、ノートなどの文房具、絵本、中国語の練習帳などのお土産も買った。四川料理や広東料理、北京ダックなどおいしい料理も堪能し、あっという間の三泊四日だった。

スマホも持っていない時代の中国旅行。とても新鮮で楽しかった。近代的な中国に驚き、ダイナミックで活気のある国だった。政治や歴史、文化、言語など全く違っても、人間としての本質、大事なことは同じなんじゃないか。万里の長城で助けてくれた男の子。優しく明るかった。そして大切な物を持っていた。長男は今、彼と同じくらいの年になる。異国の小さな子が危ない時、手を差し伸べ助けてあげる事ができるだろうか。

芹澤 暁子（せりざわ あきこ）
一九七〇年茨城県生まれ、埼玉県川越市育ち。日本女子大学家政学部卒。会社員の夫と結婚し、さいたま市在住。一男二女の母。趣味は編み物と、エッセイを書くこと。

3等賞

張蓮芳《チャンリャンファン》を探して

経営者　山本 深雪

一九九四年、三十三歳の私は都内のアパレル企業の企画として、忙しい日々を送っていた。ファッション業界の仕事は一見華やかで、女性の能力が生かせる数少ない業種だった。しかし、バブル経済が弾けた日本には暗雲が立ち込め、私はこのままここで働いていていいのだろうか……キャリアアップのために何かもうひとつ得意なものを身につけたいと考えていた。

その頃、香港に行く機会があり、海の見えるホテルで憧れのチャイナドレスを仕立てていた時のこと。ふと中国大陸の方角に目をやると、あたかも数頭の馬が砂埃を撒き散らしながら私の方に疾走してくるイメージが浮かび上がった。「あっ！　これから中国の時代が来るのかも！」

この頃は衣料品の生産工場が日本から中国に移りつつあり、二年後には英国から香港返還という一大転換期を迎えるため、中国も大きく変わろうとしていた。そして「私も人生をリセットしてみよう」と決断し、勤めていた企業を退職して、中国に留学することに決めた。

一九九五年の秋、上海師範大学中国語学科に入学した。周りは二十代の学生ばかりだった。私は早く仕事に戻りたかったので、二年間の留学期間は勉強に集中した。また時間を見つけては、北京や西安など歴史の名所を訪れたり、太極拳にもチャレンジした。

放課後はフランス租界のある瀟洒な衡山路を抜けて、准海路に行くのが好きだった。東京で言うなら『銀座通り』、日系の店も数多くあり、ファッションが一番栄えていたエリアだ。私は、美美百貨というファッションビルをよく覗いていた。

ある日、ＰＲＡＤＡの店内で「ナニカオサガシデスカ？」と、私より少し若く清潔感のある女性の店員が優

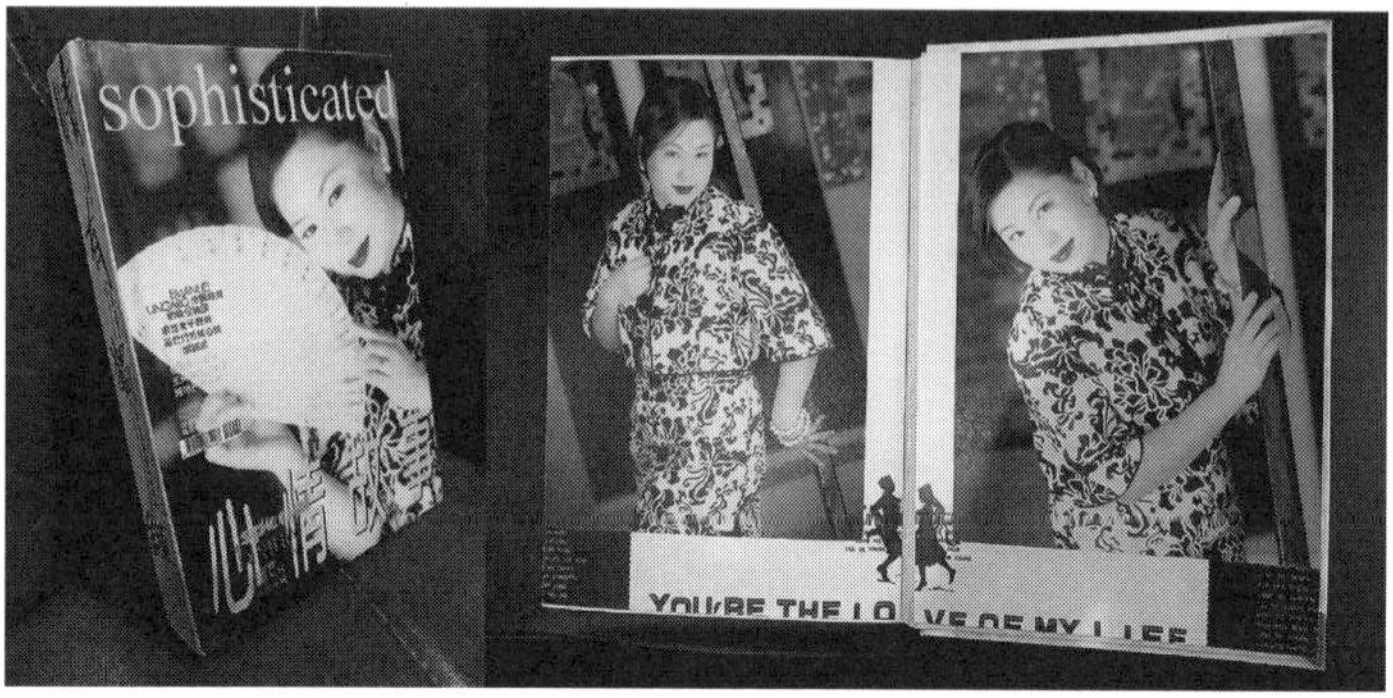

作品の主題でもある中国友人「張蓮芳」に誘われて、一緒に写真館で撮影したアルバム。私の30代の記念であり、上海の想い出の詰まった一生の宝物である

しく声をかけてくれた。私が「日本語が上手ですね」と言うと、彼女は恥ずかしそうに「イエ、マダマダデス」と答えた。そこで私は「日本語を勉強したいですか?」と聞くと「ハイ、ベンキョウシタイデス」と答えてきた。そこで今度は私が中国語で「では一緒に勉強しませんか?」と誘ってみた。

彼女の名前は張蓮芳。日本人のようなしとやかな女性だった。私達は時々カフェで待ち合わせ、日中の教科書を交互に読み合って録音し、作文を添削し合った。時には写真館で一緒にメイクをして記念写真を撮ったり、市場をひやかしたりしながらおしゃべりをした時間は、とても心豊かで楽しいものだった。

私が学校を修了して今後の進む道を考えている頃、張蓮芳もまた自分の将来を考え転職をした。新しい会社の研修合宿先から、辛いけど頑張っているという手紙を送ってくれた。しかし、その頃から急激に上海地区の開発が始まり、彼女の家は市内から郊外に立ち退きせざるをえなかった。同じ頃私も日本に帰ることを決めて、住所を交換する間もなく私たちは会えなくなってしまった。当時はまだ携帯電話も普及しておらず、メールも繋がっていなかった。

二〇〇〇年に帰国し、中国との貿易を始めて忙しい日々を送るようになった。中国の発展は目覚ましく、私もその階段を駆け上がりたかった。しかし年老いた両親を介護する時間がだんだんと増え、日本と中国を行き来することができなくなっていった。気が付けば長い年月が過ぎて、いつの間にか私は還暦を迎えていた。

二〇二二年、ふとした縁があってビジネス専門学校で、留学生にビジネスマナーを教える仕事を受け持った。中国各地からはるばる日本に来てくれたのだから、私は自分の体験を織り交ぜて、進学や就職に役立つことを熱くなって語った。未来のある若い彼らが、日本と中国の架け橋になるよう願いながら。同時に、はるか昔に上海で学んだ教室、教師たちの優しい笑顔、賑やかな街の喧騒を思い出していた。

そんな時にふと、張蓮芳はどうしているだろう。今ごろ結婚して子供がいて幸せに暮らしているのだろうか。もう一度会うことができたらどんなに嬉しいだろうと思い、SNSで彼女の名前を探してみた。けれども一四億人の中から彼女を探し出すことはできなかった。この春に専門学校を卒業した学生が、「先生、僕らが彼女を探してあげるよ」と希望の言葉を残し、そして笑顔で中国へ帰って行った。

私が中国に留学すると決断した時、周囲は驚いて反対もした。日本と中国は歴史も文化も違い、傷付け合った悲しい過去がある。でも、私は自分の直感を信じた。今、その選択は間違っていなかったと思う。あの頃上海は経済の夜明け前だった。今その太陽は真上に来て燦燦と輝いている。これから二つの国は月と太陽の如くお互いを補い合う関係になると思う。片方が陽になった時、もう片方が陰になり支え合うように。

そして今、私に新しい仕事が舞い降りて来て、また上海とつながった。これをきっかけに好朋友、張蓮芳を探す旅に出かけようと思っている。三十年の時を超えて、奇跡を信じて。

山本 深雪（やまもと みゆき）

一九六一年東京都生まれ、三鷹市在住。恵泉女学園短期大学 英文学科卒業後、住友商事㈱に入社（鉄鋼貿易部）。その後、㈱インパクト21にて、アパレル企画・マーチャンダイザーに従事。一九九五年上海師範大学国際交流学科に入学、一九九七年卒業。二〇〇〇年に帰国して起業し、中国との貿易、美容サロン、薬膳中華レストランを経営。現在は、主に美容業と外国人就活サポートを営んでいる。

3等賞

北京の思い出

主婦　坂井　和代

「会社の組合から船をチャーターして中国に行くけど一緒に参加しないか?」主人に言われ参加したのは今から十三年前。横浜から船に乗った。大きな船でよく迷子になった。日程は四月二十九日からの十二日間。総勢四百十六人で出港。北京、西安、桂林、九寒溝、四川省江油の五つのコースで、選んだのは北京コース。万里の長城があったからだ。父が一生に一度でいいから行きたい、と言っていたのが万里の長城。理由を聞くと宇宙から見える唯一の建造物だからと。

横浜から天津港に上陸するまでの船内で交流会の演し物の練習をした。メインイベントの人民大会堂での文芸交流会のためだ。和太鼓、盆踊り、ハンドベル、合唱、よさこいソーランとあったが選んだのはハンドベル。音が綺麗で癒されるからだ。曲は「昴」と「第九」と「上を向いて歩こう」の三曲。三十一人で練習が始まった。初日の練習が終わったあと三曲は無理ではないかと講師の先生も参加者のみんなも感じた。勉強会や講演会を除いた時間を自主練習にあてた。

天津港に上陸した時は地元の小学生の音楽隊に出迎えられた。子供達が一生懸命練習してくれたと思うと胸が熱くなった。その後北京市の人民大会堂に入る。日本の国会議事堂、迎賓館に相当する建物で壮大さに圧倒された。挨拶の後の盛大な干杯《かんぺい》で夕食晩餐会が始まる。豪華な料理が並ぶ。中国側の演目披露の素晴らしさで撮影会のようになる。ハンドベルの出番となる。会場の拍手で泣きそうになった。最後の長野の盆踊りで日本側も中国側も会場に大きな踊りの輪ができた。

次の日からは各コースに分かれての観光。私達の北京コースの一日目は故宮見学から。黄金のように輝く故宮。大きさと重厚な作りに圧巻。次に行ったのは天檀公園。

父の遺影を持って万里の長城を登った時の記念写真。一緒に登れたらよかったね

天の声が聞こえるという園丘へ。日本でいう伊勢神宮のように人民に愛されて心の拠り所のような場所だとガイドさん。その後は王府井大街へ。デパートや多くのビルとお店と人で一杯だった。そこに行ったらぜひ買いたい、と思っていた中国の横笛。文芸交流会で聴いた中国の横笛の音色に魅了されて吹いてみたくなった。

漢字で笛と書き見せると出してきてくれた。音階　指と書くと了解とばかりに吹いてくれた。笛子と膜穴に貼るものも買う。地元の獅子舞保存会で篠笛を吹いているのですぐ音が出せた。

次の日は西太后が作らせた公園の頤和園に。向こう岸が見えないくらい広い湖は人の手によって掘らせたものだった。昔の権力者の偉大さを感じる。人工の湖を抜ける五月の風が心地よい。西太后が見ていた風景を自分も見ている事に感動する。午後はオリンピック公園。鳥の巣と呼ばれるスタジアムは巨大だった。

凧を売っていて青い空に上がっていた。広いオリンピック公園を思い出す時はいつもあの凧がセットで出てくる。

最終日は万里の長城。男坂と女坂があり男坂を選ぶ。急な坂で「ああしんどい。」と言いながら登る。「お父さん来たよ。一度でいいから行きたいと言ってね。」と父の遺影を景色の良い場所で見えるように掲げる。少しだけ親孝行ができた気がした。斜面には桜が咲いていた。海に囲まれている日本と違い陸続きの大陸での領地争いは大変だったろうと思いを馳せた。

観光バスの団体行動の他に主人と朝早くに起きて地下鉄で北京市内の湖を見に行った。湖のほとりで市民が太極拳や足で蹴るバトミントンみたい競技をしていた。自由に使える運動器具もありやってみたが使い方が分からずにいると近くにいる人が手本を示してくれた。「謝謝」と言うと、「いいよいいよ」と手をひらひらさせてくれた。半日だけ自由行動がありホテルから地下鉄で北京動物園に行った。パンダが見たかったからだ。パンダ舎に行くと大人のパンダの他に子供のパンダ三頭が戯れあって遊んでいた。何をしていてもこの世のものとは思えない可愛さだった。広い園内は緑と花が綺麗で空気が澄んでいた。親子連れが動物園を楽しんでいる様子は心が和んだ。お土産に小さなパンダのぬいぐるみを買った。

帰りの船の中でハンドベルの講師の先生のコンサートがあった。ハンドベルの三十一人の仲間も一緒にステージに立った人民大会堂で演奏した「上を向いて歩こう」の時に「できるまで頑張りましょう。」と行きの船の中で練習した時間と楽しかった北京旅行を思いだす。専業主婦の私は日本に帰ったら毎日同じ事の繰り返しの日常が待っている。主人と子供達のお弁当を作る。洗濯をして掃除して乾いた服を畳んで食料の買い物に行って夕方になると主人の両親と子供三人の七人分の食事を作って洗ってお風呂に入るとあっという間に一日が終わる。

スケールの大きさに圧倒された北京。自分のためだけの時間はキラキラした宝石のような時間だった。楽しかった思い出は深く濃く心に刻まれた。気がつくと涙がこぼれないように上を向いてハンドベルを演奏していた。

坂井 和代（さかい かずよ）
石川県生まれ。二十四歳で結婚。主婦。趣味は公募と旅行とオカリナ。

3等賞

私の「新暖春の旅」

日本語教師　村上　祥次

二〇一四年三月二十九日の夕方、私は中国安徽省の蕪湖市にある「青春公社」という名前の目立たない喫茶店で特別な公開授業を行っていた。話を聞きに来ているのは主に二十代の若者で、三十人ぐらいだろうか。狭い店内にイスを並べて座り、私に「この日本人はどんな人物か」という眼差しを向けている。私はゾクゾクしていた。

これを企画しているのは、現地の若者グループである。毎週土曜日の夕方には何か得意分野がある人が「講師」として招かれ、公開授業をしているのだった。テーマは毎回異なり、大学の授業のような専門性の高い内容の日もあれば、「漢服」や「茶道」のように体験型の日もあった。私は何も得意分野はないが、とりあえず中国語ができる日本人なので、日本について色々紹介することならできる。そのため、日頃から彼らと親しくしていた私にも、ある日公開授業の依頼が回ってきたというわけだ。

普段は大学で日本語の授業をしている私にとって、学生ではない社会人に向けて日本について話すのはとても新鮮な気持ちであり、同時にやりがいも感じた。私は公開授業のテーマを「新暖春の旅」に決めた。

このテーマ名は、これまでの日中両国間の指導者の往来で使われてきた名称「氷を割る旅」「氷を融かす旅」「迎春の旅」「暖春の旅」などを意識している。「暖春の旅」というのは、二〇〇八年に当時の中国国家主席、胡錦濤主席が日本を訪問した時の友好関係を深める旅がこのように呼ばれている。私自身は日本を代表する総理大臣でもなんでもないが、日中両国の友好的な発展を願う気持ちは持ち合わせている。そのため、今回日本人の私が中国のこの喫茶店を訪問して交流する機会を、私はおこがましいとは思いながら「新暖春の旅」と名付けたのだった。公開授業が始まると、私はまずこのように主旨

日本語が分からなくても日本語の歌が歌えることを証明してくれた。右奥で紙（歌詞）を見ているのが筆者

を説明した。すると熱烈な拍手が起こった。私はこの反応を得て、この公開授業は成功すると確信した。

この「新暖春の旅」で、前半部分は主に写真を使い、日本の概況や東京の様子などを紹介した。十分程度の休憩をはさんで、後半はＰＰＴ等は使用せず、雑談形式で進める予定であった。

休憩の時、思いがけないことが起こった。主催者がみんなに紙を配り、日本の音楽「時の流れに身をまかせ」が流れ、みんなが歌い始めたのである。これは事前に私には知らされておらず、サプライズであった。私は驚くとともに、不思議な気持ちでみんなが歌うのを聞いていた。講義中、私はずっと中国語で話をしていた。みんな日本語は分からないはずなのに、どうして日本語の歌が歌えるのだろうか？

私もみんなが手にしている紙を一枚もらい、見てみるとその答えが分かった。日本語の歌詞に、中国人が発音しやすいようにアルファベットで記号をつけているのである。主催者メンバーの中には日本語ができる人がいるので彼に頼んだのかもしれない。

それにしても、みんなそれなりに歌えていた。私は恐れ入った。もし歌おうという気持ちがなければ、日本人が日本語の歌を歌う場合でも「私は歌が下手だから」と言ってなかなか歌おうとはしないだろう。しかし、歌おうという気持ちさえあれば、歌詞が読めなくても問題を解決して、歌うことができるのだ。この日の講師は私だが、私はみんなに大切なことを教えてもらった気がした。本当にありがとう！

後半は写真などに頼らず、私が中国に来てから実際に経験したこと、誤解していたことなどについて話した。みんなは私が期待していたとおりの反応をしてくれた。笑ってほしいところでは笑ってくれたし、残念に感じたところでは、みんな私の当時の気持ちを分かってくれたと思う。いくつかの例から私が伝えたかったことは、私たち人間はどんな時にどんな感情になるのか、それはその人が育ってきた環境や国籍などとはあまり関係がなく、基本的には同じであり、だから私たちは心が通じ合える（友達になれる）ということだった。

実は私が話している間、メンバーの中で唯一日本語ができる蘇さんが万一の時の通訳としてずっと私のそばにいてくれたのだが、彼が通訳する出番はなかった。ただ最後の段階で彼が口を開き、みんなに「国と国との問題はあるかもしれないが、私たち民間の交流はうまくいっている。そうでしょう？」と言ってくれたのが嬉しかった。

私は二〇二三年五月二十七日現在、主に中国の大学で日本語の授業を八七四五コマやってきている。あの日の公開授業はその中の第四三八七、四三八八コマである。二〇二三年は日中平和友好条約の締結四十五周年だ。一年、また一年と時間が過ぎていく中、ただ「時の流れに身をまかせ」ているだけではなく、小さな事でも自分ができる事を一つ、また一つと積み重ねていくことが両国関係を深めるためには必要だろう。

あの日、私の「新暖春の旅」が終了すると、主催者メンバーの代表であるCさんが満足そうな表情で私に握手を求めてきた。私は喜んでそれに応じた。

村上　祥次（むらかみ　しょうじ）

広島県生まれ。大学卒業後、一般企業に就職するが日本語教師という存在を知り、思い切って退職。日本語教師養成講座修了後、二〇〇五年から中国で日本語教師を始める。二〇二一年九月からは河南省にある安陽師範学院で勤務。二〇二三年七月現在、これまで教えてきた授業時間は八七八七時間。自分で文章を書いて発表するだけではなく、二〇一一年からは独自の日本語作文コンテスト「祥次杯」を主催して、中国の学生が日本語で表現するのを後押ししている。

3等賞

トラック製造技術支援の思い出

元会社員　鈴木　明彦

日中平和条約締結（一九七八年八月）直後、中国からトラック製造に関する技術供与の依頼があり、早速三菱自動車工業と三菱商事会社の十二人でプロジェクトチームを作り、準備に取りかかりました。私の担当はエンジン技術支援ですので、事前に送られてきた長春第一汽車工業のエンジン図面をよくチェックし中国側に説明するために改良内容を資料にまとめました。

準備が整い一九七八年十月に中国に出張するに際し、両親は日中戦争で日本は中国側にひどい仕打ちをしたため対日感情が悪いのではないかとかなり心配をしていました。ところがいざ北京空港に着くとその心配は一瞬に消えてしまいました。空港では「熱烈歓迎、日本汽車工業界朋友」と書かれた垂れ幕をかざし、多くの人々が日の丸の小旗を振りながら歓迎してくれました。男女とも人民服と人民帽の姿で大変地味な身なりでした。

空港から事務所までは先導車付きで中国最高級車「紅旗」に乗り、道路わきで小旗を振る人々に私たちも手を振って応えながらあたかも有名人になったような気分で事務所に向かいました。事務所に着くとここでもたくさんの方々が日の丸の小旗を振って熱烈歓迎をしていただきました。

会議の冒頭、私たちの団長は「遠い昔、私たち日本人は貴国から漢字をはじめいろいろな文化を供与していただき大変感謝しております。今回はその恩返しのためにやってきましたので少しでも皆様のお役に立てればこの上なくうれしく思います」と挨拶し通訳されると中国側の出席者が盛大な拍手で応えてくれました。

この日の夕食は大宴会となり大変な盛り上がりを見せました。熊の手の平の肉など大変おいしく珍しい料理がたくさん出され、また中国の最高級酒であるマオタイ酒

中国側主催の歓迎パーティ。食べきれないほどの豪華な高級料理に大満足（右端が筆者）

の杯を重ねるうちに団長は酔いつぶれてしまいました。

翌日は中国側の案内で、北京故宮と万里の長城を見学しましたが、中国の歴史の古さやスケールの大きさに大変感動させられました。中国側の温かいおもてなしに感謝しつつ北京に別れを告げ、長春に夜行列車で向かいました。

夜が明けて車窓からの眺めは広大な畑が続き中国大陸の広大さに圧倒されました。戦前から私たち家族は黒竜江省牡丹江市に住んでいましたので、両親に見せるためたくさんの写真を撮影しました。帰国後これらの写真を両親に見せると大変懐かしんで「駅や街並みなど当時とあまり変わっていないね」と言っていました。

トラック車両の設計、製造、エンジンの設計、製造の専門グループに分かれて連日ミーティングを行いましたが、エンジンに関してある計算をするため私が電卓（カシオ計算機）を使って一瞬に答が出るのを目の当たりにして中国側エンジニアの大変驚いた様子が非常に印象的でした。当時中国には電卓はなく計算はそろばんが主流でした。ミーティングは日本語がわかる中国側の年配の方が通訳をして行いました。最初彼らは私を鈴木先生（リンムーセンション）と呼んでいましたが、技術ミーティングを終えて雑談に入ると私を親しみを込めて「鈴木さん（スズキサン）」と呼んでくれました。

約一週間にわたり中国国産のエンジン図面を見ながら丁寧に改良内容を説明し、活発な意見交換を行いました。

私たちの帰国に際しては盛大な宴会を催していただき、さらに記念のお土産として各々の名前の象牙製印鑑をいただき、中国側の心温まる接待に大変うれしく感謝するばかりです。

日本へ帰国後トラック用中型エンジン一台を送り無償で提供しました。これに対し中国側エンジニアに大変喜んでいただき、早速このエンジンを参考にして新たに設計製造して性能・機能・耐久試験を実施されました。

その後更なる性能向上を図るため、中国側のエンジニアがわが社を訪れエンジン実験室の見学を含め数日間技術ミーティングを行いました。彼らは時々徹夜までして熱心に勉強をしていましたが、その熱意と努力に対し大変感心させられました。彼らのこの熱意と努力が現在の中国繁栄の礎の一部となったことを思うと非常にうれしく感じます。

このトラック製造技術支援を通して、中国側から過去の戦争の暗い歴史を越えて、私たち日本人に対し心温まるおもてなしをいただき本当にうれしく心より感謝の気持ちでいっぱいです。

漢字文化を共有する中国とは今後も平和的で持続可能な交流を深めていくことができるよう願ってやみません。

鈴木 明彦（すずき あきひこ）

一九四一年生まれ、一九四五年十月旧満州牡丹江から引揚げ、父の実家のある福島県会津にて高校時代まで過ごす。東北大学工学部機械工学科卒業後大手重工業に就職し、主にトラック・バス用ディーゼルエンジンの設計 開発 研究業務に従事。定年退職後 神奈川大学工学部機械工学科で非常勤講師として十一年間教鞭を執る。二〇〇三年長女が中国人男性と結婚（成都にて挙式）、現在シンガポール在住。

3等賞

妻、蘇州へ行く

元会社員 松田 茂

私の定年退職が一年後に迫った六四歳の夏。妻から、「これから二年間、中国の蘇州大学で日本語を教えることになったの。定年まで後一年間、一人で頑張って」と宣告された。これまで、家事・育児を妻に任せっぱなしにしてきたので、その意趣返しの最後のチャンスとみたのか。いや、それでは済まず、私の定年退職を機に、物価の安い中国で自立しようと、熟年離婚を画策しているのか。

しかし、詳しく話を聞くと、妻は、大学卒業後定年まで、大阪市で小学校の教師をしており、定年五年位前から、「蘇州大学と交流する大阪府教職員の会」に所属していた。今回はそこから、蘇州大学の日本語学科に、日本人講師として派遣されるとのことだった。

そこで、私も妻の活動を全面支援することにした。出発は猛暑の八月だったが、九月も末になると蘇州は寒くなり始め、冬物の衣類や、現地では手に入らない食材・雑貨等を至急持ってきてほしいとの依頼があった。それから、三か月に一度位の頻度で、妻から、あれやこれやと依頼が来た。船便だと時間が掛る。定年一年前の閑職暮らしだったので、私が蘇州まで運ぶことにした。それまで一人で海外旅行に行ったことはなかったが、慣れない航空便の予約や乗継ぎを調べて出かけた。まず、関空から上海浦東空港へ、そこからリムジンバスで上海虹橋駅へ、さらに高速鉄道で蘇州駅まで、乗換時間を入れて約四時間位で行ける。北陸自動車道を飛ばして妻の実家の富山まで、約五時間かかることを思えば近いものだ。

上海虹橋駅は、巨大な駅の割には駅員さんが見あたらない。ネクタイをしている人は英語が喋れると聞いていたので、スーツ着の方に切符売り場を聞いてみると、親切にも売り場まで案内してくれ、窓口で、たぶん「蘇州ま

蘇州にて

で指定席一枚」と言ってくれた。また、列車が入る一五分前になるまで改札は始まらないので、ここで待っているようにと教えてもらった。

頻繁に蘇州に行くので、ある時、帰国の手続きの際に検査官がスーツケースを開けるように言い、開けると空っぽだった。と言うのも、行きは妻の依頼で、季節の衣類や雑貨品をギュウギュウに詰めていくが、帰り便はいつも空。検査官が探るように、「上海によく行かれますが、何のお仕事ですか?」、その時は既に退職していたので、とっさに「遠距離恋愛です」と答えたところ、関心無なさそうに「そうですか」と言い、パスポートを返してくれ、別室に連れていかれることはなかった

妻の住まいは、大学構内の小さなホテルの2LDKの部屋。一人で生活するには結構広い。また、現地で十分暮らせるだけの給与も支給されていた。妻の授業は主に日本語会話であるが、日本の歴史や経済についても、日本語習得の応用として教えていた。前任者の作成したテキストを自分なりに作り直しているが、私が見ても結構難しい内容である。歴史は中学校の社会の教科書程度であるが、経済は、ケインズ経済学から、アベノミクスの三本の矢まで取り上げており、経済学部専攻の私ですら

難しい内容だった。

日本の女子大生は、その日の最後の授業中にお化粧直しをして、バイトやデートの準備をするらしいけど、蘇州の女子大生はどうかと、妻に聞くと、「ここは、全寮制で、親の期待を背負って猛勉強しているので、バイトもしないし、彼氏もいません」と一蹴された。

蘇州大学は歴史地区にあり、東洋のベニスと言われる水郷の街で、世界遺産が多くある。庭園や文化施設には、六十歳以上はシニア料金が適用され安くなる。外国人も同様で、パスポートを提示すれば、割り引いてくれる。

蘇州の地下鉄の優先座席は各出入り口の扉の両サイドに一席ずつある。だから高齢者は、車両に乗り込むと左右どちらかの席にすぐ座ることができる。もし、その席に若者が座っていれば、高齢者に代わってくれる。私達夫婦も若いつもりだが、いつも若者から席を譲ってもらった。

妻は、うるさい配偶者の世話から解放され、風光明媚な歴史地区を散策したり、時には学生達に茶席を設けたり、手作りの日本食を振る舞い、充実した余裕のある暮らしぶりだった。

あっという間に二年が過ぎ、幸いにも、妻は中国に残留せず、帰国を選んだ。最近では、蘇州大学での日本語教育の経験を活かし、来日外国人に日本語を教えるボランティア活動に精を出している。

松田 茂（まつだ しげる）

一九七四年に、大阪府立大学を卒業後、プライス・ウォーターハウス会計事務に入社。その後、公認会計士の資格を取得し、監査法人間の移籍を経て、二〇一六年六月に有限責任監査法人トーマツを定年退職するまで、四十二年間、会計監査人としての道を歩む。その間、日本の上場会社の中国子会社の現地往査に従事した。

3等賞

第一个吃螃蟹的人

経営者　岡川 秀毅

私は一九八五年から二〇一一年の間二十一年間、北京、天津、上海、香港、台湾に留学・駐在しました。時には辺境地を訪ねたり、仕事からプライベートまで中国ライフを満喫してきた思い出の中からほんの少しご紹介します。

忘れ物　北京空港から初めての弁護士事務所を訪問した時です。女性弁護士さんがタクシーまで迎えに来てくれて手厚い対応にビックリ。ドアを開けて話し込む内に、私のパスポートの入ったカバンを乗せたままタクシーは行ってしまいました。領収書の番号に電話したところ連絡が付き一時間後にタクシーは戻って来ました。カバンも無事です。しかしここで事件が。タクシーは一時間の料金を要求、一方弁護士さんは荷物確認違反で払う必要はないとバトル開始。タクシーはまた走って行こうとしました。最終、お礼の形でお金を渡しカバンは無事戻って来ました。

車上荒らし　蘇州で出張に来た重役が、車に置いていたパスポート入りのカバンを盗まれました。重役は、車は見える所にあるので大丈夫だろうと思い運転手も一緒にランチに誘いました。しかし、車に戻るとカバンはなくなっていたのです。しかもスーツケースの鍵も一緒だったため荷物が出せず頭を抱えてしまいました。私は壊して開けるしかないと思ったのですが、重役は鍵屋を探したいとのこと。何と上手な鍵屋が直ぐに見つかり、ケースを壊さず開け、合い鍵を幾つも製作し、問題は一旦解決。後日、拾ったという人から連絡がありカバンは戻りましたが、現金はなくパスポートも盗難届で失効し災難でした。

犬肉　仕事で貴州省を訪れ、地元名物の花江狗肉屋（犬肉鍋店）に行った時の話です。同行した中国友人達は家で何匹も犬を飼う愛犬家ですが、そこの犬肉をうまいうまいとペロリと平らげました。驚いていた処、中国人は皆犬肉大好きと教えられました。私も犬は飼っていますが犬肉は食べれませんでした。

天津開発区孤児院にて、車いすの少女と

一滴の水　上海の元社員さんとご家族から私の誕生日に豪勢な食事をご馳走してもらいました。その時に、中国の諺『受人滴水之恩、当似湧泉相報』を聞きました。一滴の水のような恩にも、湧き出る泉のような大きさでこれに報いるべし。困った時に助けてもらったことは、決して忘れずに恩返しするのだそうです。実は元社員さんは会社で悩みを抱えていたようで、私のケアには感謝してくれていたそうです。

高速　天津から高速で北京空港へ急いでいる時の話です。事故渋滞で車は長時間全く動かず、高速道路は長い駐車場と化していました。私の運転手が携帯で誰かに連絡してしばらくすると、突然反対側の北京から天津に戻る道路に運転手の友人の車が急停車！運転手は私にスーツケースを持って、中央分離帯を乗り越え向こうの車に乗って下さいと言いました。驚きましたが、私の運転手も中央分離帯を飛び超え、私と一緒に反対側に行き友人の車に乗り、無事に北京空港まで送ってくれました。中国あるあるの本当の話です。

車いすの少女　天津開発区に孤児院があり、私が日本にしかないリハビリ用の足こぎ車いすを中国人と一緒に日本から寄贈した話です。ほぼ寝たきりの肢体不自由の少女に一時間ほど、使い方を訓練しました。二年後再訪しましたがまだ使ってくれており身体能力も回復、明るい笑顔になっており、お役に立てて良かったです。

魯迅　上海で、私は一般庶民層向けの家電や家具の信販会社を中国で初めて開業しました。二十五年前の個人信用情報がまだ整備されていない時期でしたので地元新聞は「最初に蟹を食べた人（魯迅の言葉）」、リスクを冒して新事業を開始する勇敢な人だと報道しました。多数の利用者様がいましたが、返済不能はほとんどなく、個人の資産管理はしっかりしていると感心したものです（日本は当時サラ金の過剰債務が社会問題化していましたから）。

コロナ①　加油武漢！　二〇二〇年二月、天津で弁護士をしている友人から私に、武漢への医療支援の要請があり、中国の方のご支援で、日本製の医療用マスク九千枚、防護服五十着、医療用ゴーグル百個、計十二箱を天津経由で武漢に送りました。荷物は天津の医療従事者のお陰で無事に武漢に寄贈され、『山川異城　風月同天』（場所が違っても同じ自然や志で繋がっているの意味）の感謝状も天津開発区から頂戴し、微力ながら中国のお役に立てて良かったです。湧き出る泉ほどではありませんが。

コロナ②　二〇二〇年三月、感染者治療の最前線である武漢の病院から依頼を受け、病院の感染リスク低減を目指すために、中国国内輸送の協力者の手も借り、日本にしかない自動排泄処理装置の寄付を行いました。「新型コロナの感染拡大以来、国内外から多くの寄付が届き感謝しています。多くの寄付はマスクや防護服などの消耗品ですが、現場は引き続き院内感染と人手不足に悩まされているためこの排泄処理装置はこれら問題を一度に解決することができ感無量です。」と感謝の言葉を頂きました。

岡川　秀毅（おかがわ ひでき）

一九五七年生まれ。一九八一年オリックス㈱入社。一九八五年北京語言学院留学。一九八六年より日系対中進出を担当。一九九一年～二〇〇〇年香港・上海、二〇〇四～二〇一一年天津・台湾・上海に駐在し、中国個人／中国企業向け業務に従事。現在福祉用具開発・レンタルの㈱スペースケア代表取締役社長、㈱マネージメント・シェルパ社外取締役、日中関係学会評議員。共同執筆に「企業再生事例選」（金融財政事情研究会）、「組織再造」（台湾金融研訓院）、「中国の穴場めぐり」（日本僑報社）。

3等賞

私の宝物

裁判所非常勤職員　喜田 久美子

先に赴任した夫に半年遅れて、私が四歳・二歳・生後三か月の息子三人を連れて上海入りしたのは、一九八七年十二月。研究者として委嘱を受けた夫は上海総領事館に勤め、私たちの住まいは、フランス租界時代に建設された頑丈な建物だった。

日本から近い国とはいえ、私にとって初めての外国暮らし。お手伝いの陳《ちん》さんが通いで来てくれたが、夫の帰宅は、毎日遅かった。暮らし始めて半月、乳飲み子を抱え、まだ外出の機会を得ないままのある夜、突然耳をつんざく大きな音が飛び込んできた。闇の中で爆発音は次々に続いた。文化大革命も過去のこととなり、平穏に見える中国だが、何か反乱が起きたのではないか、この建物が襲われるのではないか。激しい音に驚き泣き叫ぶ幼な子をしかと腕の中に抱え込んだ私も、不安におののいていた。帰宅した夫から、轟音の正体が新年を祝う爆竹によるものと教えられ、胸をなでおろし、風習の違いを思い知らされた。今では、私たちの歓迎セレモニーだったのだと笑い話に変えている。

生活が落ち着くと、休日には近くの公園に家族みんなで出かけた。当時の中国は、一人っ子政策のただなかである。三人の息子たちを見ると、すれ違う老若男女の多くが目を丸くし、微笑み、「好《ハオ》」と言って親指を立てた。三人を伴っている珍しさもあったろうか。私は、中国の人々は子供好きなのだろうと感じつつ、第二次世界大戦後、多くの日本人残留孤児を中国の人々が手厚く育てた事実に思いを馳せ、中国人の温かい人間性を肌で知ったのだった。

私には領事館員夫人としての務めもあり、留守の間は家のことを陳さんに任せた。長男・次男は現地の幼稚園・託児所に通ったが、三男は、陳さんの世話になる。

陳さん（後列左）を伴い、家族で小旅行

自身にも五歳の息子がいる三十代の彼女は、すこぶる丁寧に三男の面倒を見てくれ、三男はつかまり立ちから小走りも出来るようになるまで何ら事故もなく健やかに成長した。発語はできなくても彼女の話す簡単な中国語の意味は理解できるようになっていった。

二年半に及んだ中国暮らしのなかで、家族同様に親しみ、かけがえのない存在の陳さんであったことは、紛れもない事実だ。

そしてもう一人、忘れられない仲間、林《りん》さんがいる。

住宅事情のよくない上海では、二世代・三世代同居も珍しくなく、若い二人がゆっくりくつろげる場は家より公園、年老いた人たちも朝早くから公園に集い、太極拳をし、語り合っていた。私が林さんに出会ったのも公園である。たくさんの人が太極拳をやっている中で、ひときわ上手で私の目を釘付けにした。六十代の彼女は小柄だが、まことに流麗な動きで、姿勢も美しく、ポーズも見事、素晴らしかった。それまでは日中戦争の記憶を抱えたままかもしれない老齢の中国人には気軽に言葉をかけられずにいたのだったが、彼女の太極拳にすっかり魅せられた私は、思い切って言葉をかけた。拙い中国語を彼女は理解してくれ、週一度、太極拳を教えてくれることになる。

楽しい習い事だった。太極拳は大きく呼吸しながらゆっくり動くが、筋力・バランス力を要する。運動の苦手な私が、太極拳の緩やかな動きに惹かれ、私でもやれそう、と指導を願ったのだが、元々武術だっただけに中腰で安定性を求められ、力強い決めポーズもある。安易な気持ちで取り組もうとしたことを反省したが、林さんの懇切な手ほどきを受けながら次第に太極拳の虜になり、ますます中国になじんでいった。

片言であっても意思を伝えあえるようになった頃、彼女から自宅に招かれた。一般家庭を訪ねるのは初めてのことだったが、彼女がふるまってくれた回鍋肉は、レストランの味とは異なる庶民的な美味しさで、私は、中国の豊かさにお腹も心も満たされたのだった。

楽しく習い、林さんとのつながりも深めているうちに二年が経ち、夫の任期の終了が来た。夫の仕事柄、短期間の滞在であることは当初から承知していたが、土地になじみ、心弾む時間を共有できていた林さんとの別れは辛かった。

最後の日、ともに汗を流した後、私の差し出した手を彼女はしっかり受け止めてくれた。力強く握手した手をほどくと彼女は、プレゼントだと言って私に紙袋を渡した。開いた中には、手編みのセーターが入っていた。淡いピンク色。「あなたに似合う色だ。日本の桜の色でもある」と、彼女は、付け足したのだった。

あれから三十年。彼女が一針一針丹精込めて編んでくれたセーターは、今も冬の寒さから私を守ってくれる。

喜田 久美子（きだ くみこ）

一九五二年宮崎県生まれ。宮崎大学卒業後、宮崎日日新聞社入社。結婚を経て、五年後に宮崎日日新聞社を退社し、上京。東京のレジャー産業研究所に入社、二年後に出産のため退社。一九八七年、夫の上海総領事館勤務に伴い、中国上海市民となる。一九九〇年、夫の九州国際大学勤務に伴い帰国、北九州市民となる。夫の逝去の後、一九九六年宮崎に転居。現在、宮崎家庭裁判所勤務（非常勤）。

3等賞

日中両国の「いま」を伝えよう

大学講師　小椋　学

賞作品を読んでいる気分でした。」「中国と日本の差が今やほとんどなくなり、もう間もなく逆転しそうですね。」「投書のとおり、日本はもっと魅力を高めて欲しいと思うよ。」「日本は終わってますわ。」「全く同感です。」といった日本に住む日本人の声。

「私の勤務校でも目的を持っている学生は積極的ですが、日本語学習にあまりメリットが感じられず悩む学生も多いので共感しました。」「その通りだと思います。私たちが今使っている教科書の内容は、ちょっと時代遅れのような感じがしています。」「日本の魅力が相対的に低下していることよりも、AIの進化により外国語教育の意義が問い直されていることのほうが気になります。」「私も同じことを考えていました。」「そのとおりですね。」といった中国で働く日本語教師の声。

これらは、今年五月十八日に朝日新聞朝刊に掲載され

「中国で思う、日本は魅力増やして」を見た私の投書が掲載された。当日の朝、中国でお世話になった先生からメールをいただいたのを皮切りに、両親や友人など多くの人からメッセージが届いた。中には、知人から投書の話を聞きましたと私に話してくれた人もいた。このように新聞に投書が掲載されれば、日本全国の幅広い年齢層の読者に私の文章を読んでいただき、中国や日本のことに関心を持っていただくことができる。誰でも自由に発信できるSNSとは違い、投書は数多くの中から選ばれ、プロの編集者のチェックを経て掲載されるため、信頼できる情報として多くの人の注目を集めることができる。

中国に住んでいる日本人は、日本ではできないような体験をしていることも少なくない。今年一月から四月にかけて行われた「忘れられない中国滞在エピソード」受

第15回「中国人の日本語作文コンクール」表彰式にて

賞者報告会では、ぜひ多くの人にも知ってもらいたいと思うような貴重な体験を数多く聞くことができた。こういった中国での貴重な体験を多くの人の目に留まるように発信していくことは、中国在住の日本人に期待される役割ではないかと思う。二年前の二〇二一年八月十八日の朝日新聞朝刊には私の投書「全住民にＰＣＲ、中国の徹底ぶり」が掲載された。日本とは違う中国のコロナ対策を紹介したところ、中国の「いま」をもっと知りたいという声を数多くいただいた。ありのままの中国を伝えることは、社会的ニーズがあり、日本人が中国を理解するための貴重な情報源になる。

　中国の「いま」を伝えらえるのは、中国に住む日本人だけではない。中国で日本語を学ぶ学生たちも、日本人のために日本語で中国を紹介することができる。二〇一七年、私は中国人の学生たちが調べて書いた南京の観光地の紹介文をまとめて、『南京の大学生が紹介する南京』という日本語のガイドブックを作成した。これが東京新聞にも取り上げられ、多くの日本人に南京を知っていただくことができた。また、毎年多くの学生が応募する「中国人の日本語作文コンクール」の受賞者の作文は、主催者である日本僑報社が受賞作品集として取りまとめ、日本の書店などで販売されている。この受賞作品集を読んで、中国に対する印象が変わったという人も少なくない。このように、日本語を学ぶ中国人学生たちは、日中友好に大きく貢献している。

日本語を学ぶ中国人学生に比べれば、中国在住の日本人が日本語で中国の「いま」を伝えることはそれほど難しいことではないと思っている。先程の私の投書を見て、「すごいですね。」「文才がありますね。」「分かりやすいですね。」「おめでとうございます。」などの声をいただくことが多いが、私に特別な才能があるわけではない。私はもともと作文が苦手だった。南京郵電大学で日本語の作文指導をするようになってから、数多くの作文を読むようになり、良いと思ったところは自分が作文を書く時に参考にした。この過程で作文を書くコツを掴んだ。その結果、第一回「忘れられない中国滞在エピソード」で三等賞を受賞することができ、受賞作品集に私の作文が掲載された。この成功体験をきっかけとして、作文コンクールへの応募や新聞への投書などを積極的に行うようになり、これまで十冊の本に私の文章が掲載され、四つの投書が新聞に掲載された。中国人の学生たちに「一編の作文が人生を変える」と言って、作文コンクールへの参加を呼び掛けている日本僑報社の段躍中先生の言葉のとおり、三等賞を受賞した作文が私に自信を持たせ、積極的に作文を書くようになっただけでなく、その作文を通して中国の「いま」を多くの日本人に伝えることができた。

日中平和友好条約を締結してから四十五年を迎えた両国が、次の四十五年も良い関係であり続けるためには、両国の「いま」を伝える人が増えて、相互理解が促進されることが望まれる。両国の「いま」を伝える文章が山のように蓄積された時、両国の関係はさらに深まり、両国の発展を支える大きな力になると信じている。

小椋 学（おぐら まなぶ）

南京郵電大学外国語学院日本語科講師。オリジナル日本語教材『学覇日語』、ガイドブック『私が薦める南京の観光地』を作成しただけでなく、大学での講演、新聞への投書、作文コンクールへの応募などを通して、日中友好交流のための取り組みを積極的に行っている。「大森杯」日本語教師・教育体験手記コンクールでは優秀賞を受賞し、北京語言大学六十周年記念の優秀校友文集には中国語で書いた作文が掲載された。

3等賞

弥生さんの夏休み

弁護士　浅井　和子

二〇二二年七月中旬、次女と孫の住む上海へ行ってみようと思い立った。コロナ感染対策の中国入国時三週間のホテル隔離が一週間に短縮されている。親族訪問のビザを取得し、成田から上海への直通便に乗った。

わずか二時間三十分で上海浦東国際空港に到着した。現地時間、午後六時三十分。北京から上海への飛行時間も二時間十分から二十分だそうだから、あまり変わらない。同じ中国内の都市からと日本の都市からとの距離があまり違わないとは。中国の広大さと同時に日本と中国の至近さに改めて驚く。

空港では、日本の大学へ留学中で夏休みで帰省した流暢な日本語を話す中国人青年が入国手続を手伝ってくれた。

隔離ホテルは、娘の住居地、長寧区のホテルになった。専用バスで長寧区のホテルに到着したのは、夜十時半を回っていた。ホテルに到着したと言っても、当たりは真っ暗で、大きな建物の裏口。十二階の一二二九号室を割り当てられた。ホテル内部の壁や通路は全て工事用のビニールシートで覆われ、「汚染電梯」と書かれたエレベーターに乗せられ、十二階まで上がった。エレベーターを降りると、部屋に続く廊下のカーペットの上にもビニールシート。一二二九号室に入った。これまた、床のカーペットもビニールシートで覆われている！椅子やテーブル等の家具はアンティーク調で高級。あっけにとられていると、黄色の大きなビニール袋十枚ぐらいと消毒用のスプレー等が配られてきた。毎朝、ビニール袋にゴミを入れ消毒し、きつく縛って、廊下に出すようにとのこと。

わかった！　我々、外国からの入国者はホテルの客ではなく、余計な汚染物だと。だから、担当者は、汚染物から身を守る為、宇宙服様の防御服にゴーグルを付けて

外灘の夜景

いる。飛行機の客室乗務員、飛行場に居た全スタッフ、バスの添乗員、ホテルの担当者等、我々と接した全員がそうだった。

翌朝、七時半にドアがノックされ目を覚ました。ドアの外に朝食が配られたのだ。いよいよこのホテルでの一週間の隔離生活が始まった。床のビニールを除けば、部屋はデラックスで、十二階で見晴らしもよい。三度の食事は付いているし、毎朝の検温と二日に一度のPCR検査を除けば、あとは自由。私は、ハッピーだった。

毎食の中華料理のお弁当に流石に飽きた隔離五日目。隔離が終われば生野菜が食べたいと思い、娘に「生野菜が食べたい」というメッセージをWeChatで流した。娘は会社勤めなので、前もって伝えないと買物の時間がないだろうと、思ったのだ。そしたら、なんと一時間後にサラダがホテルの部屋に届けられた！「あさって迄に野菜を買ってと頼んだつもりだったのに」と娘にメッセージを流したら、電話がかかってきた。

「そんな先の日のことを考える人は、ここでは居ません。普段の夕食の食材も、会社帰りの地下鉄の中で、スマホで注文すれば、私が帰宅するより前に、ちゃんと部屋の前にデリバリーされています。買物なんて行かなくていいんです、弥生さん。」と言われてしまった。「弥生さんか〜。まあ、縄文さんよりマシか〜」。

ホテル隔離が終了し、娘の自宅に帰った私は、直ぐにスマホに健康コードを作成した。どこのビルに入るにも地下鉄に乗るにも、ＰＣＲ検査の陰性を示す緑の健康コードを見せねばならない。毎日、少なくとも三日に一度は、ＰＣＲ検査を受ける。無論、無料である。検査は、地下鉄の駅近くの建物の一角など、あちこちで行われている。結果は五〜六時間後に、各自のスマホの健康コードに現れる。ビルに入る時、ビルの入口にあるＱＲコードを、スマホの健康コードのスキャンボタンを押してスキャンし、そのＱＲコードが緑になれば入れる。

上海の人口は約二千五百万人。幼児や病人などを除く約二千万人がスマホを所持し、その各自のスマホにＰＣＲ検査の結果が表示される。そのシステムの凄さに驚嘆する。

健康コードに限らず、地下鉄もバスもタクシーも買物も全て、スマホ一つで賄われる。十八路線ある地下鉄のルートや時間の検索。バスも同様である。タクシーは現在地を押し、行き先を入力すれば、可能なタクシーが表示される。買物もレストランの支払いも全てスマホ。現金は見たことが無かった。

日本のこんな至近距離にこんなに進化した都市があろうとは。二十年前の上海とは別世界になっていた。ゼロ・コロナ政策の是非はともかく、ホテルでの徹底した隔離、健康コードという途方もないシステムの開発と実施。中国が今後も今までのペースで発展するわけではないにしても、日本の二十六倍という広大な領土に十四億人の国民。しかも、その多くは頭脳明晰で、ビジネス・マインドに溢れている。こんな中国と日本はなんとしても平和的に共存せねばならない。

浅井 和子（あさい かずこ）

東京生まれ、高知育ち。土佐高校二年〜三年時にアメリカン・フィールド・サービス（ＡＦＳ）留学制度でアメリカ・ネブラスカ州ヨーク市にホームステイし、同市の公立高校を卒業、帰国後土佐高校を卒業後、国際基督教大学入学。同大学卒業後、結婚。一男二女をもうける。一九七二年司法研修所を経て弁護士登録。二〇〇〇年七月英国ブラッドフォード大学平和研究大学院修了（修士）。二〇〇二年六月民間出身者として駐ガーナ特命全権大使（シエラレオネ、リベリア兼轄）。二〇〇五年四月退任後は、弁護士業に戻り、二〇〇三年より始まった、ガーナ高校生訪日研修旅行等を企画し、高校生等の若い世代の国際交流に微力を尽くしている。著書『民間大使ガーナへ行く』（文芸社）

3等賞

「心」で書いた作文五十八本

――日本語を選んでくれてありがとう

日本語教師　五十嵐　一孝

「五十八番目、最後の周笑宇さんの文章も確認した。通し番号もOKだ。後はメールで応募するだけだ。」

締め切り一日前にようやく準備が整った。日本で最大規模の第十九回「中国人の日本語作文コンクール」への応募だ。

中国の大学で教壇に立って早四年が過ぎ五年目に入ろうとしている。しかし、その間コロナで中国に入国できず日本からオンライン授業を約三年間続けていたので、実際に教壇に立っていたのは一年と少し。この三年間はモチベーションの維持に本当に苦労した。

四年前に一学期だけ授業をして、それから会うこともなく卒業していった十八級（中国の大学では入学した年が学年）の最後の授業ではオンラインでも涙が止まらなかった。その下の十九級は私が中国に戻ってからの一年間は会えたはずだが、これまたコロナで大学が隔離され、

折角中国に戻ったのに会えず仕舞い。それでも学校から特別に許可を取って私に会いに来た学生が二名もいた。その二名とも卒業する前に何としてでも私に会いたいと、一人の学生は焼肉店を予約してまで振る舞ってくれた。中国では学生が教師に払わせないのだ。そしてもう一人はしばらく先生と会えないからといって私と手を繋いで学校近くの白河を散歩した。これまた私を泣かせることになる。こんな経験をした日本人教師は多いはずだ。

しかし、昨今は残念なことに反中、嫌中のメディアが幅を効かせその多くは中国の真の姿を「心」で捉えていないように思える。あくまで「現象」で判断しているだけだ。毎日中国に関するニュースを見ているが、思わず顔が綻ぶような記事はほとんどない。ネットや投稿動画でも同じこと。中国での事件などを面白おかしくセンセーショナルに投稿して嫌中を盛り立てている。そして、そ

学生たちの溢れんばかりの笑顔。授業の開始と終了は全員このウルトラマンのポーズで「おはようございます！」「お疲れ様でした！」

のような情報だけを鵜呑みにして自分の経験も体験もなく「現象」だけで判断する今の傾向は本当に心配である。

さて、昨年が日中国交正常化五十周年の年で今年は日中平和友好条約締結四十五周年である。奇しくも二年続けて日中の歴史の証人となった。私は今二十級二クラス全五十八名の作文の授業を担当している。前期と後期でまる一年間、五十八名の学生に作文の書き方を指導しているが、作文の技術というより日中関係について考えてもらうという内容の授業を続けている。

昨年は当時のビデオを見せ、日中共同宣言調印式での田中角栄総理大臣と周恩来国務院総理との歴史的な握手の場面を再現した。私が田中首相の役、学生は周恩来総理の役となり、一人一人全員と握手をして回った。「あの周恩来総理の力強い握手を見よ、田中首相の肩が取れそうな位の握手だ。これが私たち日中関係の原点だよ。」

このような授業で、学生には故郷で当時のことを祖父や祖母から聞いてくることから始め、授業で各自発表。当然日本人には耳の痛い話が多い。それは覚悟の上だ。「どんどん非難してもいい。歴史は変えられない。ただ、これから未来を考えよう。」学生たちはそれを十分理解してくれている。前学期は日中国交正常化に関しての作文を全員に書いてもらった。そして今学期は日中平和友好条約の意義について書かせた。「作文を書くということ、これが日中友好のための最初の交流なんだよ。何のために作文を書くのか。皆さんが書く作文の一つ一つが、既に日中の懸け橋になっているんだよ。」

そう言い続けてきたこの一年。その集大成が昨日ようやく出来上がったのだ。

五十八名全員の学生らしい視点、若者ならではの夢や希望を綴った力作を読んだ。「こんなにも前向きに考えてくれているのか」彼らのような教え子を持って本当に幸せだ。「心」で接しないと見えないものがある。この作文がそれを教えてくれたのである。

作文のテーマで、日中友好のために自分に何ができるのかというのがある。ここが学生にとって最も難しい課題だったようだ。その度に私は、「皆さんは既に日中交流に大いに貢献していますよ。毎日貢献していますよ。」と言う。学生は皆きょとんとした顔で私を見つめる。「皆さんが日本語を学ぶために大学に入学したこと。そして毎日日本語を勉強していること、これが最大の日中友好の貢献です。」これが私の学生への答えだ。皆、お互い顔を見ながら、妙に納得した様子を見せる。そんな彼らをみてとても頼もしく思える。

これからの四十五周年。私はもういない。でもこれから教壇に立つ日本人教師には引き継いでもらいたいことがある。中国には日本語学科がある大学が約五百校ある。その全ての学生に作文を書いてもらうことだ。本来なら日本の大学で中国語を学ぶ学生に中国語で作文も書いてもらうべきであろう。しかし日本で中国語を学ぶ学生ははるかに少ない。中国の教育界がいかに日本語を重要視しているか、それは取りも直さず国家としての日中友好の証ではないのか。

日本語作文。これからの四十五年と言わず永遠に続けて欲しい。日本語を学ぶ中国人の学生に感謝し、彼らの成長を願うこと。それが日中交流に強く携わっている証なのだから。

五十嵐 一孝（いがらし かずたか）
東洋大学法学部卒。海外就労は七カ国二五年以上に及び、フィリピン、インドネシア等でホテル総支配人を長く務める。ホテル業界を早期引退し日本語教師養成講座を修了して二〇一九年から河南省南陽理工学院にて日本語教師。コロナ禍のため中国に戻れず日本からオンライン授業を約三年間続け、昨年八月から同市の南陽師範学院に移り現在に至る。コロナ禍を経験後は毎日の授業を「一期一会」と思って学生と向き合っている。

3等賞

百八十度見方の変わる中国

高校生 木村 春太

日本のニュースから日本人が受ける中国に対する印象は様々ですが、それに対して私はとてもいい印象を持っています。しかしそれは今の話です。私が中国に来たのは小学六年生の時です。日本のニュースは本当のことを報道していますが、内容については良いこともありますが、良いことではない方が多いと思います。良い情報に比べ良くない情報の方が必要な情報であるため興味が引き立てられ、報道されることが多くなるのだと思います。

そのような報道を見て育った私は中国に来る前、中国に対して良い印象を持っていたとは言えません。しかしそれは中国に来てから多くのことを経験し、そして多くの人との出会いを通じて徐々に崩されていきました。

その中の一つを話したいと思います。休日父と弟とで電車に乗った時、とても混んでいました。すると五メートルほど離れていた席に座っていたおばさんが、「そこのきみ、こっちおいで」と声をかけてきました。おばさんは、私の弟に席を譲ろうとしてくれました。それを見て私は、とても驚きました。日本では、小さい頃から公共交通機関などでは「お年寄りや、体の不自由な人、小さな子に席を譲りましょう」と、よく言われていたのにも関わらず、私も含め子供も大人も滅多に席を譲っているのを見たことがありません。しかし中国の人の少し離れていても周りの目を気にすることなく席を譲れることはとても素晴らしいと思います。このように日本で報道されている中国は事実であってもそれが全てではなく、中国に来たからこそわかる良さがあると思います。

もう一つ中国に対する印象を変えたこと、それは中国の挑戦する意志の強さと経済成長の速さです。第二次世界大戦後から日本は四十年かけてものすごい経済成長を遂げました。中国はたったの二十年程度で日本を追い抜

急激に経済成長している上海

き世界第二位になりました。二〇〇八年の北京オリンピックや二〇一〇の上海万博以降の経済成長は素晴らしかったです。又、リニアモーターカーは日本では二〇二七年の開業を目指しているようですが中国は二〇〇四年から運行しています。日本に比べ何が違うのか、それは何事にも挑戦する意志の強さです。それが原動力となりすごい経済成長を遂げたと思います。もう一つ成長の速さを実感したことを紹介すると、十五年ほど前の上海では日式のパンを買うのにも一時間以上かけなくてはいけないことがあったと父から聞きました。しかし今では、十五分ほど歩いたらおいしい日式のパンが手軽に安い値段で買うことができます。これほど中国の成長は速く素晴らしいものです。しかしこれをまねても日本は中国に追いつけないと思います。例えば日本と比べた時の中国の食料自給率の高さです。また日本人の服のほとんどが中国製と書かれていると思います。それは、中国の生産性の高さゆえだと思います。さらに日本は輸入品に多く頼っており、燃料や資源など多く海外に頼っているため中国に追いつけないと思います。コロナの間も中国はいち早く対応し早くにコロナ渦を脱しました。日本はウィズコロナを目指していました。しかし中国ではゼロコロナというものを目標にし、私も去年の二月から七月ごろまでの五か月間ほど学校内の寮で隔離されました。それは、学校だけではありませんでした。私の中国に住んでいる友達のマンションなど多くの場所でロックダウンが起き、外出できないことが続きました。毎日隔離というものがある中ではじめは少し辛かったもののその間にも寮母の人などと話すこともあり、楽しく話しかけてくれるおかげで窮屈感を感じず快適に過ごすことができました。その後、一度コロナの影響で家族が中国にいなかったため一時帰国し、去年の九月頃中国に帰った時には日本ではコロナが蔓延していたのにも関わらず、中国では隔離などが緩くなりその時から徐々になくなり今ではマスクをつけなくても問題ではなくなるほどになりました。両国の差が生じたのは、中国は日本よりも強い意志を持って挑戦した結果であり、中国の大きな強みだと考えます。

　中国の生産性は高く、そして成長速度も速いです。しかしながら国慶節には多く中国人が来日し日本の電化製品を買っていくという状態から、日本の電化製品は中国人に評価されているのだと思います。なぜ中国人に日本の電化製品が評価されるのか、それは中国の電化製品に比べ性能が優れている日本製のものもあるということですが、何より日本製品への信頼の高さ、それが日本製品の強みだと思います。今後日中お互いの強みを生かし、共同製作などに踏み出すことができれば、良好な日中関係を保ちつつ両国の技術向上につながると思います。

　私は、中国で暮らしたからこそわかる中国の良さを、中国に来る前の私のような人たちに伝え日本の中国に対する偏った印象を変えていけたらなと思います。

木村 春太（きむら はるた）

二〇〇六年に東京で生まれ、小学五年生まで東京で育ち、小学六年生の頃に父の転勤に伴い上海渡航し中学三年生まで上海日本人学校に在籍。高校から上海外国語大学附属外国語学校に在籍し、高校二年生の頃に両親が日本に帰国し、今は一人で学生寮で暮らしている。

3等賞

中国人には日本の良さを、日本人には中国の良さを

高校生　中村　優芽

二〇二三年三月二十七日、私は現地校の高校に入学した。十一歳のあの頃の私に想像できただろうか。

私は小学六年生になる春に上海に来た。五年前の九月頃、父から「来年の三月から中国の上海に転勤することになった」と伝えられた瞬間、深い絶望感に襲われた。今まで仲良くしていた友達と離れることや楽しみにしていた来年の修学旅行に行けなくなるのがとても嫌で私は行きたくなかった。しかし、まだ私は小学生。一人で日本で生活する力はあるはずもなく、両親に仕方なくついていくことにした。

この頃、上海に来る前の印象といえばマンホールが落ちたり建物が崩れたりなど、たくさん事故や事件が起こっていたので危険な国だと思って不安ばかりでドキドキしていた。

初めての海外生活。言語もわからないため不安に駆られる毎日だったが、とうとう三月になり実際に上海に住んでみると想像とは百八十度違った。実際はマンホールも建物も安全で、街の至る所やショッピングモールにたくさん防犯カメラが設置されていて防犯面も安全だった。

さらに驚いたのは、中国人の国民性だ。みなとても積極的でコミュニケーション好きな人が多く、日本語を喋っていたらタクシーのおじさんが「何人？　どこから来たの？」や「日本が好きです。日本語教えて」と外国人の私にたくさん話しかけてくれた。この時に私は海外の方が日本語に興味を持ってくれていることにとても嬉しくなった。

この頃は全く中国語が読めも話せもしなかったため、中国で使うと便利なアプリも知らなかった。だからお店で物を一つ買うのにもとても時間がかかり翻訳アプリが手から離せない状態だった。買い物をする時やタクシー

2023年の３月下旬に撮った高校(現地校)の入学式の一枚

に乗るときに以前は発音を間違えてしまいそうで失敗を恐れ、翻訳アプリや身振り手振りを使ってコミュニケーションをしていた。中国でタクシーを呼ぶアプリを知らなかったので、道で手を挙げて通りすがりのタクシーを止めて捕まえていた。だが、友人にタクシーの呼び方やお店でよく使うフレーズを教えてもらったおかげでだんだんとお店の人の話を理解できるようになった。現地の方達と会話をする時も、発音を間違えてもいいから中国人の国民性を見習って自分の口から積極的に中国語を使ってコミュニケーションをとっていこうと決意した。そこから私は中国語教室に通い始めた。そこで学んだことを日常生活の中で活用し、翻訳なしで通じたのが嬉しくて嬉しくて仕方なかった。こうした体験のおかげで私は「中国語の勉強を頑張って友達をたくさん作り交流の輪を広げていき、高校三年間で中国語を勉強してＨＳＫ六級を取得し、日本に帰り大学受験をするときや将来就職する時に活用できるように引き続き頑張っていきたい。」という大きな目標ができた。これらをきっかけに中国語に興味を持ったおかげで上海の現地校に入学するきっかけともなった。

それは、友人の母からの紹介だった。父の仕事の都合で私は高校二年生頃に日本へ帰らなくてはならなかった。せっかく上海で生活しているのに中国語を全く習得せず、現地の子達とも交流せずに日本に帰るのは勿体無いなと思っていた。その時にちょうど中国語が話せる友人の母が現地校のその学校を勧めてくれて、たくさんの情報を教えてくれた。私はそれを聞き、そこで中国語を頑張って習得したいと惹かれた。今までの私だったら中国語だらけの現地校に行くという高い壁には向かっていなかったと思う。これからはもっと新しいことに挑戦してどんどん得意なことを増やしていきたい。

　入学してまだ二ヶ月目。授業は全て中国語なので大変な面はあるがだんだんとその環境に慣れてきた。この学校に入ってから現地の中国人の友達もできた。私の中国語力はまだまだだが以前の目標だけでなく、「歳の離れた弟に中国語を教えられる能力をつける」という新しい目標にも向かっていきたい。

　私が上海に来る前と同じように未だに中国の印象を悪く思っている日本人が多数いると思う。私自身も日本に住んでいる友達に「中国って危ない国なんでしょ……？大丈夫？」と心配されることが多々あった。また、私の友人は日本の学校に転校した際に中国から来たというだけで差別発言をされたという。だが、実際に行ってみなければわからない良さというものがある。現地で生活していた私が、上海で生活していて学んだことを日本に帰国した際に伝えていければいい。私は中国語がもっと上達したら中国人には中国語で日本の良さを、日本人には日本語で中国の良さを多言語を使って伝えていき、弟のような中国語初心者に簡単な言語も教えたい。そうやって少しでも偏見をなくしていき、日中友好の架け橋になれれば嬉しい。

　私の将来の夢は中国語を使った職業に就き、海外に出て活躍することだ。

　その夢を叶えるために私は中国語の勉強を頑張っている。

中村　優芽（なかむら　ゆめ）

二〇〇七年生まれ。父の転勤に伴い十一歳から十二歳まで上海に在住、コロナの影響で上海に帰れず、二年間の国内生活を挟んで再び上海に戻る。上海に住んでいるうちに中国語に興味を持つようになり、高校からは中国語を本格的に学ぶために現地校に入学。

3等賞

初めて知った中国の色

高校生 茂呂 亮太

私は中国の現地の高校の国際部に通う日本人です。私は中学三年生の時に東京から蘇州に引っ越しました。引越しが決まった時、ものすごく嫌でした。というのも、当時はコロナが猛威を奮っていた時代であり、世界的に見ても中国では特に厳しい措置が取られていました。日本のテレビやSNSではコロナ禍の中国の実態などといった内容が、ほぼ毎日といっていいほど流れていたためです。その影響で、私自身中国や中国人に対してあまりいいイメージを持っていませんでした。

実際、私の中国生活は一ヶ月間の隔離から始まりました。「まじで最悪じゃん」と、この状況だけを見るとみなさんそう思うかもしれません。実際、日本の友達たちからは「一カ月隔離生活は最悪すぎ。」とたくさん言われました。しかしそれは違いました。逆に今ではとてもいい経験ができたなと思っています。そう思える背景には、上海及び蘇州の現地の方々の存在があります。隔離スタッフの方々や近隣住民からの応援メッセージや差し入れ等。みなさん隔離作業や自分のことで忙しいはずであるなか、中国語ができない外国人家族という立場にある私たちに対して、イヤな顔一つせず、とても親切に接してくれたこと、感謝しても仕切れません。また、隔離ホテルのメンバーで構成されているWeChatのグループチャットで、みんなが励ましあっているのを見てとても感動しました。監視しあっているというよりも、完全に協力し合っていました。今更ですが、もっと感謝の気持ちを伝えたかったです。中国入国一ヶ月で、中国にはこんなにも親切な人がたくさんいるということを知って、コロナ禍で先が見えずみんなが不安になっているなか、この先の中国生活に少しワクワクしている自分がいました。

そして入国約一年半後、コロナ政策が終わりを告げま

上海の東方明珠塔の前で撮影

した。いきなりでした。しかし、街は一気に活気を取り戻し、私たちも普通の生活を送ることが可能となりました。たくさんの人が外出をして、旅行に行って、本来あるべき日常が戻ってきました。私はもっと中国の人とコミュニケーションをとってみたい！そう思っていましたが、機会もなければ、言葉も通じない、おまけに私は人見知り。こんな私がコミュニケーションをとれるはずもありませんでした。しかしチャンスは身近なところにありました。私は中国に来てから犬を飼い始めたので、よく散歩行っています。中国では最近、ペットを飼う人が増えてきています。なので散歩時、たくさんの飼い主さんが話しかけてくれるではありませんか。私は中国語が出来ないのですが、彼らにそのことを伝えると、簡単な中国語であったり、英語で会話をしてくれます。知っている日本語を並べてくれるときなんかもあります。日本語が出てきたときなんかは無性にうれしくなります。私は彼らとお互いの国、つまり日本、中国について話すことがとても好きです。話してて感じたことは、多くの方が日本に興味を持ってくれてるんだなということです。そんな彼らと接することで僕は人間として成長できたと思っています。あくまで彼らは私とは生まれ育った環境が全く違います。なので彼らとコミュニケーションをとっていく中で、日本で「当たり前」や「常識」とされる価値観が中国では重要視されない瞬間をしばしば見かけます。そして価値観の違いに触れることで、今までの自分の価値観を考え直すきっかけになります。それによって自分の経験値が広がり、自分の形成する価値観、知識、思考の幅を広げて人生の選択肢を広げることができます。

確実に言えることは、中国生活は確実に私という人間を大きくしました。中国で生活することで初めて体感する異文化及び異人種。とても新鮮です。世間的に見てあまり良くない日中関係。これによってお互いの国民が、お互いを知らないまま相手の形を勝手に決めてしまっているというのが今の現実だと思います。実際私もその一人でした。しかし、中国に住んだことがある私だから言えることがあります。中国人は積極的で優しい人柄の良さを持っているということです。最初に私が想像していた中国および中国人の姿とは全く違いました。また、中国も日本も文化や人、街の色は全く違うけれども両方とも美しいということです。これは日本や中国の話だけではなく、すべての国、地域、そして人に共通することだと思います。私は、このあたりまえのようであたりまえではない、これこそが「グローバル」というものの本質だと思っています。私は将来、国際的な仕事に就きたいと考えています。理由は様々な景色を見たいからです。しかしまずは残りの高校生活をしっかりと中国で満喫し、まだ見ていない中国の景色をもっとたくさんみて感じて、中国の良さを発信していきたいです。せっかく中国にいるんだから‼

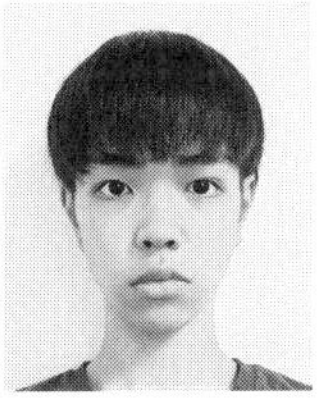

茂呂 亮太（もろ りょうた）

二〇〇七年千葉県生まれ東京都育ち。中学三年生の時に、当時通っていた私立の男子校に通い続けるか、中国に引っ越すかという選択にせまられたが、中国に行くことを決断し、現在は上海の現地校国際部にて中国語の勉強に励んでいる。

3等賞

私がみた中国

高校生　福島 芽吹

上海に来て二年。張家界などの世界的な観光地を訪れる機会にも恵まれましたが、まだまだ訪れてみたい場所がたくさんあるので、これからが楽しみです。

しかし、日本のニュースを見ると中国を批判するようなことを報道しています。中国に一度も行ったことがない人や一度も中国人と関わったことのない人がこのニュースをみて、良いイメージを持つとは思えません。テレビで取り上げられているのはあくまでも政治や政策などの「中国」という一つの国についてです。

ですが一つの国を批判するニュースばかりだと、その国で生まれ育った人にも良くない印象を与えてしまいます。例えば、中国がロックダウンになった時の日本のニュースです。日本では「ロックダウンをしても意味がない」「国民のほとんどが反対しているから早くやめるべき」などの内容のニュースしか流れていませんでした。偶然見てしまった私はとてもショックでした。私も日本にいた時にはこのようなニュースや身近な人の言ったことを聞いて、なんとなく良くないイメージを持っていました。小学五年生の時に中国から転校生がきましたが、あまり仲良くなれませんでした。中国語しか分からないのに、いきなり日本に来てすごく戸惑って困っているのは分かっているのに、言葉がわからないということをその子と話せない、その子に何もしなかったことの言い訳にして過ごしていました。罪悪感はありましたが、卒業まで楽しく過ごせたのでそんなに気にしていませんでした。

その後、中学校に入学すると、上海に引っ越すことが決まりました。コロナ禍だったことと、これから生活する国が中国だということに大きな不安を感じていました。ですが、実際に中国に来てみると今まで感じていた不安

知り合った中国人に教えてもらったお店で焼き小籠包を食べている私

が一気に消え去りました。空港では、同じ飛行機に乗っていた人達が困っている私たちに英語や翻訳機を使って一生懸命に教えてくれました。中にはカタコトの日本語を使って説明してくれる人もいました。何時間も私たちに付き合ってくれた人達には今でも感謝しています。中国に初めて来たこの日から少しずつ中国に対する私の中のイメージは良くなってきました。「もっと中国について知りたい」と思えるようになってきた時、上海はロックダウンになりました。もっといろんなところに行きたかったのに……。家の中から一歩も出られなかった四ヶ月間、私はショックでなにもやる気になれませんでした。

ですが、その四ヶ月間でたくさんのことを学び経験し、かけがえのない人とも出会い、中国人の優しさにたくさん触れることができました。なかなか欲しい食べ物が手に入らない時、隣に住んでいるご夫婦がわけてくれたり、PCR検査の登録に戸惑っている時中国人の方に教えてもらったりしたこともありました。また普段はそっけない方でも進んで助けてくれ、人間は見た目で判断してはいけないと改めて考えさせられました。ＰＣＲ検査の登録をきっかけに今でもその方には中国の身近な文化や中国語、美味しい中国料理屋などを教えてもらっています。毎週末になると中華料理屋に連れて行ってもらっています。そのおかげで、同じ料理でもお店によって味や使っている食材が違うことに気づくことができ、料理別に自分好みのお店を見つけることもできました。長く苦しかったけれど、貴重な経験ができました。たくさんの経験を通して、自分自身も中国人に対する考え方も大きく変わった四ヶ月間だったと思います。今まで助けてもらった人たちに恩返しをするような気持ちで今、現地校の国際部に入学して中国語を一生懸命勉強しています。いつか私が助けてもらったように今度は私が助けてあげられるように。

中国に初めて来た日から今日までたくさんの中国人に助けられながら生活してきました。上海での生活を経験して、私が日本で感じていた中国に対するイメージや考え方が大きな間違いであったことに気づきました。私が中国に来て戸惑っていた時にはみんなが助けてくれたのに昔の私はそれができなかった。私の小学校に来た転校生に冷たく接してしまったことをとても後悔して、罪悪感でいっぱいです。そんな失敗を活かし、これからは助けを求めている人たちみんなに手を差し伸べられるような心の温かい人間になろうと決意しました。偉い人が言っていることやいつどこからか流れてきた噂を鵜呑みにするのではなく、実際にはどうなのか自分の目で確かめてみることが大切だと思います。今私は中国が大好きです。中国には良いところがまだまだ数えきれないほどあります。いつかあなたの足で中国に来て、あなたの目で中国の素敵なところを見つけてみませんか？きっとあなたも中国を好きになれるはずです。

福島　芽吹（ふくしま　めぶき）
二〇〇八年東京都生まれ、東京都国立市育ち。中学二年生の時に母親の仕事の都合で上海に引っ越し、日本人学校に通う。上海での貴重な経験を通して本格的に中国語を勉強したいと思い、高校は中国の現地校の国際部に通っている。

3等賞

未来へつなぐ私の想い

会社員 清﨑 莉左

あなたにとって心に残るエピソードとは何でしょうか。

私が初めて中国を訪れたのは二〇一五年のことでした。日本の大学から選抜された日中友好大学生訪中団の一員として、中国の大学生と学生交流を行ったことがきっかけとなり、今でもそのときのご縁は続いています。

あれから約八年の年月が経ち、当時出会った仲間、自分の目で見た中国、歴史や文化、現地で食した本場の味やにおいを鮮明に覚えています。現地の生活を直接肌で感じたこと、同世代との交流を通して得た気づき、ひざを交えて忌憚のない意見を交わした時間は、私にとって一生の思い出となっています。

また、日中平和友好条約締結四十周年の節目の年である二〇一八年には、北京大学で開催された日中両国の大学生千人が交流する歴史的イベントにも学生スタッフとして参加させていただきました。北京大学の学長、日本からは慶應義塾大学の塾長も参加し、〝日中友好〟に向けて率直な意見を交わした上で、お互いを理解すること、自分の言葉で伝えることの大切さを再確認できる時間となりました。

私にとって近くて遠い国だと感じていた中国を身近な親しい国であると実感するきっかけをくださった大学生訪中団に対し、恩返しをしたいという思いが強くありました。そこで、これまで参加した訪中団の団員有志が主催となり同窓会を開催しました。私は実行副委員長として参加。（二〇一八年九月、都内にて開催）

これまで十一団約千百人が参加し、当日は約百七十人もの団員が集まり思い出話に花が咲きました。懇親会には大学生訪中団を考えてくださった当時の駐中国大使館の汪婉元参事官も参加してくださり、「皆さんが訪中で得た見聞はすべて〝宝物〟。この経験を活かし日中友好

学生交流時の１枚(筆者は前列右から４人目)

を築いて欲しい」とおっしゃったことを今でも覚えています。視野を広げること、一歩踏み出すことの大切さに気づかせてくださった日中両国の皆様に感謝します。

私は、これまで経験してきた中国に対する思いや考えを自分の中に留めておくのではなく、次の世代へも残したいという思いから、第一回「忘れられない中国滞在エピソード」として応募いたしました。その後、さまざまなご縁があり、「あなたの受賞作を読みましたよ！」と、お声がけいただいたときは本当に嬉しかったです。受賞作を通じて、時を超えて、そして世代を超えて自分だけのオリジナルのエピソードが広がっていく、これこそ受賞作がつないだ〝忘れられない中国滞在エピソード〟であると実感しました。相手の心を動かすことは難しいですが、少しでも誰かの心に響いたのでしたら嬉しい限りです。

社会人となった現在、中国との関わり方も多くなり、私が所属する会社にも中国出身の先輩方はもちろんのこと心強い同期もたくさんいます。頼りになる後輩もできました。かけがえのない友人にも恵まれました。

私たち若い世代は、先人たちが築き上げてきた歴史および日本と中国の関係を潤す役割を担っているのだと考えます。それが対話による交流なのであれば尚更、相手を知り、理解しようとする姿勢が大事になってくるのだと思います。時には勇気が必要になる場面もあるかもしれません。国と国を繋ぐことは、人と人を繋ぐことでもあります。

他方、ここ数年は新型コロナウイルスの流行により、以前のように直接交流する機会は減りましたが、兆しが見えてきた今、きっと今まで以上の交流が増えることを期待します。

私たちが見てきた、感じてきた世界をこれからも少しずつですが日中両国に還元していき、後世へ伝えていきたいと思います。人とのつながりを大事にし、今後も日中両国の架け橋となれるよう努力します。

日中平和友好条約締結四十五周年の節目の年に、未来へつなぐ私の想いといたします。

清崎 莉左（きよさき りさ）

熊本県熊本市出身。現在は東京都在住。早稲田大学大学院修了。大手外資系ＩＴ企業に就職し、システムエンジニアとして従事、現在に至る。学生時代に初めて中国を訪れ、現地の大学生と学生交流を実施。その後、ご縁があり何度か訪中。〝日中平和友好条約締結四十周年〟の節目の年には、日本側代表として、北京大学にて開催された記念式典に参加。社会人になった今でも、当時の友人との交流は続いている。今後も私たちにできることを考えながら日中友好の発展に貢献していきたい。

3等賞

十二歳の成長

高校生　梁取　理慧

十二歳の夏。私は、北京で行われたキャンプに参加しました。そこには十二歳から十八歳までの中国語を習う学生が世界中から集まっていました。私は一番の年下で、たくさんのお姉さんお兄さんたちに囲まれて充実した二週間を過ごしました。

当時の私にとっては大冒険なこの旅で私は大きな成長を遂げました。

そもそも、私は両親に勧められて小学校一年生の頃から中国語を習っています。このイベントも私が通う中国語の学校が中国の政府（国務院華僑事務弁公室）から招待を受けたことで参加することが出来ました。中学の宿泊行事を欠席しての参加だったので気乗りしなかったのですが、両親の強い勧めでこのキャンプに参加することにしました。私の中国語力もあまり高くなく、聞き取れるけれど話せないという状態でのキャンプスタートでした。

日本からは十四人の参加でした。初日は日本人同士で話して他国の子とは話せませんでした。次の日くらいからは先輩たちが積極的に他国の子と話に行っていて、私も話したいとは思っていたけど自分の中国語の能力がなくてやはり話しかけることは難しかったです。

二日目以降、私たちは北京の有名な建物を見学しました。北京オリンピックの開会式の場所にも行き、バスの中や移動のときには他国の学生と関わることもできました。私はこの時初めて関わることが出来ました。いつも全然違う環境で生活している人達と話せたのはすごく変な感じがしたし、中国語ができるようになったら自由に交流できるようになるのかと考えたら今まで嫌々勉強していた中国語ももっと頑張りたいと思えました。

歴史的建造物をみたり、博物館に行った時、学校で学んでいる歴史に関係のあるモノや書があったり、すごく

日本から参加した仲間と先生

興味深かったです。中国の歴史や文化などを学ぶことが出来ました。ただ暗記するのは大変でしたが実際目で見ることができたのはすごくいい体験をしました。

他にもかっこいいダンスをする同世代の発表や、演劇の鑑賞をしました。今まで触れることのなかった中国の芸能に触れることができ、興味を持ちました。中国の伝統的な事柄を直接体験する機会もたくさんあり、書について学んで実際に真似して書いてみたり、墨と筆だけで絵を描いたり、お面を作ったりしました。私の知らなかった中国の魅力が発見できて、中国のことがどんどん好きになっていきました。

最後の一週間はずっと伝統的な踊りの練習をしていました。キャンプの最後にみんなの前で発表するものです。振動きがしなやかでゆっくりですごく難しかったです。振りも覚えないといけないので毎日憂鬱でした。踊りの先生がとても親切でゆっくり丁寧に教えてくれて、たくさん褒めてくれたおかげで頑張ることが出来ました。

最後の発表ではほかにも自分たちの国の文化を発表したり、ステージに上がって即興で踊ったり、いろんな演目がありました。私たちは恋ダンスとペンパイナッポアッポペンを発表しました。ペンパイナッポアッポペンは英語だったのもあって大盛り上がりでした。他国の子たちは本当に盛り上げるのがうまいのだなと思いました。また、各国の文化が少しずつ知れたようですごく楽しかったです。

友人関係ですが、ずっと仲良くなりたいと思っていた子がいて、頑張って話しかけることができました。同い年でお互い中国語も英語も下手だったのですがなんとなく気が合う気がしていてずっと一緒にいました。フランスの子だったのですが、フランス語を教えてもらったり、日本語を教えてみたりしました。最高な友達にこのキャンプで出会うことが出来ました。

このキャンプに参加したことで私は中国の今まで知ることのなかった文化や魅力に気づくことができました。中国だけではなくアメリカやフランス、イギリス、ドイツ、など本当にたくさんの国から来た学生と交流して一緒に生活していろいろな知識が得られました。中国語、英語に対するモチベーションもあがり、もっと話せるようになりたいと思いました。外国語を話すことに照れがありましたが、それもまったく無くなりました。現地ではたくさんの中国の方が中国について教えてくださいました。また、日本の文化について聞いてきてくれたり、お菓子を買ってくれたり、たくさん褒めてくれたり、よしよししてくれたり。親切で、日本の事も知ろうとしてくれる素敵な方々がたくさんいました。本当に最高なキャンプでした。このキャンプの開催をしてくださった中国の政府にはとても感謝したいと思います。

これらの経験から私は日本に蔓延っている中国のマイナスイメージへの払拭に尽力したいと考えています。日本人が思っている以上に中国は素敵な国だと自信をもって言えます。もっと中国について知ろうとする日本人が増えていってほしいです。私は日本も中国も大好きです。これから先日中関係がもっと良くなったらいいなと思います。

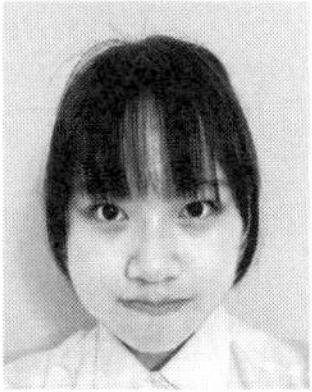

梁取 理慧（やなとり りえ）

二〇〇六年生まれ、神奈川県育ち。祖父母やいとこ家族が中国に住んでいるため、幼いころから年に一回ほど中国を訪れていた。教育熱心な母に勧められ中学受験をし、大学附属に入学する。身の回りで中国にいい印象を持っている人が少ないことに寂寥を感じ、将来は日中関係を改善していけるような仕事に就こうと学びを深めている。

あとがき

謝辞に代えて

主催者代表　段　躍中

今年二〇二三年は日中平和友好条約締結四十五周年の記念すべき年に当たり、日本僑報社主催、中国駐日本大使館、読売新聞など後援の第六回「忘れられない中国滞在エピソード」コンクールが皆様の多大なるご支援、ご協力のもとで成功裏に開催できたことは、日中両国の友好を祝う節目の年への素晴らしい献礼となりました。

中国駐日本大使館には引き続きご後援をいただきました。特に今年三月に着任された呉江浩大使におかれましては、大変お忙しい中、最優秀賞（中国大使賞）の授与をいただき、本書出版にあたり温かいメッセージを頂戴いたしました。また大使館の関係各位より多大なるご理解とご支援をいただきました。主催者一同を代表し、心より感謝申し上げます。

滋賀県知事の三日月大造氏、松山バレエ団総代表の清水哲太郎氏、プリマバレリーナの森下洋子氏には、大変お忙しい中、特別にご寄稿いただきました。ここに深く御礼申し上げます。

本コンクールが順調に開催を続け、今回第六回を迎えられましたことは、ひとえにこれまで支えてくださった皆様の温かいご支援によるものであり、心より感謝申し上げます。これまでに福田康夫元首相、二階俊博前自民党幹事長、近藤昭一衆議院議員、西田実仁参議院議員、伊佐進一衆議院議員、鈴木憲和衆議院議員、矢倉克夫参議院議員、海江田万里衆議院議員、赤羽一嘉前国土交通大臣・衆議院議員、落語家の林家三平様、エッセイスト・絵本作家の海老名香葉子様、俳優・旅人の関口知宏様、俳優の矢野浩二様など、多くの方々からご支援をいただきました。深く感謝申し上げます。

ご後援をいただいた中国駐日本大使館、読売新聞社をはじめ、公益社団法人日本中国友好協会、日本国際貿易促進協会、一般財団法人日本中国文化交流協会、日中友好議員連盟、一般財団法人日中経済協会、一般社団法人日中協会、公益財団法人日中友好会館の日中友好七団体、そして中国日本商会の皆様にも、厚く御礼申し上げます。

また、各団体の皆様には、それぞれの機関紙（誌）、会報、ホームページなどを通じて、本コンクールの開催や関連情報を広く発信いただき、より多くの方の参加につながったことに心から感謝申し上げます。

日中両国のメディアには、本コンクールの日中交流に対する重要性へのご理解とご協力をいただき、厚く御礼申し上げます。日本側からは、読売新聞、共同通信、ＮＨＫ、日本テレビ、朝日新聞、毎日新聞、東京新聞、中日新聞、北海道新聞、西日本新聞、山陰中央新報、福島民報、沖縄タイムス、福井新聞、佐賀新聞、東奥日報、四国新聞社、岩手日報、聖教新聞、公明新聞、しんぶん赤旗、観光経済新聞、ＹＯＭＩＳＡＴ、日中友好新聞、日本と中国、日中月報、国際貿易、日中文化交流、週刊読書人、新文化、エキサイトニュース、ニフティニュース、公募ガイド、登竜門、ＢＯＯＫウォッチなど、また中国側からは、人民日報、新華社、経済日報、光明日報、中国青年報、中国新聞社、北京日報、中国国際放送、人民中国、中青在線、中国網などから、多彩なご紹介をいただきました（巻末に一部記事を掲載）。ここに挙げきれなかった多くのメディアからもご支援いただきました。この場を借りて改めて皆様に御礼申し上げます。引き続きご応援ご支持のほどよろしくお願いいたします。

株式会社トーハン、日本出版販売株式会社をはじめとする日本の図書取次関連会社、全国各地の書店や図書館、とりわけ創業二十六年となる弊社の書籍を長年ご愛読くださっている国内外の読者の皆様には、日本全国津々浦々で受賞作品集を通じて「中国故事（中国滞在エピソード）」を広げることにご尽力いただき、誠にありがとうございます。

日中相互理解に関心ある各界の方々、応募者や読者の方々などがご自身のＳＮＳで発信くださいました。また、自治体、学校などでも本活動へのご支援や受賞者の方の紹介をいただき、心から感謝申し上げます。一人ひとりの拡散は小さいものと思われるかもしれませんが、多くの方に拡散いただけることで大きな力となります。今後とも、本活動を引き続き見守っていただけますようお願いいたします。

応募していただきました皆様、誠にありがとうございました。本コンクールに例年同様、中国滞在中のかけがえのない体験を綴った素晴らしい作品が多数寄せられたことに深く感謝し、心から御礼申し上げます。

今回のコンクールでは、日本各地および中国各地のほか、初めてマレーシアと香港などの国と地域からもご応募がありました。年代別では最年少の応募者は十四歳、最年長の応募者は八十五歳と、若者世代を中心に幅広い世代からご応募いただきました。応募者の職業は公務員、弁護士、大学教員、中学校・高校の教諭、会社員、医師、学生、主婦、会社経営者、団体職員、文筆家、新聞記者など多岐にわたり、それぞれの視点から中国を見た個性豊かな作品をお寄せいただきました。

厳正な審査の上、最優秀賞となる中国大使賞（一名）、特別賞（三名）、一等賞（四名）、二等賞（十名）、三等賞（二十五名）を選出させていただきました。

応募いただいた作品には、国境を超えた心のふれあいや中国の奥深い魅力、そして不幸な歴史の記憶への共感などがつぶさに記されています。日中間の懸け橋となるこの貴重な記録の数々を、より多くの方々と共有し、読んでいただきたいと思い、本コンクール開始以来毎年刊行しています。。多くの方々に本書を読んでいただき、中国により深く関心を持ち、実際に訪問していただけることを心より願っております。

「国之交在於民相親（国の交わりは民の相親しむに在り）」という言葉があるように、日中関係発展の基礎は両国の人々の友好交流にあります。本活動が微力ながら日中両国の文化交流と相互理解を促進し、日中のウィンウィンの関係構築に貢献できることを願い、日中平和友好条約締結四十五周年から次の四十五年に向けて、今後とも尽力してまいりたいと存じます。

引き続きご支援、ご協力のほどよろしくお願い申し上げます。

二〇二三年十月吉日

「忘れられない中国滞在エピソード」
第5回 受賞者一覧

特別賞

関口 知宏（俳優・旅人）

矢野 浩二（俳優）

赤羽 一嘉（衆議院議員）

最優秀賞・中国大使賞

中ノ瀬 幸

一等賞

横山 明子

川村 範行

杉山 早紀

木村 吉貴

二等賞

清成 哲也

荻野 大

加山 到

清水絵里子

後藤 里奈

西村 文彦

久川 充雄

高橋 未來

森 英昌

大橋遼太郎

三等賞

亀崎 瞳

玉置 博計

秋谷 進

鈴木 大輔

塩見 正衞

神谷 東弥

矢野 眞澄

尾澤 結花

関口 政恵

大谷美登里

若林 実里

岡宗 慧麗

木村 隆

田村 心咲

興津 正信

大本 啓典

五十嵐 武

若狭谷理紗

恒冨 素生

高野 尚代

小林 未波

山本 可成

飯塚 有希

石塚 浩子

関 有代

「忘れられない中国滞在エピソード」第4回 受賞者一覧

特別賞

落語家 林家 三平

最優秀賞・中国大使賞

田中 伸幸

一等賞

服部 大芽
西村 栄樹
林 鈴果
久川 充雄

二等賞

喜多 住香
石井 翔
丸山由生奈
板坂 梨央
大西 賢
田中 信子
服部未来子
福﨑 文香
塚越 誠
多田 記子

三等賞

安部 憲明
菱田 宇軒
大谷 亨
保坂 恵子
北岡 克子
橋詰麻里子
大川 智矢
一番ヶ瀬絵梨子
吉澤 栄
田上奈々加
古市 康夫
寺沢 重法
平手 千瑛
馬渡 愛
西村 範子
梅田 純子
豊田 恭子
伊藤 茂夫
木山誠一朗
秋元 文江
柳井 貴士
安 佳夏
有村 歩汰
吉村 美里
松村 萌里

貢献賞

三津木俊幸
小島 康誉
新宅 久夫
橋本 清一
神田さち子
浦野 紘一

「忘れられない中国滞在エピソード」
第3回 受賞者一覧

特別賞

衆議院議員 海江田万里

参議院議員 矢倉克夫

最優秀賞・中国大使賞

池松俊哉

一等賞

星野信

岩崎春香

畠山修一

田丸博治

佐藤奈津美

二等賞

山本佳代

築切佑果

橋本理恵

藤本陽

宮坂宗治郎

濱岸健一

橘高子

湯山千里

藤井由佳

執行康平

小椋学

渡邊真理子

柳原拓郎

浅岡真美

上村里央

五十嵐一孝

菅田陽平

濱野穂乃香

角文雄

沖島正俊

久保田嶺

大河原はるか

小牧陽二郎

平野寿和

三等賞

与小田茜

鈴木あいり

金戸幸子

関本康人

井上尚子

平野綾

山野井咲耶

石岡麻美子

高田忍

長崎彰

柳文恵

浜咲みちる

尾崎健一郎

兼宗遥

篠田結希

一番ヶ瀬椿

大橋拓真

芳賀勲

有田穂乃香

赤池秀代

山崎恵子

岸直哉

前川友太

鈴木啓介

井田武雄

塚野早紀

猪俣里実

宮川暁人

和田廣幸

吉原萌香

長崎美由輝

野田義和

鈴木高啓

橋本岳

小田紘平

神田さち子

三浦功二

市原佳子

柴野知也

松山美奈子

千葉由貴

船木智美

鈴木潤子

戸田幸亜

畠山友里

新井博文

吉岡菜々美

齊木桃子

中曽根正典

藤原剛史

「忘れられない中国滞在エピソード」
第2回 受賞者一覧

特別賞
衆議院議員
鈴木 憲和

最優秀賞・中国大使賞
乗上 美沙

一等賞
山﨑 未朝
入江 正
横山 明子
片山ユカリ
森野 昭

二等賞
原田あかね
為我井久美子
田上奈々加
伊藤 美紀
野間 美帆
逸見 稔
中島さよこ
南部 健人
杉江 裕子
南 沙良
三輪 幸世
芦田 園美
小嶋 心
高橋 史弥
森原 智美
福島 達也
澤野友規子
神田 康也
岩崎みなみ
後藤 明

三等賞
宮崎 圭
藤盛 耕嗣
中村 美涼
丸山 香織
小田登志子
金子 聖仁
池田 亜以
永田 容子
伊藤 奏絵
岩崎 茜
井上 直樹
合田 智揮
豊崎みち子
河原 紫織
池乃 大
日比 野敏
大友 実香
金戸 幸子
張 美紗子
大野美智子
梅舘秀次郎
吉田 陽介
奥村 眞子
森 眞由子
辻 尚子
松本 匡史
玉城ちはる
日田 翔太
五十嵐真未
原山 敬行
前川 友太
松本 健三
谷川 靖夫
長崎たまき
安田 翔
田中 敏裕
新井 香子
吉岡 孝行
高橋 稔
桑田 友美
荒井 智晴
伊勢野リサ
森井 宏典
佐藤 正子

特別掲載
横井 陽一
白井 省三
和中 清
伊藤 俊彦
堀江 徹
安田 太郎
市川 真也

「忘れられない中国滞在エピソード」
第1回 受賞者一覧

特別賞
衆議院議員
伊佐　進一

最優秀賞・中国大使賞
原　麻由美

一等賞
中関　令美
三本　美和
相曽　圭
瀬野　清水
田中　弘美

二等賞
浦井　智司
青木　玲奈
浅井　稔

佐藤　彩乃
秋山ひな子
大友　実香
大岡　令奈
吉田　怜菜
星出　遼平
坂本　正次

三等賞
濱田美奈子
石川　春花
長谷川玲奈
大石ひとみ
佐藤　力哉
山本　勝巳
臼井　裕之
古田島和美
中道　恵津

須田　紫野
大北　美鈴
桑山　皓子
金井　進
浜咲みちる
堀川　英嗣
小椋　学
中瀬のり子
岡沢　成俊
佐藤　正子
福田　裕一
清﨑　莉左
牧野　宏子
浦道　雄大
小林　謙太

佳作賞
藤田　安彦

奥野　有造
金谷　祥枝
中島龍太郎
北川絵里奈
宮川　曉人
服部　哲也
菅　未帆
西田　聡
伴場小百合
荻堂あかね
小山　芳郎
村上　祥次
高橋　豪
荒井　智晴

特別掲載
小島　康誉
武吉　次朗

「忘れられない中国留学エピソード」
受賞者一覧

特別賞

衆議院議員
近藤　昭一
参議院議員
西田　実仁

一等賞

堀川　英嗣
五十木　正
中村　紀子
小林　雄河
山本　勝巳
高久保　豊
岩佐　敬昭
西田　聡
市川　真也

二等賞

宮川　咲
林　訑孝
千葉　明
鶴田　惇
林　斌
小林　美佳
山口　真弓
伊坂　安由
高橋　豪
吉田　咲紀
細井　靖
浅野　泰之
宇田　幸代
瀬野　清水

三等賞

田中　信子
桑山　皓子
廣田　智
岩本　公夫
稲垣　里穂
井上　正順
平藤　香織
畠山絵里香
矢部　秀一
吉永　英未
平岡　正史
池之内美保
石川　博規
井本　智恵
中根　篤
宮脇　紗耶
遠藤　英湖
塚田　麻美
根岸　智代
大上　忠幸
小林　陽子
坂井　華海

特別掲載

幾田　宏

付録

「忘れられない中国滞在エピソード」報道ピックアップ

日中両国のメディア各社などによる本コンクールへのご理解と精力的な報道に厚く御礼申し上げます。紙面の都合上、一部ではありますが報道記事を掲載し、コンクールの歩みを振り返りたいと思います。

2022年 11月17日(木)

驻日本大使孔铉佑会见第五届“难忘的旅华故事”征文比赛获奖者代表

11月17日，驻日本大使孔铉佑会见第五届“难忘的旅华故事”征文比赛获奖者代表、熊本县高中生中之濑幸，名古屋外国语大学名誉教授川村范行，东京理科大学学生大桥辽太郎，东京艺术大学学生若狭谷理纱等。使馆张沛霖公参及日本侨报社总编段跃中参加会见。

孔大使向获奖者表示祝贺并颁发奖状，对日本侨报社长期坚持举办征文比赛表示评价和鼓励。孔大使表示，中日地理相近、文化相通，有深厚历史渊源。同时两国在民族风俗、价值取向等方面也存在很多差异。多样性是世界活力的源泉，应该成为交流的动力而不是壁垒。今年是中日邦交正常化50周年，50年来中日关系给两国和地区带来的最大财富是和平，未来双方应在相互尊重、互利共赢基础上继续发展和平友好关系。希望你们以此次获奖为契机，进一步加深同中国的交流，传播中日互为合作伙伴、同为命运共同体的理念，投身中日友好特别是青少年交流，为两国关系贡献智慧和力量。

日方谈及自身在中国学习、常驻及生活等经历和趣事，表示通过亲身接触和交流，感受到中国发展变化和中国民众的友善热情。人与人之间没有国界，今后愿继续致力于日中交流事业，为增进两国相互理解和信任作出努力。

第五届“难忘的旅华故事”征文比赛由日本侨报社主办，中国驻日本使馆、日中友好七团体等担任后援单位。此次共征得稿件200余篇，投稿人涵盖日本社会各界人士。

讀賣新聞 オンライン　2022年 11月17日(木)

ホーム > ニュース > 国際

忘れられない中国滞在エピソード…上海ロックダウン経験した高３の作文が最優秀賞

2022/11/17 17:33　新型コロナ　　この記事をスクラップする

日中関係の書籍を出版する「日本僑報社」（東京都豊島区）が主催し、日本人を対象に中国での経験や思い出などを集めた作文コンクール「第５回忘れられない中国滞在エピソード」（読売新聞社など後援）の受賞作品が決まった。

▸国内の新規コロナ感染、３日ぶりに１０万人下回る…東京は１３日連続で１週間前を上回る

孔大使（右）から表彰を受ける受賞者（１７日、東京都港区の中国大使館で）＝田村美穂撮影

最優秀賞の中国大使賞には、中国上海市在住の高校３年、中ノ瀬幸さん（１８）が、同市のロックダウン（都市封鎖）中の生活を振り返った「私は隔離生活を通して成長しました」が選ばれた。

中ノ瀬さんは作文の中で、長引くロックダウン中の生活で不安やストレスを抱えながらも、食料を差し入れ、声がけしてくれた中国人の隣人たちとの交流に救われ、精神的にも成長できた経験をまとめ、「親切な人がたくさんいることを知った」「上海を嫌いにはなれない」とつづった。

現在、中ノ瀬さんは日本に一時帰国中で、１７日に東京都港区の中国大使館を訪れ、孔鉉佑駐日大使から直接表彰を受けた。中ノ瀬さんは「現地の人の良さが伝わったらうれしい」と受賞を喜んだ。将来は中華料理の良さを広げられるような飲食店の経営や、フードジャーナリストを目指すという。

今回は１５～８７歳の男女２２５人から応募があり、約４割が１０～３０歳代の若者だった。主催した日本僑報社の段躍中編集長は、「若い世代が日中の友好関係の発展を担ってくれたらうれしい」と期待する。受賞作をまとめた「驚きの連続だった中国滞在」は書店などで発売中。

人民网
people.cn 2022年 11月18日(金)

首页 党政 要闻 观点 互动 可视化 地方 举报专区

人民网 >> 国际

第五届“日本人讲中国故事”征文比赛结果揭晓

2022年11月18日11:30 | 来源：人民网-国际频道 Tт 小字号

人民网东京11月18日电（记者岳林炜）为纪念中日邦交正常化50周年，由日本侨报社主办、中国驻日本大使馆等担任支持单位的第五届“日本人讲中国故事”征文比赛评选结果日前揭晓。日本高中生中之濑幸获得“中国大使奖”，日本前国土交通大臣、众议院议员赤羽一嘉和著名演员关口知宏、矢野浩二获得“特别奖”。

中国驻日本大使孔铉佑向第五届“日本人讲中国故事”征文比赛部分获奖者颁发奖状。人民网记者 岳林炜摄

中之濑幸的获奖征文作品以亲身经历讲述了她离开父母和家人，独自与周围中国人在上海共同抗疫、获得成长的宝贵经历。她在文中写道，“我体会到了中国邻居的温暖，在看不见的地方，有很多中国朋友在支持着我。”赤羽一嘉在《惊喜不断的旅华生活》的征文中表示：“我将尽绵薄之力，通过促进国民的友好往来，加深两国经济、文化、艺术、体育、旅游交流等，以此强固日中友好纽带。”

17日，中国驻日本大使孔铉佑向中之濑幸等部分获奖者颁发奖状。孔铉佑表示，中日地理相近、文化相通，有深厚历史渊源。同时两国在民族风俗、价值取向等方面也存在很多差异。多样性是世界活力的源泉，应该成为交流的动力而不是壁垒。今年是中日邦交正常化50周年，希望获奖者进一步加深同中国的交流，传播中日互为合作伙伴、同为命运共同体的理念，投身中日友好特别是青少年交流，为两国关系贡献智慧和力量。

据主办方介绍，本次征文比赛共征得稿件200余篇，投稿人涵盖日本社会各界人士，比赛还评出一等奖4人、二等奖10人、三等奖25人。获奖作品已辑集出版，并于今年11月在日本全国上市。

（责编：艾雯、杨牧）

2022年 11月29日(火)

中国网 Japanese.CHINA.ORG.CN

第5回「忘れられない中国滞在エピソード」の受賞作が発表

タグ：中国大使賞　価値観　文化　受賞作

発信時間：2022-11-29 11:57:35 | チャイナネット | 編集者にメールを送る

中日国交正常化50周年を記念すべく日本僑報社が主催し、中国駐日本大使館などが支持する作文コンクール、第5回「忘れられない中国滞在エピソード」の受賞作がこのほど発表された。日本の高校生の中ノ瀬幸氏が「中国大使賞」を受賞した。元国土交通大臣、衆議院議員の赤羽一嘉氏、俳優の関口知宏氏と矢野浩二氏が「特別賞」を受賞した。

中ノ瀬氏の受賞作は、親と家族の元を離れ周囲の中国人と共に上海で感染症と戦い成長したという貴重なエピソードだ。中ノ瀬氏は作文の中で、「私は中国の隣人の暖かさを実感した。見えない所で多くの中国の友人が私を応援してくれた」と記している。赤羽氏は「驚きの体験の連続であった中国滞在」の中で、「微力を尽くし、国民の友好往来の促進を通じ、両国の経済・文化・芸術・スポーツ・観光交流などを掘り下げることで、日中の友好の絆を強める」と記している。

中国の孔鉉佑駐日大使が17日、中ノ瀬氏ら受賞者に賞状を授与した。孔大使は、「中日は地理的に近く、文化が相通じ、深い歴史の源を持つ。同時に両国は民族、風習、価値観などの面で差がある。多様性は世界の活力の源泉で、壁ではなく交流の原動力になるべきだ。今年は中日国交正常化50周年だ。受賞者が中国との交流をさらに深め、中日は互いに協力パートナーとなり同じ運命共同体になるという理念を広め、中日友好、特に青少年交流に身を捧げ、両国関係に知恵と力で貢献することを願う」と述べた。

主催者側によると、今回の応募作品数は200作を超え、日本社会の各界から応募があった。コンクールの1等賞は4人、2等賞は10人、3等賞は25人。受賞作はすでに編集され、11月に日本全国で発売された。

新華社新媒体 2022年11月18日

AI合成主播丨日本第五届“难忘的旅华故事”征文比赛颁奖仪式在东京举行

由日本侨报出版社主办的第五届“难忘的旅华故事”征文比赛颁奖仪式17日在中国驻日本大使馆举行。

本次比赛共收到来自日本全国各地的225份参赛作品，参赛者年龄从15岁至87岁不等。比赛评出最高奖“中国大使奖”1名、“特别奖”3名以及一、二、三等奖若干名。

编辑：李子怡

讀賣新聞
2022年 11月18日(金)

中国滞在記 中ノ瀬さん最優秀

日中関係の書籍を出版する「日本僑報社」（東京都豊島区）が主催し、日本人を対象に中国での経験や思い出などを集めた作文コンクール「第５回忘れられない中国滞在エピソード」（読売新聞社など後援）の受賞作品が決まった。

最優秀賞の中国大使賞には、中国上海市在住の高校３年、中ノ瀬幸さん(18)が、同市のロックダウン（都市封鎖）中に自宅マンションの隣人に支えられた経験をまとめた「私は隔離生活を通して成長しました」が選ばれた。

中ノ瀬さんは日本に一時帰国中で、17日に東京都港区の中国大使館を訪れ、孔鉉佑駐日大使から表彰を受けた。中ノ瀬さんは「中国の人々の親切さに助けられた」と受賞を喜んだ。今回は15～87歳の男女225人から応募があり、約４割が10～30歳代の若者だった。受賞作をまとめた「驚きの連続だった中国滞在」は書店などで発売中。

週刊 観光経済新聞
2022年12月19日

本だな

忘れられない中国滞在エピソード第5回受賞作品集 驚きの連続だった中国滞在

日本僑報社

日中の文化交流、人的交流、相互理解を促進するために日本僑報社2017年から毎年、留学・駐在経験者、旅行者など、現在、滞在している人も含めて、実際に中国に行ったことのあるすべての日本人を対象とした「忘れられない中国滞在エピソード」コンクールを実施している。

誰かに教えたくなるような現地でのとっておきのエピソード、学びと感動のストーリー、国境を超えた心のふれあい、驚くべき体験や新たな発見、心震わせる感動の物語、中国の奥深い魅力、不幸な歴史の記憶への共感など、中国滞在経験者以外にはあまり知られていない、日本人が見たありのままの中国の姿、真実の体験記録など、両国のウィンウィンの関係に寄与するポジティブエネルギーに満ちたオリジナリティーあふれる多くの作品が毎年寄せられている。

同書は2022年、日中国交正常化50周年を記念して開催された第5回「忘れられない中国滞在エピソード」コンクールの受賞作品集。

発行は日本僑報社。定価2500円（税別）。

讀賣新聞

7 コラム D・圏北 12Ｓ 2023年(令和5年)1月15日(日曜日)

日中で活躍する俳優

矢野《や》《の》浩二《こうじ》さん 52

撮影・武藤要

できることを続けるのみ

顔 *Sunday*

大阪府生まれ。俳優出身で前千葉県知事の森田健作氏の付き人を1992～2000年に務めた。日中の相互理解に貢献したとして、15年に外務大臣表彰を受賞した。

中国で俳優を始めて20年が過ぎた。愛称は「浩二哥（浩二お兄ちゃん）」。テレビや映画で活躍を続け、中国で最も有名な日本人と言われる。

無名の俳優だった2000年、中国の恋愛ドラマに日本人留学生役で出演することが決まった。言葉は分からなかったが、仕事仲間の中国人に支えられて役を演じ切り、翌年、俳優業を中国で本格的に始める。中国で演じる日本人俳優の「先駆者」を自任した。

ところが、依頼されるのは抗日ドラマの日本兵役ばかりだった。見知らぬ人から「鬼子」と呼ばれることもあった。残忍な日本兵を意味する蔑称《べっしょう》だ。日本では逆に、中国に迎合しているとの非難も受けた。心が折れそうになった。

ふと、「悪役でも日本人の良さを伝えられるのではないか」と考えた。監督を説得し、日本人らしい自然な所作やセリフを盛り込むと、視聴者からの好感度が上がった。ショートコントやゲームをするテレビのバラエティー番組で、レギュラー司会の座も得た。

中国の俳優仲間から「日中のパイプ役になって」と言われ、自分でもそうありたいと強く思う。日本での見聞を中国語で中国に、中国のことを日本語で日本に伝える。SNSのフォロワー数は合計で2000万を超える。昨年は、日中交流をつづる作文コンクール「忘れられない中国滞在エピソード」で入賞した。

日中間には政治的課題も多いが、「順其自然」を心がける。「なるようになる」の意だ。「自分はできることを続けるのみ」。互いの良さを伝え続けることが関係改善につながれば、と願っている。

（国際部　田村美穂）

（第5回「忘れられない中国滞在エピソード」受賞者の矢野浩二さんのインタビュー記事）

讀賣新聞 オンライン　　2023年3月7日(火)

「忘れられない中国滞在エピソード」５月から募集…訪中経験なくても応募できるテーマも

日中関係の書籍を多く出版する「日本僑報社」（東京都）が、日本人を対象に、旅行や留学などで中国滞在中に感じたことや魅力などをつづる作文コンクール「忘れられない中国滞在エピソード」（読売新聞社など後援）の作品を募集する。

今年は、日中平和友好条約締結から４５年となるのを記念し、中国を訪れたことがなくても応募できる特別テーマも設定した。「日中『次の４５年』への提言」と、東京・上野動物園で生まれ育ち、中国に返還されたジャイアントパンダ「シャンシャン」についてつづる「シャンシャン、ありがとう」の二つだ。

字数はいずれも、日本語で１９００～２０００字。応募はメールで45@duan.jpへ。受付期間は５月１～３１日。詳細は日本僑報社のホームページに掲載されている。段躍中編集長は「日中交流への思いやアイデアを寄せてほしい」と話している。

中国滞在エピソード作文募集

日中関係の書籍を多く出版する「日本僑報社」(東京都)が、日本人を対象に、旅行や留学などで中国滞在中に感じたことや魅力などをつづる作文コンクール「忘れられない中国滞在エピソード」(読売新聞社など後援)の作品を募集する。

今年は、日中平和友好条約締結から45年となるのを記念し、中国を訪れたことがなくても応募できる特別テーマも設定した。「日中『次の45年』への提言」と、東京・上野動物園で生まれ育ち、中国に返還されたジャイアントパンダ「シャンシャン」についてつづる「シャンシャン、ありがとう」の二つだ。字数はいずれも、日本語で1900～2000字。応募はメールで45@duan.jpへ。受付期間は５月１～31日。詳細は日本僑報社のホームページに掲載されている。段躍中編集長は「日中交流への思いやアイデアを寄せてほしい」と話している。

讀賣新聞
2023年3月8日

2023年4月1日　(毎月1、15の日、月2回発行)　日中友好新聞

追加テーマ発表

第6回 「忘れられない中国滞在エピソード」作文募集

日中関係の書籍を出版する日本僑報社が、今年の日中平和友好条約45周年を記念して第6回「忘れられない中国滞在エピソード」を開催します。コンクール詳細は2月1日号6面で既報。新たに、追加テーマが決まりましたのでお知らせします。

追加テーマは「シャンシャン、ありがとう」

日本僑報社は追加テーマについて次のように説明します。

2月21日、上野動物園のジャイアントパンダ「シャンシャン（香香）」が、22日には和歌山県のアドベンチャーワールドから「永明（エイメイ）」「桜浜（オウヒン）」「桃浜（トウヒン）」の3頭が、それぞれ中国へ返還されました。

1972年の日中国交正常化および「カンカン（康康）」「ランラン（蘭蘭）」の寄贈以来、パンダたちは両国の人びとから大切にされ可愛がられ、元気に成長して私たちに楽しい思い出を残してくれました。

2023年は日中平和友好条約締結45周年の節目の年であり、これを記念するとともに、日中の友好交流と相互理解の促進のため、新しい時代の中日関係構築に寄与することを願い、この度、特別テーマ「シャンシャン、ありがとう」を設ける運びとなりました。

シャンシャンへのメッセージ、パンダを通した日中友好の思い出など、日中両国の未来に希望を持てるような作文を期待しています。

日中文化交流　No.926　2023. 5. 1

第6回忘れられない中国滞在エピソード

中国に滞在した経験がある日本人が応募できる作文コンクール。日本僑報社（段躍中代表）主催。当協会後援。今回はさらに日中平和友好条約締結四十五周年を記念して、「シャンシャンありがとう」「日中『次の45年』への提言」という特別テーマも設定。同テーマには中国滞在経験の有無に関わらず全ての日本人が応募できる。本文は一，九〇〇字から二，〇〇〇字。受付期間は五月一日から三十一日。問合せは同社（〇三・五九五六・二八〇八）まで。

第2275号　2023年4月1日　日本と中国

【作文募集】当協会後援／日中平和友好条約締結45周年記念

第6回 忘れられない 中国滞在エピソード

特別テーマ「シャンシャン、ありがとう」

日中平和友好条約締結45周年を迎えることを記念して、日本僑報社が主催、中国大使館や当協会などが後援する第6回「忘れられない中国滞在エピソード」作文コンクールが開催される。誰かに教えたくなるような現地でのとっておきのエピソード、学びと感動のストーリーなどを記した、オリジナリティーあふれる作品を募集する。

また、特別テーマ「シャンシャン、ありがとう」と「日中『次の45年』への提言」が追加発表された。パンダを通した日中友好の思い出など、日中両国の未来に希望を持てるような作文が期待されている。特別テーマは中国滞在経験の有無にかかわらず、すべての日本人が応募できる。

■応募受付期間：5月1日（月）～31日（水）
■応募方法：①本文（日本語1900～2000字）②エントリーシート（ホームページよりダウンロード）を添付し、45@duan.jp宛に送付
■賞・特典：最優秀賞・中国大使賞（1名）……賞金10万円　ほか
■お問い合わせ：事務局張本（はりもと）宛
☎03-5956-2808
✉45@duan.jp

公明新聞　2023年3月10日

◆第6回「忘れられない中国滞在エピソード」募集

日本人が旅行や留学などで中国を訪れ、現地で経験したさまざまな触れ合いと、学びや感動のエピソードを募集。日本僑報社が主催。今回は中国に行ったことがない人も応募できる「シャンシャン、ありがとう」と「日中『次の45年』への提言」の二つの特別テーマも設定。文字数は1900～2000字で、応募期間は5月1～31日。応募方法など詳細はホームページ（http://duan.jp/cn）で確認を。

(5) No.923 2023. 2. 1 日中文化交流

日本僑報社から受賞作品集 二冊刊行さる

日本僑報社（段躍中代表）主催、当協会後援による「**第5回忘れられない中国滞在エピソード**」**受賞作品集**（計四十三編、本体二、五〇〇円）。同コンクールは、旅行、留学、駐在など、一度でも訪中経験のある日本人を対象にしたもので、二〇一七年から続いている。特別賞は前国土交通大臣の赤羽一嘉氏、俳優で旅人の関口知宏氏、俳優の矢野浩二氏が受賞した。

日本僑報社など主催、当協会後援による「**第18回中国人の日本語作文コンクール**」**受賞作品集**（計六十一編、本体二千円）。同コンクールは、中国の学校で日本語を学ぶ中国人学生を対象に二〇〇五年から開催され、既に延べ五万人を超える学生が応募している。

問合せは、日本僑報社（電話〇三・五九五六・二八〇八）まで。

「涙なしには読めない」と感動の声—第5回「忘れられない中国滞在エピソード」コンクール表彰式

11月26日午後、日本僑報社主催、駐日中国大使館、読売新聞社、日中友好7団体、中国日本商会など後援の第5回「忘れられない中国滞在エピソード」コンクールの表彰式がオンラインで開催された。

写真拡大 (全5枚)

表彰式に先立つ17日、中国大使館で孔鉉佑大使が中国大使賞の中ノ瀬幸さんら受賞者代表と会見し、孔大使から受賞者に賞状が授与された。この会見は17日に中国大使館HPにて記事が掲載された他、翌日には読売新聞および人民日報、19日には新華社でも報道された。

ライブドアニュース、レコードチャイナ 2022年11月29日

2023年2月15日 第2396号 国際貿易

近着の 図書紹介

■『驚きの連続だった中国滞在』（2500円＋税）

■『日中「次の50年」』（2000円＋税）

ともに段躍中編、日本僑報社発行の作文コンクール受賞作品集で、当協会が後援している。『驚き～』は第5回忘れられない中国滞在エピソード、10代から80代まで225本の応募があった。3等賞以上の43本と俳優の関口知宏さん、矢野浩二さんなどの寄稿3本を収録。最優秀賞は高校生の中ノ瀬幸さんで、上海での隔離生活について言及。柔道や二胡を通じた交流、中国での入院生活に関する作文などが収録されている。

『日中～』は第18回中国人の日本語作文コンクール、3362本の応募があり、3等賞以上の61作品を収録している。最優秀賞は西北大学の李月さん。おにぎりを作った時の体験から中日関係はおにぎりのようなもので、そのお米の一粒であると同時に握る両手だと感じたと語る。日本人に対して良い印象を持っていない祖母に日本製製品（炊飯器）を送り、日本への親近感を高めた話しなどがある。

（亜娥歩）

ホームページ　大使館メッセージ　中国フォーカス　中日エクスプレス　中国ボイス　中国エクスプローラー

トップページ ＞ 大使館メッセージ

孔鉉佑大使、第4回「忘れられない中国滞在エピソード」コンテストの受賞者代表と会見

2021-11-23 09:00

１１月２２日、孔鉉佑大使は第４回「忘れられない中国滞在エピソード」コンテストの特別賞受賞者・落語家の林家三平氏、大使賞受賞者・会社員の田中伸幸氏らと会見した。大使館の張梅参事官、日本僑報社の段躍中編集長、張本景子社長らが同席した。

孔氏は、コンテストの受賞者に祝賀を表し、日本僑報社と受賞者が中日市民の相互理解、両国の民間交流のために努力してきたことを称え、引き続き中日友好に尽力し、両国の利益が溶け合い、民心が打ち解けるようにしてほしいと述べた。また中日関係発展の歩みを説明し、次のように指摘した。両国関係は幾多の困難を経てやっと今日の発展が実現した。来年は中日国交正常化５０周年であり、双方はこれを契機に、一段と交流を拡大し、友誼を増進し、小異を残して大同につき、中日関係の長きにわたる健全で安定的な発展を図るべきだ。より多くの日本の友人が感染症の終息後に中国を見て回り、実際の中国をさらに理解し、全面的・客観的な「中国観」を形成することを喜んで受け入れる。

日本側は自身の中国公演や交流などの経験を話し、次のように語った。実際に訪れ交流を通じて、まったく違う中国を知り、中国に対する印象がまったく変わった。日中は地理的に近く、文化が相通じており、たえず交流を強め、理解を増進するべきだ。今後引き続き身をもって、日中友好事業のため努力したい。

第４回「忘れられない中国滞在エピソード」コンテストは日本僑報社の主催で、駐日中国大使館、日中友好７団体などが後援している。募集対象は中国滞在経験のあるすべての日本人で、今回は計２１０本の作品が寄せられ、応募者は日本社会の各界をカバーしている。受賞作はすでに一冊の本に編集され、日本僑報社により刊行・発売された。

中華人民共和国駐日本国大使館HP（日本語）　2021年11月23日

中華人民共和国
駐日本国
大使館

… フォロー中

中華人民共和国駐日本国大使館
@ChnEmbassy_jp フォローされています
China government organization

中華人民共和国駐日本国大使館の公式Twitterです。中日関係、国民交流、また中国経済・文化・社会及び大使館行事などを皆様にご紹介させていただきます。大使館HPはこちらへchina-embassy.or.jp/jpn/

日本 china-embassy.or.jp/jpn/
2014年4月からTwitterを利用しています

766 フォロー中 8.7万 フォロワー

中華人民共和国駐日本国大使館さんがリツイート

孔鉉佑 @AmbKongXuanyou · 13時間
「忘れられない中国滞在エピソード」中国大使賞、特別賞の受賞者、田中伸幸様と林家三平様@3pei_hayashiyaを迎えました。心温まるいい話、ありがとうございました。そして、ご受賞おめでとうございます！

孔鉉佑大使Twitter 2022年11月22日
（画像は中華人民共和国駐日本国大使館によるリツイート）

讀賣新聞 オンライン
2021年10月4日

ニュース > 国際

「忘れられない中国滞在エピソード」、赴任の思い出つづった会社員が最優秀賞に

2021/10/04 23:31

この記事をスクラップする

日中関係の書籍を出版する「日本僑報社」（東京都豊島区）が主催する「第４回忘れられない中国滞在エピソード」（読売新聞社など後援）の受賞作品が決まった。最優秀賞の中国大使賞には、三重県四日市市、会社員田中伸幸さん（４４）が浙江省杭州に駐在中の思い出をつづった「中国生活を支えた仲間」が選ばれた。特別賞は落語家の林家三平さんが受賞した。応募総数は約２１０点だった。

田中さんは作品で、慣れない環境に不安を抱えていた赴任当初、日本語を学びたい中国人が集う交流会に友人を作ろうと思い切って飛び込んだ経験を「大きな転機だった」と振り返った。

日本語の会話の練習相手になるだけでなく、中国人参加者から文化や考え方を学んで交流を深め、帰国から２年以上過ぎた現在も、オンラインで交流を続けているという。田中さんは「中国に滞在した思い出を記念に残そうと応募した」と話し、「当時の仲間たちにも受賞を伝えたい」と喜んだ。

２０２２年は日中国交正常化５０年の節目を迎えることから「貢献賞」を新設し、６点が選ばれた。受賞作を収めた作品集は１１月上旬に日本僑報社から刊行される。

中国網 Japanese.CHINA.ORG.CN

中日両国>

japanese.china.org.cn |07. 10. 2021

第4回「忘れられない中国滞在エピソード」コンクール受賞者発表

タグ：中国滞在

このほど日本僑報社が主催し、在日本中国大使館などが後援する第4回「忘れられない中国滞在エピソード」コンクールの受賞者が発表された。会社員の田中伸幸さんの「中国生活を支えた仲間」が最優秀賞（中国大使賞）に、落語家の林家三平さんの「日中文化のキャッチボールを絶やさないように」が特別賞に選ばれた。

日本企業で働く会社員の田中さんは受賞作の中で、杭州市に駐在している間、周囲の中国人の心のこもったサポートを受けて現地の生活に溶け込んでいった心温まる物語を伝えた。作品の中で、「中国滞在時は多くの仲間達と充実した時を過ごしていた。……私の自慢は、中国在住時から帰国した後の今でも素晴らしい日中友好交流を実施していることとたくさんの中国の仲間がいることだ」と感慨深く振り返っている。落語家の林家さんは受賞作の中で、「私は若い頃から幾度となく中国を訪れて人々の温かさを感じているので……昔から脈々と続いている文化のキャッチボールを絶やさないことが、今後の日中関係をいい方向にもってゆくために重要なことだと思います」と述べた。

このほか、大学生の服部大芽さんの「例えたどたどしくても、それはほんわか温かい」、公務員の西村栄樹さんの「本当の宝物」、高校生の林鈴果さんの「我愛中国！」、中国在住の日本語教師である久川充雄さんの「愉快な中国人」の4作品が一等賞に選ばれた。主催者によると、今年も例年に引き続き、上位受賞作品を1冊にまとめた受賞作品集を刊行し、11月に日本で発売するという。（編集KS）

「人民網日本語版」2021年10月7日

チャイナネット 2021年10月7日

www.news.cn
新华网
NEWS
www.xinhuanet.com

2021年12月2日

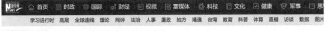

2021
12/02
21:15:48
来源：新华网

第四届“难忘的旅华故事”征文大赛颁奖典礼在线举行

字体： 小 中 大 分享到：

新华网东京12月2日电（记者郭丹）近日，由日本侨报出版社主办的第四届“难忘的旅华故事”征文比赛颁奖典礼在线上举行。

日本著名落语家（日式单口相声名家）林家三平撰写的《继续传承日中文化交流》获得中国驻日本大使颁发的“特别奖”，日企驻华员工田中伸幸撰写的《支持我中国生活的小伙伴们》获得“中国大使奖”。

中国驻日本大使孔铉佑此前会见了两位获奖者，并在颁奖仪式当天发来贺词。孔铉佑积极评价日本侨报社及获奖者为加深中日民众相互理解、促进两国民间交流所作努力，鼓励其继续致力于中日友好，推动两国利益相融、民心相亲。孔铉佑表示，2022年是中日邦交正常化50周年，希望此次参赛选手的获奖作品集能给更多的日本人一个观察中国的新视角，成为日本民众与中国及中国人接触的契机，成为参与中日友好的原点。

11月22日，中国驻日大使孔铉佑（中）、中国驻日大使馆新闻和公共外交处参赞张梅（右二）在使馆会见"难忘的旅华故事"主办方日本侨报社总编段跃中（右一）、社长张本景子（左一）及获奖者等人。（图片来源：中国驻日大使馆官方网页）

林家三平在颁奖仪式上表示，他曾多次访问中国，真切感受到中国人的温暖。田中伸幸回忆了他在驻华期间因为生病受到许多中国小伙伴照顾的真实经历，他表示，返日后仍与许多中国小伙伴保持联系，中国朋友越来越多。

日本《读卖新闻》东京总社编辑局国际部副主任柳泽亨之出席了颁奖仪式。他表示，此次作文比赛让他看到了日中民间交流之中无数的感人场面，未来他将做更多有助于日中交流的报道。

前日本驻重庆总领事、日中协会理事长濑野清水也出席了颁奖仪式。他介绍说，虽然目前受疫情影响，很难前往中国，但是还有日本侨报社每周日举办的“汉语角”等在线交流活动。他希望日本民众能利用身边的机会，加深与中国民众的民间交流和相互理解。

第四届“难忘的旅华故事”征文比赛由日本侨报社主办，中国驻日本大使馆、日中友好七团体等担任协办单位。征文对象为有旅华经历的日本人，此次共征得稿件210篇，投稿人涵盖公务员、公司职员、学生、教师等日本社会各界人士。目前获奖文章已编辑成书，由日本侨报社在日本出版发行。

【纠错】【责任编辑:刘钟炅 李雪梅】

人民日报 2021年10月6日 星期三 3 要闻

多国政要和国际组织负责人祝贺中华人民共和国成立72周年

为地区经济发展繁荣夯基垒台

“祖国的发展让海外中企更加行稳致远”

——海外共建一带一路项目建设者心系祖国、坚守岗位

“让数字文明造福各国人民”

“为我们提供了学习实践的重要平台”

第四届“难忘的旅华故事”征文比赛结果揭晓

人民日报

2021年10月6日

第四届“难忘的旅华故事”征文比赛结果揭晓

《人民日报》（2021年10月06日 第03版）

本报东京10月5日电 （记者岳林炜）日前，由日本侨报社主办、中国驻日本大使馆等担任支持单位的日本第四届“难忘的旅华故事”征文大赛评选结果揭晓。田中伸幸撰写的《支持我中国生活的小伙伴们》获得“中国大使奖”，林家三平撰写的《继续传承日中文化交流》获得“特别奖”。

田中伸幸在一家日本企业工作。他的获奖作品回顾了他赴杭州工作期间，在周围中国人的热心帮助下融入当地生活的温暖故事。他在文中感慨：“在中国，我和很多小伙伴度过了充实的时光。我引以为傲的是，我的中国朋友越来越多。”日本相声演员林家三平在获奖作品中写道：“我从年轻时开始就多次访问中国，感受到了中国人的温暖。我认为，从古至今一脉相承的日中文化交流要不断地传承下去，这对于今后日中关系向更好的方向发展非常重要。”

另外，日本大学生服部大芽的《在中国感受到的温暖》、公务员西村荣树的《真正的宝物》、高中生林铃果的《我爱你，中国！》、在华日语教师久川充雄的《愉快的中国人》等4部作品获得一等奖。据主办方介绍，本次征文比赛的获奖作品将和往年一样辑集出版，并于今年11月在日本全国上市。

首页　使馆快讯　聚焦中国　中日动态　倾听中国　探索中国

首页 > 滚动新闻

驻日本大使孔铉佑向第三届"难忘的旅华故事"征文比赛线上颁奖仪式发送书面致辞

2020/12/02

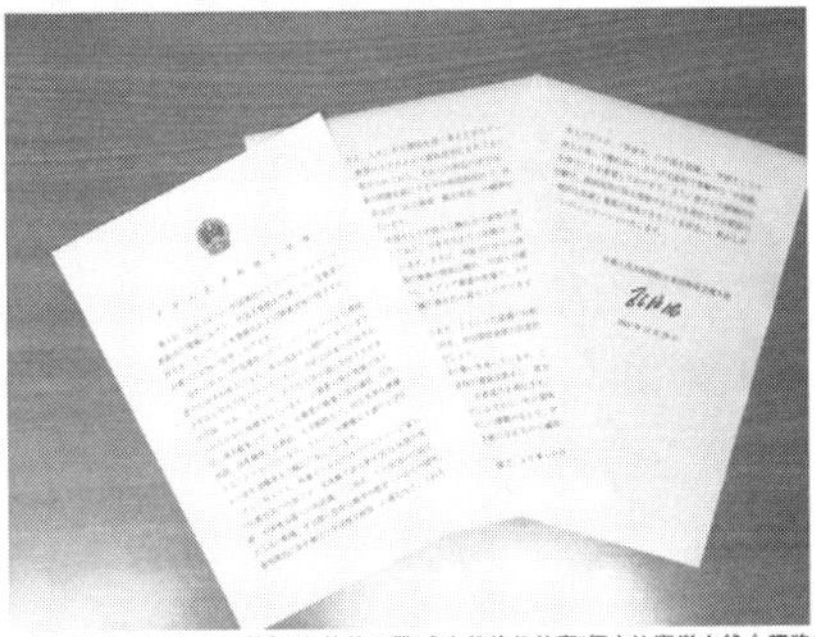

11月29日，由日本侨报社主办、中国驻日本大使馆任后援单位的第三届"难忘的旅华故事"征文比赛举办线上颁奖仪式，驻日本大使孔铉佑向仪式发送书面致辞。

孔大使祝贺比赛成功举办并表示，在各方不懈努力下，"难忘的旅华故事"征文比赛连年取得新发展。今年共有居住在中国、日本、法国、智利等四个国家的日本朋友投稿参赛，参赛者居住范围之广创历届之最。参赛作品主题涵盖新中国71年来的发展历程、阅读《三国志》获得的人生转机、对中国制造的重新认识、对中日间悲惨战争历史的独立探究以及对中国基层扶贫干部的崇敬等，不少参赛作品围绕抗击新冠肺炎疫情，生动描绘了中日民众面对共同挑战展现出的"一衣带水、同舟共济"、"山川异域、风月同天"的宝贵精神。

孔大使表示，许多参赛者在作品中谈到了与中国和中国人接触前后对华情感的转变，异口同声地发出了"百闻不如一见"的感慨。大家正是通过亲身体验，第一次直接触摸到中国强劲的发展脉搏，真切感受到中国人的亲切随和，从而打破了受媒体报道影响而形成的脸谱化对华印象。

孔大使表示，国之交在于民相亲，对华认知的好转有助于两国国民情感的改善，也将有助于巩固中日关系发展的民意基础。当前中日关系保持改善发展势头。不久前，习近平主席与菅义伟首相首次进行通话，双方一致同意不断增进政治互信、深化互利合作，扩大人文交流、努力构建契合新时代要求的中日关系。新形势下，中日民间交流必将进一步蓬勃发展。

孔大使表示、希望更多日本朋友通过征文比赛，认识一个真实的中国，独立形成全面客观的"中国观"。期待大家积极行动起来，推动两国民众相互理解不断深化，实现中日关系持续改善发展。

"难忘的旅华故事"征文比赛由日本侨报社主办、中国驻日本大使馆、日中友好协会等担任后援单位。征文对象为所有有旅华经历的日本人，第三届比赛共征得稿件219篇，获奖文章已编辑成册，由日本侨报社在日本出版发行。

"特别奖"获得者、众议院议员海江田万里

"中国大使奖"获得者、公司职员池松俊哉

"特别奖"获得者、参议院议员矢仓克夫

中華人民共和国駐日本国大使館HP　2020年12月2日

第五届日本人讲述“难忘的中国故事”征文大赛评选结果揭晓

🔊播报文章

中国青年报
2022-09-21 19:36 | 中国青年报社
关注

中国青年报客户端东京9月21日电（中青报·中青网驻日本记者 贾沂蒙）为纪念中日邦交正常化50周年，由日本侨报出版社主办，中国驻日本大使馆、读卖新闻社等协办的第五届日本人讲述"难忘的中国故事"征文大赛，经过半年多的征稿和严格审查，于9月21日揭晓评选结果。高中生中之濑幸荣获最优秀奖"中国大使奖"；日本前国土交通大臣、众议院议员赤羽一嘉，演员关口知宏、矢野浩二分别荣获"特别奖"。

在上海留学的日本女高中生中之濑幸在获奖作品《我通过隔离生活成长了》中，讲述自己离开父母和家人，与身边中国人共同抗疫的经历。"我体验到了中国邻居的温暖，在看不见的地方，有很多中国朋友在支持自己，"中之濑幸说，"虽然因隔离期间的不自由而难过，但我看到了上海人新的一面"。评委之一的日本侨报出版社总编辑段跃中表示，中之濑幸通过自己在中国的真实体验，写出了令人感动的抗疫故事，传播了齐心抗疫的正能量，实在难能可贵。

曾任日本国土交通大臣的众议院议员赤羽一嘉的《惊喜不断的中国驻在生活》被授予"特别奖"。文中生动地记录了他年轻时作为三井物产公司职员派驻北京的故事。他在获奖作品中写道："我本人将尽绵薄之力，通过促进国民间友好往来，加深两国经济、文化、艺术、体育、旅游交流等，以此加强日中友好纽带。"

出演过日本广播协会（NHK)纪录片《关口知宏之中国铁道大纪行》的知名演员关口知宏在获奖作品《异乡有悟》中，讲述了他在中国铁路旅行时受到热烈欢迎的故事，并表示中国之行最大的收获是对自己和日本有了重新认识。

中国青年报
2022年9月21日

首页→国际新闻　　分享到：

第五届日本人讲述“难忘的旅华故事”征文大赛结果揭晓

A+ 大字体　A- 小字体

中新网东京9月22日电 (记者 朱晨曦)为纪念中日邦交正常化50周年，由日本侨报出版社主办，中国驻日本大使馆等担任支持单位的第五届日本人讲述"难忘的旅华故事"征文大赛评选结果21日揭晓。

高中生中之濑幸获比赛最高奖项"中国大使奖"，日本前国土交通大臣、众议院议员赤羽一嘉，演员关口知宏、矢野浩二分别获"特别奖"。此外还评出一等奖4人、二等奖10人、三等奖25人。

在上海留学的日本女高中生中之濑幸在获奖作品《我通过隔离生活成长了》一文，讲述她离开父母和家人，与身边的中国人共同抗疫的故事。"我体验到了中国邻居的温暖，在看不见的地方，有很多中国朋友在支持自己。"中之濑幸说。评委之一的日本侨报出版社总编辑段跃中指出，一个外国人通过自己在中国的真实体验，写出了令人感动的抗疫故事，传播了齐心抗疫的正能量，实在是难能可贵。

曾任日本国土交通大臣的众议院议员赤羽一嘉在获奖作品《惊喜不断的旅华生活》中生动地记录了他年轻时作为三井物产公司职员派驻北京的故事。"我本人将尽绵薄之力，通过促进国民的友好往来，加深两国经济、文化、艺术、体育、旅游交流等，以此强固日中友好纽带。"他在获奖作品的最后表示。

出演过日本广播协会(NHK)纪录片《关口知宏之中国铁道大纪行》的知名演员关口知宏在获奖作品《异乡有悟》中，讲述了他在中国进行铁路旅行时受到热烈欢迎的故事。

活跃在中日两国的演员矢野浩二在获奖作品《推动日中两国市民彼此更亲近》中，讲述了他20多年中国演艺活动中的趣闻、友情和感动，他表示要为日中两国的交流做出更大贡献。

据主办方介绍，本次征文大赛来稿数量比去年增加一成以上，投稿人涵盖公务员、医生、学生、教师、围棋棋手等日本社会各界人士。获奖作品将在今年10月由主办方日本侨报出版社以《惊喜不断的旅华生活》为名结集出版。(完)

【编辑:孔庆玲】

中国新闻网 中新网
WWW.CHINANEWS.COM
2022年9月22日

讀賣新聞 2021年10月5日

中国滞在記 田中さん最優秀賞

日中関係の書籍を出版する「日本僑報社」（東京都豊島区）が主催する「第４回忘れられない中国滞在エピソード」（読売新聞社など後援）の受賞作品が決まった。最優秀賞の中国大使賞には、三重県四日市市、会社員田中伸幸さん（44）が浙江省杭州に駐在中の思い出をつづった「中国生活を支えた仲間」が選ばれた。特別賞は落語家の林家三平さんが受賞した。応募総数は約210点だった。

讀賣新聞 2022年(令和4年) 2月2日 水曜日

新聞東京本社 〒100-8055 東京都千代田区大手町1-7-1 電話(03)3242-1

中国滞在エピソード作文募集

東京都内の出版社「日本僑報社」が日本人を対象に、中国滞在中の思い出などをつづる作文コンクール「忘れられない中国滞在エピソード」（読売新聞社など後援）の作品を募集する。応募期間は５月９～20日。日本語で1900～2000字にまとめる。メールで50@duan.jpに送る。募集要領の詳細は同社ウェブサイトに記されている。

日中国交正常化から50年の今年は、滞在経験がなくても応募できるテーマ「日中国交正常化50周年を思う」、「次の50年・日中交流への提言」も設けた。段躍中編集長は「今後50年の両国関係を考えるきっかけになれば」と語る。

毎日新聞 2022年1月12日

■忘れられない中国滞在エピソード

日本僑報社が主催する第４回「忘れられない中国滞在エピソード」の最優秀賞（中国大使賞）に会社員、田中伸幸さんの「中国生活を支えた仲間」が輝いた。特別賞は落語家、林家三平さんの「日中文化のキャッチボールを絶やさないように」。中国への旅行、留学生活のエピソードなどをつづった作品を募集し今回は210点が寄せられた。受賞作を収めた「中国生活を支えた仲間」＝写真＝を販売している。2750円。

公募ガイド 2022年4月8日

文芸 / アート / 写真・動

\ 第5回 /

体験記・作文ほか 「忘れられない中国滞在エピソード」募集

副賞 10万円　前回 208編　原稿 1900〜2000字　2022 5/20

近くて近い国！中国とわたしのイイ話

今年は日中国交正常化50周年。お隣なのに、知らないことも多い。そこで、あなたが知る中国を伝えよう。滞在経験者はもちろん、中国に行ったことがない人の思いや提言もOK。「今後の日中関係を考えるヒントとなる作品に」と、代表の段躍中さん。(三)

応募要項

●内容／中国滞在エピソードを募集。テーマは①中国生活を支えた仲間、②中国産の現場を訪ねて、③中国で叶えた幸せ、④心と心つないだ餃子、⑤私を変えた北京の夏、⑥生きる希望と光を与える三国志、⑦私の初めての中国、⑧日中国交正常化50周年を思う、⑨次の50年・日中交流への提言。 ●規定／メールで応募。本文はA4判Word形式で1900〜2000字。横書き。A4判別紙に、氏名(ふりがな)、生年月日、年齢、性別、〒住所、職業、メールアドレス、TEL、微信ID(あれば)、作品タイトル、本賞への応募歴、略歴(200字程度)を明記して添付。件名は「(応募者名)＋第5回応募」。エントリーシートをWEBから入手も可。応募数自由。 ●資格／現在滞在中も含め、中国に行ったことのある日本人(⑧⑨はすべての日本人可) ●賞／最優秀賞・中国大使賞1編＝10万円、ほか ●応募期間／5月9日〜20日 ●発表／10月下旬予定

応募先 50@duan.jp　問合せ 03-5956-2808　FAX 03-5956-2809　(同応募先)　http://duan.jp/cn/2022.htm　主催：日本僑報社

登竜門
日本最大級のコンテスト情報サイト
2022年2月25日

登竜門とは　ニュース　特集　結果発表　メルマガ登録

2022.2.25掲載

あと84日

第5回 忘れられない中国滞在エピソード

Googleカレンダーに追加

● 文芸・コピー・論文

締切

2022年05月20日（金）
作品提出・応募締切、必着

賞

●最優秀賞・中国大使賞（1名）　賞金10万円
●1等賞（4名）　3万円相当の書籍
●2等賞（10名）　2万円相当の書籍
●3等賞（25名）　1万円相当の書籍
●団体賞（10作品以上応募した大学・企業等を対象に授与）

Record China
2022年2月10日

Record China　重要ニュース　最新　カテゴリー　オリジナル記事

TOP ＞ 社会

中国での「とっておきのエピソード」はありませんか？ 第5回「忘れられない中国滞在エピソード」大募集！

日本僑報社　2022年2月10日(木) 17時0分

2022年は日中国交正常化50周年の節目の年です。これを記念して日本僑報社主催、駐日中国大使館・読売新聞社など後援の第5回「忘れられない中国滞在エピソード」コンクールを開催します。

2022年は日中国交正常化50周年の節目の年です。これを記念して日本僑報社主催、駐日中国大使館・読売新聞社など後援の第5回「忘れられない中国滞在エピソード」コンクールを開催します。

【その他の写真】

誰かに教えたくなるような現地でのとっておきのエピソード、学びと感動のストーリー、国境を超えた心のふれあい、驚くべき体験や新たな発見、心震わせる感動の物語、中国の奥深い魅力、不幸な歴史の記憶への共感といった貴重な記録の数々…中国滞在経験者以外あまり知られていない、日本人が見たありのままの中国の姿、真実の体験記録など、両国のウインウインの関係に寄与するポジティブエネルギーに満ちたオリジナリティーあふれる作品を、是非お寄せ下さい。

R 世界に通用する18歳 立命館慶祥中学校・高等学校 NEWS

2021年10月1日

「忘れられない中国滞在エピソード」一等賞！

本校生徒の林鈴果さんが、「第４回忘れられない中国滞在エピソード」（日本僑報社主催、駐日中国大使館・読売新聞社など後援）で一等賞を受賞しました。林さんには３万円相当の書籍が贈られ、受賞作品を１冊にまとめた受賞作品集が刊行される予定です。

「忘れられない中国滞在エピソード」は、留学・駐在経験者、旅行者など、現在滞在している人も含めて、実際に中国に行ったことのある全ての日本人を対象にしたコンクールです。日中国交正常化49周年の9月29日に第４回の受賞者が発表され、落語家の林家三平氏が特別賞を受賞しました。

三重県出身の林さんは、両親の海外赴任に伴ってタイと中国に居住、深圳日本人学校中学部を卒業して昨年本校に入学しました。

週刊 観光経済新聞

2021年12月6日

本だな

中国生活を支えた仲間「忘れられない中国滞在エピソード」第４回受賞作品集

林家三平、田中伸幸など47人共著、段躍中編

日本僑報社は、日中の相互理解、文化・人的交流を促進するため２０１７年から毎年、実際に中国に行ったことのある日本人を対象として「忘れられない中国滞在エピソード」コンクールを開催している。２０２１年に開催された第4回の同コンクールの作品集。

今回のコンクールでは、北海道から九州まで25都道府県にわたる日本各地と中国各地から約２１０本の応募があった。年代別では40代以下を中心に、最年少は14歳、最年長は85歳と幅広い世代にわたる。最優秀賞となる中国大使賞（1人）、特別賞（1人）、1等賞（4人）、2等賞（10人）、3等賞（25人）、貢献賞（6人）が選ばれた。

日本僑報社の段躍中氏はあとがきでこう語る。「経験者以外にはあまり知られていない、日本人が見たありのままの中国の姿が綴《つづ》られており、真実の体験記録です。そこには中国滞在中の国境を超えた心のふれあいや中国の奥深い魅力、そして不幸な歴史の記憶への共感などがつぶさに記されています。この貴重な記録の数々を、より多くの方々、特に若い世代の皆さんに伝えたい」。

発行は日本僑報社。定価は本体２５００円（税別）。

日中文化交流

2022年5月1日

◎第５回忘れられない中国滞在エピソード

日本僑報社（段躍中代表）が主催する日本人を対象とした作文コンクール「第５回忘れられない中国滞在エピソード」では、５月９日から20日まで、「日中国交正常化50周年を思う」「誰かに教えたくなるような中国でのエピソード」などを募集する。字数は１９００字から２０００字。

応募方法は、日本僑報社のＨＰ（http://duan.jp/cn/2022.htm）から確認できる。

返回目录 放大 缩小 全文复制 上一篇 下一篇

《探访中国制造现场》在日本出版

《人民日报海外版》（2020年11月12日 第07版）

人民日報

2020年11月12日

本报电 （段跃中）《探访中国制造现场——第三届"难忘的旅华故事"获奖作品集》近日由日本侨报出版社出版。

征文以所有实际去过中国的日本人为对象，包括有留学及驻在经历的人、旅行者和现在在中国的日本人，收到的219部参赛作品出自居住在中国、日本、法国、智利等四国的日本朋友。

获奖作品集收录了荣获特别奖的众议院议员海江田万里、参议院议员矢仓克夫和荣获中国大使奖的池松俊哉的《百闻不如一见》等82篇获奖作品，书中记载了他们真实的中国体验、超越国境的心灵接触、中国深邃的魅力、对不幸历史记忆的共鸣以及中日相互帮助、携手战胜新冠肺炎疫情的感人记录。

中国驻日本大使孔铉佑寄语祝贺并表示，本次比赛投稿作品内容丰富，许多人在作品里写道，在真正接触到中国，实际和中国人打交道后，自己的对华感情发生了好转，大家异口同声地感叹道"百闻不如一见"。希望更多日本朋友通过本书认识一个真实、完整的中国，积极主动接触了解中国和中国人，形成全面客观的"中国观"。

人民网
people.cn

日本語版
2021年10月6日

第4回「忘れられない中国滞在エピソード」コンクール受賞者発表

人民網日本語版　2021年10月06日15:59

このほど日本僑報社が主催し、在日本中国大使館などが後援する第4回「忘れられない中国滞在エピソード」コンクールの受賞者が発表された。会社員の田中伸幸さんの「中国生活を支えた仲間」が最優秀賞（中国大使賞）に、落語家の林家三平さんの「日中文化のキャッチボールを絶やさないように」が特別賞に選ばれた。

日本企業で働く会社員の田中さんは受賞作の中で、杭州市に駐在している間、周囲の中国人の心のこもったサポートを受けて現地の生活に溶け込んでいった心温まる物語を伝えた。作品の中で、「中国滞在時は多くの仲間達と充実した時を過ごしていた。……私の自慢は、中国在住時から帰国した後の今でも素晴らしい日中友好交流を実施していることとたくさんの中国の仲間がいることだ」と感慨深く振り返っている。落語家の林家さんは受賞作の中で、「私は若い頃から幾度となく中国を訪れて人々の温かさを感じているので……昔から脈々と続いている文化のキャッチボールを絶やさないことが、今後の日中関係をいい方向にもってゆくために重要なことだと思います」と述べた。

このほか、大学生の服部大芽さんの「例えたどたどしくても、それはほんわか温かい」、公務員の西村栄樹さんの「本当の宝物」、高校生の林鈴果さんの「我愛中国！」、中国在住の日本語教師である久川充雄さんの「愉快な中国人」の4作品が一等賞に選ばれた。主催者によると、今年も例年に引き続き、上位受賞作品を1冊にまとめた受賞作品集を刊行し、11月に日本で発売するという。（編集KS）

中华人民共和国驻日本国大使馆

首页　使馆快讯　聚焦中国　中日动态　倾听中国　探索中国

大使专栏　使馆介绍

驻日本大使孔铉佑会见第四届“难忘的旅...

使馆快讯
驻日本大使孔铉佑会见第四届“难忘的旅华故事”征文比赛获奖者代表（2021-11-22）NEW
孔铉佑大使出席中国女排在日本大阪首夺世界冠军40周年纪念活动并致辞（2021-11-16）
驻日本大使孔铉佑会见全日空社长

驻日本大使孔铉佑会见第四届“难忘的旅华故事”征文比赛获奖者代表

2021-11-22 17:17

11月22日，驻日本大使孔铉佑会见第四届“难忘的旅华故事”征文比赛特别奖获得者、落语家林家三平,大使奖获得者、会社职员田中伸幸等。我馆张梅参赞，日本侨报社总编段跃中、社长张本景子等在座。

孔大使对征文比赛获奖者表示祝贺，积极评价日本侨报社及获奖者为加深中日民众相互理解、促进两国民间交流所作努力，鼓励其继续致力于中日友好，推动两国利益相融、民心相亲。孔大使介绍中日关系发展历程，指出两国关系历经风雨才得以实现今天的发展。明年是中日邦交正常化50周年，双方应以此为契机，进一步扩大交流、增进友谊，求大同、存小异，推动中日关系长期健康稳定发展。欢迎更多日本朋友疫情平息后到中国走一走，看一看，进一步了解真实的中国，形成全面客观的“中国观”。

日方谈及自身赴华演出和交流等经历，表示通过实地走访和交流，认识了一个完全不一样的中国，完全改变了对中国的印象。日中地理相近、文化相通，应不断加强交流，增进理解。今后愿继续身体力行，为日中友好事业作出努力。

第四届“难忘的旅华故事”征文比赛由日本侨报社主办，中国驻日本使馆、日中友好七团体等担任后援单位。征文对象为所有有旅华经历的日本人，此次共征得稿件210篇，投稿人涵盖日本社会各界人士。获奖文章已编辑成书，由日本侨报社在日本出版发行。

中華人民共和国駐日本国大使館HP
（中国語）2021年11月22日

『中国を、あなたの言葉で語ろう』

日本僑報社主催・第5回「忘れられない中国滞在エピソード」募集要項

日中関係の書籍出版や、日本語作文コンクールなどを主催している日本僑報社が、第5回「忘れられない中国滞在エピソード」コンクールを開催します。

要項は次のとおり。

▽募集資格＝留学・駐在経験者、旅行者など実際に中国に行ったことのある日本人（現在滞在している人も含む）

▽テーマ＝「日中国交正常化50周年を思う」または「次の50年・日中交流への提言」

▽募集受付期間＝5月9日（月）～20日（金）

▽応募方法＝①本文（A4、Word形式、横書き、日本語2000文字まで②エントリーシートtaizai_entrysheet.doc（live.com）の①と②を添えてメールで送信

▽送り先＝Eメール 50@duan.jp メール件名は「（応募者氏名）と第5回応募」と明記

▽賞・特典＝最優秀賞・中国大使賞（1人）賞金10万円

1等賞（4人）3万円相当の書籍

2等賞（10人）2万円相当の書籍

3等賞（25人）1万円相当の書籍

団体賞（10作品以上応募した大学・企業などを対象に授与）

▽主催・問い合わせ＝日本僑報社「忘れられない中国滞在エピソード」事務局 張本☎03（5956）2808

2022年3月1日

2021年4月1日

2022年5月15日

日中友好新聞

私と中国 〈1066〉

「忘れられない中国滞在エピソード」で「中国大使賞」を受賞

田中 伸幸さん

日中相互理解促進に努力したい

3月27日に開催された第694回東京漢語角（中国語サロン）オンライン交流会の司会は、第4回「忘れられない中国滞在エピソード」の最優秀賞（中国大使賞）を受賞した会社員の田中伸幸さんが務めました。

昨年末、孔鉉佑大使は中国大使館で田中さんに大使賞の賞状を授与したほか、記念品も贈りました。さらに、コンクール主催者からは賞金10万円が贈られました。

孔大使は、田中さんに祝賀を表し、主催者と受賞者が中日市民の相互理解、両国の民間交流のために努力してきたことを称え、引き続き中日友好に尽力し、両国の利益が溶け合い、民心が打ち解けるようにしてほしいと述べました。

また、中日国交正常化50周年を契機に、中日双方が一段と交流を拡大し、友誼を増進し、中日関係の長きにわたる健全で安定的な発展を図るべきだ、と強調しました。

田中さんは受賞後、マスコミに「これからも日中相互理解促進に一層努力する」と、決意を述べました。本当に有言実行になっています。田中さんは中国杭州滞在中に参加していた日語角の仲間や日本在住の中国語学習者と共にオンライン日中交流会を設立し、言語交流を通じて日中友好を図っています。さらに東京漢語角のオンライン交流会にも司会者の一人として尽力し、毎回の充実したプログラムで参加者から高い評価を受けています。

田中さんは、1976年福岡生まれ、東京育ち。東京理科大学卒業後、大手電機メーカーに就職し、ソフトウェア開発に従事。長野県、三重県勤務を経て中国杭州に2年駐在。現在は三重県在住。2021年「中国生活を支えた仲間」をテーマに、第4回「忘れられない中国滞在エピソード」最優秀賞（中国大使賞）を受賞しました。（段躍中）

第4回「忘れられない中国滞在エピソード」大募集

最優秀賞・中国大使賞1名に賞金10万円も！

日本僑報社（段躍中代表）は2021年、中国に行ったことのある日本人を対象とした第4回「忘れられない中国滞在エピソード」作文コンクールを実施します。

募集要項は以下の通り。

1、テーマ

【今年の特別テーマ】

①コロナとの闘いから感じた日中の絆

②ポストコロナ時代の日中交流

【一般テーマ】

①「中国のここが好き、これが好き」

②私の初めての中国

③中国で叶えた幸せ

④観光、留学、ビジネス、文化交流などを通して感じた中国の魅力

⑤中国で人との出会い、文化・認識・価値観などの違いから気づいたこと

⑥中国のSNSやIT技術の進歩、イノベーションなどから見た中国

⑦不幸な歴史の記憶への共感

※テーマの選択は自由。複数応募も可能。

2、応募資格

留学・駐在経験者、旅行者など、実際に中国に行ったことのある日本人（現在滞在している人も含む）。

特別テーマは中国滞在経験の有無にかかわらず、すべての日本人が応募できます。

3、賞・特典

応募作の中から最優秀賞・中国大使賞1名（賞金10万円）、1等賞4名（3万円相当の書籍）、2等賞10名（2万円相当の書籍）、3等賞25名（1万円相当の書籍）、団体2賞（10作品以上応募した大学・企業などを対象に授与）

4、応募方法

（1）文字数＝本文・日本語1900字以上2000字以内。（タイトルは含まない）

※本文のほか、エントリーシート（http://duan.jp/cn/taizai_entrysheet.doc）からダウンロードし必要事項を記入、本文とエントリーシートを添付。メール件名に「応募者の氏名と第4回応募」と明記すること。

（2）送付先＝70@duan.jp

（3）受付期間＝5月10日（月）～5月20日（木）必着

▼問い合わせ

☎03（5956）2808、FAX03（5956）2809

E-mail＝40@duan.jp

URL＝http://duan.jp/cn/

担当＝張本

日中のポジティブな情報発信を続ける

段躍中

30年前の8月、初めて日本の土を踏んだ。当時33歳の私は「日本円ゼロ、日本語ゼロ、日本人脈ゼロ」であることから「3ゼロ青年」と言われた。

留学生時代の5年間は、多くの日本の皆さんに日本語を教えていただき、アルバイトも一生懸命した。博士課程在籍中の1996年に、日本のメディアにおける在日中国人のマイナスな報道が大変多いことを少しでも変えたく、同胞たちの活躍情報を発信するため、出版社「日本僑報社」を創設し、以来25年間、『在日中国人大全』など400点以上の書籍を刊行し、日中のポジティブな情報発信を続けている。

書籍出版のかたわら、中国人向けの日本語作文コンクール、日本人向けの「忘れられない中国滞在エピソード」を同時に主催している。日中友好の基礎は民間にあり、中国の日本ファン、日本の中国ファンを1人でも多く育てることができたらと考えているからだ。

中国人の日本語作文コンクールは今年で17回目、中国全土の大学や大学院、専門学校、高校など約500校から延べ約6万人の応募があり、たくさんの優れた作文が受賞した。特に最優秀賞受賞者の訪日の時、日中友好協会本部を表敬訪問させていただき、「日中友好新聞」にいつも大きく取り上げていただいたこと、この場を借りて深くお礼を申し上げたい。

「忘れられない中国滞在エピソード」は、今年で5回目。約9割の日本人が中国に対する親近感があまりない時勢に、実名で中国での感動を語ってくださる皆さんに感謝したい。特に多くの協会員が応募され、昨年は大阪と福岡在住の協会員2人が一等賞を受賞、素晴らしい作品が多くの読者から賞賛された。改めてお礼を申し上げたい。

中国に関する情報は依然マイナスなものが多く、日中友好をめざしている方、特に若い方は、もっと発信者として、SNSなどニューメディアを活用し、日中両国のポジティブな情報を積極的に発信してほしい。

そのような目標をめざして、2018年に日中ユースフォーラムを新たに創設し、日本語作文コンクールと「忘れられない中国滞在エピソード」コンクールで受賞した若者に主役になってもらい、それぞれの体験と提言を語ってもらっている。

昨年末に開催した第3回の成果として『ポストコロナ時代の若者交流』をタイトルに単行本の刊行もできた。日中両国の若者たちの知識に裏打ちされた意見は、これからの日中関係の改善と発展を促進するヒントを探り、両国に新たな活力とポジティブエネルギーを注ぎ込むものであり、若者ならではの視点による具体的かつ有意義なアイデアに満ちあふれている。日中交流正常化に向けた取り組みには、この本が参考になると信じている。

21世紀の日中交流に資することをめざして、より良い書籍、より実りあるイベント開催をこれからも頑張っていきたい。皆さん、よろしくお願い申し上げます。

（日本僑報社代表）

日中友好新聞　2021年10月15日

www.news.cn
新华网
NEWS
www.xinhuanet.com

专访：百闻不如一见——日本侨报社“第三届难忘的旅华故事”征文获奖者池松俊哉眼中的中国制造

2020-11-18 20:07:49　来源：新华网

关注新华网

微信

微博

新华社东京11月18日电 专访：百闻不如一见——日本侨报社“第三届难忘的旅华故事”征文获奖者池松俊哉眼中的中国制造

新华社记者郭丹

“中国工厂的高标准、高效率让我吃惊。中国人的友善、好客让我感动。”近日，在日本侨报社主办的“第三届难忘的旅华故事”征文比赛中荣获中国大使奖的日本青年池松俊哉这样讲述他的中国之旅感受。

今年32岁的池松俊哉，在日本著名的罗森便利连锁公司总部从事原料采购、调配及商品开发工作。2019年7月，因工作原因，池松被派往中国相关食品供应企业进行考察，开始了他首次中国之旅，这也为他参加“第三届难忘的旅华故事”征文活动创造了条

2020年11月18日

仙游今报　侨界

凝聚侨心　贡献侨智

市侨商联合会第二次会员代表大会召开

仙游人书法被刚果女王收藏

日本民众撰文讲述“难忘的旅华故事”

返回　上一篇　　放大+　缩小-　默认0　朗读

日本民众撰文讲述“难忘的旅华故事”

第三届“难忘的旅华故事”征文比赛近日公布评选结果。在日本一家企业工作的池松俊哉撰写的《百闻不如一见》获得“中国大使奖”。

池松俊哉讲述了2019年去中国考察食品工厂的见闻。“我在全国约有1.4万家店铺的连锁便利店总部、做着原料采购和商品开发的工作。现在，连锁便利店的供应离不开中国。例如，收银台旁边热柜里的炸鸡、配菜蒸鸡、鸡胸肉沙拉等，原料大多数都是中国产的。这不仅仅是因为其价格优势，还有高水平的品质管理和技术实力。”池松俊哉在文章开头写道。他亲眼见证了中国食品工厂的先进质量管理、高水平卫生标准以及中国人民的热情好客。文章最后写道：“百闻不如一见。只要去一次中国，你也会像我一样成为中国的粉丝。”

比赛还有5篇作品获一等奖，分别是星野信的《日中携手战胜新冠肺炎》、岩崎春香的《山川异域风月同天》、畠山修一的《和焦裕禄精神在一起》、田丸博治的《追寻战争真相之旅》和佐藤奈津美的《给予生活希望和光明的三国演义》。

人民网

仙游今報　2020年11月27日

毎日新聞　2020年6月3日

■「忘れられない中国滞在エピソード」募集中

日本僑報社は「忘れられない中国滞在エピソード」の原稿を募集している。一般テーマは「中国のここが好き」「中国で考えたこと」など。中国に行った経験のある日本人なら応募できる。３回目の今年は「中国で新型肺炎と闘った日本人たち」など特別テーマを設定。すべての日本人、中国人が応募できる。応募作のうち70点を作品集として刊行する予定。最優秀賞（中国大使賞）には賞金10万円を贈る。応募は原則メール（70@duan.jp）で６月15日必着。応募方法や過去の受賞作品などを専用サイト（http://www.duan.jp/cn/）で紹介している。

公明新聞　2021.4.23

◆第４回「忘れられない中国滞在エピソード」募集

応募資格は留学・駐在経験者、旅行者など、実際に中国に行ったことのある日本人（現在滞在している人も含む）。詳細はhttp://duan.jp/cn/2021.htmで参照を。文字数は1900～2000字で。応募期間は５月10～20日。入選発表は10月上旬の予定。作品はＥメールアドレス＝40@duan.jpに送信を。毎年受賞作品集を書籍として出版する。詳しい問い合わせは日本僑報社☎03・5956・2808へ。

讀賣新聞　2021年3月23日

中国滞在エピソード募集

日中関係の書籍を多く出版する「日本僑報社」（東京都）が、日本人を対象に、「忘れられない中国滞在エピソード」（読売新聞社など後援）を募集する。

中国旅行や留学生活などで気がついた魅力や、滞在中にかなえた幸せを、2000字以内でまとめる。新型コロナウイルスの流行を受け、中国を実際に訪れたことがなくても応募できる特別テーマ「コロナとの闘いから感じた日中の絆」「ポストコロナ時代の日中交流」も設けた。

応募はメールで40@duan.jpへ。受付期間は５月10～20日。詳細は同社ホームページで。編集長の段躍中氏は、「自分の言葉で中国を語り、相互理解を深めてほしい」と呼びかけている。

人民中国 PEOPLE'S CHINA　2021.1

「中国産の現場を訪ねて」
海江田万里など 著　段躍中 編集

同書は中国に行ったことのある全ての日本人を対象にした、日本僑報社が主催する第3回「忘れられない中国滞在エピソード」の受賞作品集だ。特別賞に輝いた海江田万里衆議院議員、矢倉克夫参議院議員の作品をはじめ、最優秀賞・中国大使賞を受賞した池松俊哉さんの「百聞は一見に如かず」など82編の受賞作を収録。そこには実際の中国での体験や国境を超えた心の触れ合い、中国の奥深い魅力、不幸な歴史の記憶への共感、そして中日が互いに助け合いながら新型コロナを乗り越えようとする感動的な物語がつぶさに記録されている。孔鉉佑駐日中国大使が同書の刊行に当たり、「この作品集の刊行で、より多くの日本の方々が、等身大の中国を認識し、全面的で客観的な中国観を持つことを希望しております」と特別メッセージを寄せている。（日本僑報社 2020年11月　2860円<税込み>）

中国滞在で得たこと

日中友好の進展をめざして出版する日本僑報社（東京）の作品集『中国産の現場を訪ねて／忘れられない中国滞在エピソード』に寄稿した。そこで要約してお伝えしてみたい。

◇

「中国に行こう」。米国の法律事務所で働いていた2005年、心が直感的に叫びました——「これからの世界を知るには中国を知らなければ駄目だぞ」と。06年6月、勇んで上海へ。タクシーの運転手に復旦《ふくたん》大学の住所を書いた紙を手渡し、身振り手振りで何とかたどり着きました。

24時間すべて中国語、中国語、中国語漬け。学校に行く途中もベッドの中でも中国語。屋台で売っている3元（当時のレートで45円）の焼きそばを食べながら猛勉強でした。

時間があればバスで中心部へ移動。上海語と普通語が入り混じる車内が好きでした。

日本僑報社「中国滞在エピソード」特別賞受賞の賞状と本を手にする矢倉氏

公明党参院議員　矢倉 克夫

人民公園では、中国将棋をしている人たちといつも会話しました。古きと新しきが同居した新世紀中国の胎動を現場で感じることができたことは、間違いなく私の一生の財産です。

07年に北京へ。法律事務所の職に就《つ》きました。合間に太極拳を踊ったり、カフェでゆったり仕事も。当時は建設ラッシュ。新世紀中国の胎動を感じました。のちに公明党衆院議員になった伊佐進一さんも当時、北京にいらして、よく火鍋をおごってもらいました。この恩は忘れません(笑)。

友は宝　信頼、誠実の大切さ

中国滞在の一年、中国を知り、世界を知り、そして人間を知りました。なかでも一番の宝は多くの友人です。彼らとはよく卓球をしながら（絶対に勝てませんでした）、会話をしました。中国語と日本語の〝互相学習〟をした毛《マオ》さんの協力には感謝してもしきれません。

彼ら彼女らは、私にとって単なる友人というより同志と言っていいものです。というのも、ともに連れ立ったバスツアーで事故に遭い、生命の危険を乗り越えた仲間だからです。私たちが乗ったバスが山道を走行中、天候不順もあってガードレールを突き破り、下に落ちてしまいました。幸い、すぐ近くが土手だったのでみな助かりましたが、今思い出してもゾッとします。

私たちは、喜怒哀楽の極限を共有し、互いがまるで生まれる前からの友人であるかのような絆を感じました。以来、私が中国を語る時、常に心に浮かぶのは、彼ら彼女らの顔なのです。

13年、公明党参院議員に送り出していただきました。18年5月、日中友好議員連盟の一員として訪中。帰国後には来日されていた李克強国務院総理を歓迎しました。

私の中国経験から、国と国との語らいといえども、最終的に、同じ人間同士の語らいであるという信念を与えてもらい、外交に必要な根気と辛抱強さ、信頼と誠実の大切さを教えてもらいました。私を「中国に学びにきた外国人」から「同じ大地に根付く同じ人間」に脱皮させてくれたのです。

公明党青年委員長として、日中の青年たちの交流をより深め合い、一人でも多くの青年たちが、同じ人間として魂と魂の触発を豊かに語らい合うことを望んでいます。人間主義の外交を草の根レベルから広めたい。それが私の決意です。　（やくら・かつお）

◆『中国産の現場を訪ねて／忘れられない中国滞在エピソード』（2600円＋税）の購入申し込みは☎03・5956・2808へ。

文化

公募ガイド

2021.2.10発売の3月号

体験記・作文ほか　＼第4回／「忘れられない中国滞在エピソード」募集

副賞 10万円　前回 219編　原稿 1900～2000字　〆 2021 5/20

中国を、あなたの言葉で語ろう！
コロナで揺れる今だからこそ、人々の心の交流が大切だ。中国に渡航経験のある人が対象の本公募。今回は誰でも応募できる、コロナ関連の特別テーマが設けられた。あなたの感じた中国をポジティブに伝えて。（歳）

応募要項

●内容／中国滞在エピソードを募集。テーマは①中国のここが好き、これが好き、②私の初めての中国、③中国で叶えた幸せ、④観光、留学、ビジネス、文化交流などを通して感じた中国の魅力、⑤中国での人との出会い、文化・認識・価値観などの違いから気づいたこと、⑥SNSやIT技術の進歩、イノベーションなどから見た中国、⑦不幸な歴史の記憶への共感、⑧コロナとの闘いから感じた日中の絆、⑨ポストコロナ時代の日中交流。　●規定／メールで応募。Word形式で1900～2000字。文頭にテーマ、文末に200字程度の略歴をつける。〒住所、氏名、年齢、性別、職業、連絡先（メールアドレス、TEL、あれば微信ID）を明記。件名は「（応募者名）+第4回応募」とする。応募数自由。　●資格／中国に行ったことのある日本人（⑧⑨はすべての日本人可）　●賞／最優秀賞・中国大使賞1編＝10万円、ほか　●応募期間／5月10日～20日　●発表／10月上旬予定

応募先 40@duan.jp　問合せ 03-5956-2808　03-5956-2809　http://duan.jp/news/jp/20210113.htm　主催：日本僑報社

人民中国 PEOPLE'S CHINA 2021.1

東京　北京など　現地へ行き、その土地のファンに

日本僑報出版社が主催する第3回「日中ユースフォーラム」が昨年11月29日、テレビ会議形式で開かれた。中国の孔鉉佑駐日大使、日本の垂秀夫駐中国大使が祝辞を送った。

今回のフォーラムのテーマは「ポストコロナ時代の若者交流」。第3回「忘れられない中国滞在エピソード」作文コンクールで受賞した日本の6人の若者、第16回「中国人の日本語作文コンクール」で受賞した中国の6人の若者が代表者としてオンラインで交流し、約100人の中日友好事業の関係者が会議を傍聴した。

フォーラムで、第3回「忘れられない中国滞在エピソード」作文コンクールの最優秀賞（中国大使賞）を受賞した池松俊哉さんは、「中国の工場の高品質管理水準と中国人の温かさが忘れがたい。今や私は完全に中国のファンになった。中日の交流が今後いっそう活発化することを願う」と、中国の工場を訪問した時の印象を語った。参加者はインターネットとSNSの交流を通じ相手国の真の様子を知り、中日友好のバトンを多くの人につなぎたいと表明した。

正月の推薦図書

『中国産の現場を訪ねて―第3回「忘れられない中国滞在エピソード」受賞作品集』
（池松俊哉他著・日本僑報社・2600円＋税）

厳しい現実だが希望も

今回のコンクールにはこれまでの最多219本の応募があり82本の受賞作が収録されている。書き手は留学・駐在経験者、旅行者など、現在滞在している人も含めて実に多様だ。

最優秀賞・中国大使賞を受賞したのは大手コンビニで原料調達・商品開発を担当する社員。日本では中国産を避ける消費者が少なくない。だが彼は製造現場での品質管理と衛生基準のレベルの高さに驚き、その理由を知って納得した。そしてこう結んでいる。「イメージと実際は全然違う。百聞は一見に如かず。1回行けば、あなたも私のように中国のファンになる」。

稲作指導をきっかけに中国を訪れ、貧困脱出に命を捧げた「英雄」に鼓舞された地方公務員。戦争の歴史をたどる旅で平和の大切さを痛感し、友好を深めることの意義を訴える団体役員。三国志への関心から留学し、10代の多感な時期にいじめを受けた痛手を中国の「恩師」との出会いで克服した作家。バラエティーに富んだ数多くのエピソードは、自らの体験に基づくものだけに説得力があり共感を呼ぶ。

新型コロナウイルスを巡っても多数の原稿が寄せられている。感染拡大の初期段階に中日友好病院でボランティアとして活動した看護師。「中国の友人を助けたい」という夫の一言からマスクを中国に送る活動に懸命に取り組んだ教師。隔離病棟で感染疑惑患者としての過ごした大学院生。江西省南昌市でコロナに見舞われた街の様子を綴る日本語教師。マカオでの感染拡大の状況と政府の支援策をレポートする会社員。それぞれに興味深い。

多くの執筆者が中国・中国人と触れ合う前の自らの中国への感情が決して良いものではなかったと正直に告白している。それが実際に中国へ出掛け中国の様子を知り中国の人たちと接する中でイメージが変わったと記す。

言論NPOが最近発表した世論調査結果によれば日本人の対中意識は一層の悪化をたどっている。国交正常化からもうすぐ半世紀が経つ。両国の相互依存関係は年を追って強まっているのになんという厳しい現実か。コロナ禍の中でいま中国を訪れるのは難しい。だが本書を通じて生々しい中国を知ることは可能だ。読者は調査の数字とは別にここに対中意識改善に向けての希望を見出すだろう。

（岡崎雄兒・元中京学院大学教授）

国際貿易　2021年新春号（2020年12月25日・2021年1月5日合併号）

原稿募集

第4回「忘れられない中国滞在エピソード」

日中の相互理解、文化交流、人的交流の促進をめざし、第4回「忘れられない中国滞在エピソード」コンクールが開催される。中国に行ったことのある日本人であれば、誰でも応募可能だ。

また日中両国が手を携えてコロナと闘うため、特別テーマ「ポストコロナ時代の日中交流」等も設定。こちらは中国滞在経験の有無に関わらず、全ての日本人が応募できる。

■応募受付期間：5月10日（月）～5月20日（木）※必着

■主催：日本僑報社

忘れられない中国滞在エピソード

応募要項

日本と中国　2021年4月1日

日本僑報社から新刊
『中国産の現場を訪ねて』

日本僑報社（段躍中代表）から、『中国産の現場を訪ねて』が刊行された。

同書は、日本僑報社が今年実施した日本人対象の第3回作文コンクール「忘れられない中国滞在エピソード」（当協会後援）での受賞作82篇を収録したもの。中国での留学、駐在経験や中国文化の深い魅力、コロナ禍に関するエピソードが記されている。この中には、来年3月、中国残留婦人を描いた独り芝居「帰ってきたおばあさん」上演200回目を迎える俳優・神田さち子氏の作品も掲載されている。

お問い合せは、日本僑報社（電話03・5956・2808）まで。

日中文化交流　2020年12月1日

受賞者代表らが喜びの声
中国滞在エピソードコンクール表彰式

「忘れられない中国滞在エピソード」作文コンクールを主催する日本僑報社は昨年11月29日午後、今年の第3回コンクールの表彰式を初めてオンラインで開催しました。

表彰式では、中国の孔鉉佑《こうげんゆう》大使のメッセージを鄒健《しゅけん》・駐日中国大使館三等書記官が代読。本コンクールが年々成長を続け、3年目の今回は、合計219本の応募作が中国、日本、フランス、チリなど4カ国に在住する日本人から寄せられ、より国際化したこと、また応募者の職業も、国会議員、会社役員、団体職員、公務員、大学教師など多岐にわたり、年齢層も9歳から高齢者までと幅広く及んだことなどを紹介。

「多くの応募者は、中国そして中国人と触れ合う前後の対中感情の変化に言及しており、口をそろえて『百聞は一見にしかず』と感心している」「国の交わりは民の親しみにあり、こういった認識の好転が必ず国民感情の改善につながり、両国関係発展の民意的基礎を打ち固めるでしょう」と、本コンクール開催の意義を強調しました。

自民党の二階俊博幹事長からのお祝いの言葉が、画面上で紹介されました。

この後、後援団体を代表して、読売新聞社の幸内康国際部次長、来賓として武田勝年・元日中友好会館理事長がそれぞれあいさつしました。

受賞者代表として「特別賞」を受賞した矢倉克夫参議院議員と海江田万里衆議院議員（ビデオ）、最優秀賞（中国大使賞）の池松俊哉さん（東京都）、1等賞の星野信さん（福岡県）、岩崎春香さん（神奈川県）、畠山修一さん（埼玉県）、田丸博治さん（大阪府）、佐藤奈津美さん（秋田県）があいさつし、それぞれ受賞の喜びと感謝の気持ちを伝えました。

閉会に当たり、瀬野清水・元重慶総領事が「コンクールのますますの発展を祈るとともに、受賞作品集を多く

池松俊哉さん

星野信さん

日中友好新聞　2021年1月1日

本だな

日中交流研究所所長　段躍中　編
中国産の現場を訪ねて第三回「忘れられない中国滞在エピソード」受賞作品集　日本僑報社刊

留学・駐在経験者、旅行者や現在滞在している人も含めて、実際に中国に行ったことのある全ての日本人を対象にした、日本僑報社主催第三回「忘れられない中国滞在エピソード」の受賞作品集。

特別賞に輝いた海江田万里衆議院議員、矢倉克夫参議院議員の作品をはじめ、最優秀作品・中国大使賞の「百聞は一見に如かず」など82編の受賞作品を収録。そこには真実の体験記録や国境を超えた心のふれあい、中国の奥深い魅力、不幸な歴史の記憶への共感、そして日中が互いに助け合いながらコロナ禍を乗り越えようとする感動的な記録がつぶさに記されている。

価格は2600円（税別）。320ページ。11月22日発行。問い合わせは、日本僑報社☎03（5956）2808。

観光経済新聞　2020年12月19日

1等賞に協会から2人が受賞！

日本僑報社の作文コンクール

日中関係の書籍を出版する日本僑報社は2020年6月1日から15日まで、第3回「忘れられない中国滞在エピソード」の作文を募集。

中国に行ったことのある、または現在滞在中の日本人を対象に、①「中国のここが好き、これが好き」②「中国で考えたこと」③「私の初めての中国」④「中国で叶えた幸せ」の一般テーマのほかに、特別テーマとして①「中国で新型肺炎と闘った日本人たち」②「新型肺炎、中国とともに闘う―日本からの支援レポート―」の2つを設定しました。

今回のコンクールには日本、中国のほか、フランス、チリからも応募があり、作文総数は219本になりました。厳選な審査を経て、9月に受賞80作品（最優秀賞・中国大使賞1本、1等賞5本、2等賞24本、3等賞50本）を決定しました。

1等賞では、協会大阪府連合会堺支部の田丸博治さん、福岡県連合会の星野信さんの作文がそれぞれ受賞。次に2人の受賞の喜びをお伝えします。

日本僑報社は、入選作品を収録した『中国産の現場を訪ねて　忘れられない中国滞在エピソード』を20年11月に発行。定価2600円＋税。問い合わせ＝日本僑報社☎03（5956）2808

（表彰式の記事は14面）

心に残る戦争の真実をたどる旅

田丸博治

中国への8回の旅は、「烏魯木斉」から始まってシルクロードをたどり、上海までの感動の連続が第一の要因です。

妻の出生地のハルビンを訪れ、その近くの平房にある悪名高い731部隊の跡地を訪れ、日本の軍隊の実像を理解することになりました。

また、日中友好協会主催の旅で「侵華日軍南京大虐殺遇難同胞記念館」への訪問が強烈な悲劇的印象を私の心に与えました。南京陥落後、長期間にわたって、日本軍の行なった人類として許すことのできない残虐極まりない行為について今後に伝えなければならないという強い衝動を覚えました。

この残虐な行為を目撃した東史郎氏の言葉について訴えられました。裁判において、詳しい真実の証明、証拠が提出されたにもかかわらず、東京地裁、高裁、最高裁すべてにおいて却下された事実に強い憤りを覚えます。

以上の内容について私自身の感じた印象を作文に書いて、提出したものが想定外の1等賞5人の中に入れてもらって恐縮の限りです。2等賞、3等賞まで82人の作文すべてが、320ページの1冊の単行本にまとめられ、『中国産の現場を訪ねて　忘れられない中国滞在エピソード』第3回受賞作品集の題名で発行されました。

私の作文も入れられ、喜んだり、恐縮したりしています。大阪府連合会堺支部の、浅田勝美支部長にお願いされて、引き受け、副支部長として7年目になります。協会の目標が着実に実現することを切に望んで、私のメッセージとします。

（大阪府連合会・堺支部・副支部長）

友好発展に貢献、人生の歴史の1ページに

星野信

このたび、1等賞を受賞いたしまして光栄に思います。この賞は、協会をはじめ福岡県連合会の皆さんの活動の結果です。ともに喜び合いたいと思います。

私がレポートした「ともにコロナの災いを乗り越え友好の絆強く」は三つの視点から書きました。

第一は医療支援です。武漢で新型コロナ感染が急拡大するなかで、協会がいち早く支援を呼びかけました。福岡県連合会は医療物資の調達に走りましたが、なかなか手に入りませんでした。その時、病院を運営する健和会より「救護キット」120セットが提供されました。八幡支部の皆さんの協力を得て福岡総領事館へ届けました。

第二は中国残留孤児帰国者の視点です。帰国者の皆さんは戦争中に孤児となり養父母に育てられました。「命の恩人である中国は故郷」という気持ちを一時も忘れることはありませんでした。四川大地震（08年）の時も募金を大使館へ送り、今回も募金を呼びかけて福岡総領事館へ届けました。

第三は友好の視点です。福岡県連合会は毎年、日本軍が中国へ侵略した戦跡を巡る平和の旅を行なっています。一昨年ハルビンにある日本孤児養父母連合会を訪ねました。この連合会より、このたびマスクが送られてきたのです。養母李淑賢さん(95歳)の優しい瞳が思い出されます。マスクとともに「山川異域　風月同天」「青山一道　同担風雨」の漢詩が添えられていました。

「コロナ終息へ向けてともに困難を乗り越え、友好の絆強く、命をつなぐ未来をともに切り開きましょう」と結びました。

このコンクールには219人が応募し、最優秀賞1人、1等賞5人が表彰されました。表彰式は大使館で行われる予定でしたがオンライン表彰式となり、フランス、カナダ、アメリカ、アジア諸国の関係者79人がアクセスされていました。

民間交流の一助となり、友好発展に貢献できたことは、私の人生の歴史の一ページを記すことになりました。

日中友好新聞　2021年1月1日

NHK WORLD JAPAN 2019年12月1日放送

来自第二届“难忘的旅华故事”征文比赛颁奖典礼的报道

2019年 12月 1日

《波短情长》节目由明治大学教授加藤彻和本台播音员林音主持，将分享听友们的来信与留言。

本期节目将为您报道11月15日在中国驻日本大使馆举办的第二届“难忘的旅华故事”征文比赛颁奖典礼的情况。（活动主办方：日本侨报社）

中華人民共和国駐日本国大使館HP　2019年11月17日

讀賣新聞　2019年12月1日

中国で叶えた幸せ　第2回「忘れられない中国滞在エピソード」受賞作品集

段躍中編　日本僑報社　2500円

評・加藤　徹（中国文化学者　明治大教授）

人の数だけ人生がある

中国に行ったことがある日本人を対象とした作文コンクールの受賞作品集である。老若男女がつづる体験談はノンフィクションだが、短編小説集のような味わいがある。

北京へ単身赴任した父が、一時帰国する。ひまわりの種をかじり、寝言で中国語をつぶやく父の姿を見て、中学生の娘はとまどう。その後、娘の反抗期は家庭崩壊レベルまで悪化。父は帰国を決意する。時は流れた。「結婚するから。あとさ、私、中国に行くことになったから」。上海勤務の辞令を受けた夫と中国に渡る日、娘は昔の「父の気持ちが少しわかった気がした」。

早稲田大の院生は回想する。彼女は小4から高校卒業まで大連に単身留学した。中学で、歴史の授業で日中戦争が取り上げられると、仲良しだった同級生から悪口を言われたり、無視されたりするようになった。2011年、高1のとき、東日本大震災が起きた。彼女は学校で赤い羽根の募金活動を始めた。「日本のために募金してくれるだろうか?」。結果は——。

上海日本人学校の校長となった男性は、87歳の老父を帯同する。中国語が全く分からない「おじいちゃん」は、毎朝6時には起きて一人で外出し、よく迷子になる。老人にやさしい国、中国を離れるとき「おじいちゃん」がぽつりと漏らした一言が、胸を打つ。

日本の私大で研究者間のトラブルに巻き込まれて大学を追われた教員は、再起の場を求めて中国の大学に就職する。学校の観劇会で京劇にはまった福岡の高校生は、一目惚れした役者の舞台を見るため21歳で北京に留学する。このほか、オタク文化を中国人と熱く語り合う大学生や、「優しさ貯金ゲーム」で中国人との共同生活を成功させたシンガーソングライターなど、興味深いエピソードは尽きない。

人の数だけ人生がある。ありのままの中国も、人の数だけある。日本人と中国人のふれあいの多彩さに驚かされる1冊だ。

◇だん・やくちゅう＝1958年、中国湖南省生まれ。91年に来日。日本僑報社代表、日中交流研究所所長。

KYODO 共同通信
2019年11月15日

忘れがたい中国経験つづる
日本語作文コンクール
高橋伸輔

中国滞在中の印象深い経験をつづった日本語作文の「忘れられない中国滞在エピソード」コンクールの表彰式が15日、東京都港区の中国大使館であり、早稲田大学大学院生の乗上美沙（のりがみ・みさ）さん（25）＝大阪市出身＝に最優秀賞が贈られた。

小学4年から高校卒業まで大連の学校に通った乗上さんは、東日本大震災の被災地支援のため学校で募金活動したことを紹介。日中戦争についての授業を機に同級生から反感を持たれ、「中国人とは分かり合えない」と思っていたが、募金を始めると予想外にみんな熱心に協力してくれ感銘を受けたという。

受賞スピーチで乗上さんは「見返りを求めない友情のおかげで被災地に思いを伝えることができた」と振り返り、「両国関係のマイナスの部分を下の世代には残したくない」と訴えた。

日中関係の書籍を手掛ける出版社「日本僑報社」（東京都豊島区）主催で、今年で2回目。10代から90代まで、昨年の倍以上の293作品が寄せられた。孔鉉佑（こう・げんゆう）駐日中国大使は「皆さんの有益な経験が貴重な将来の財産になると信じる」と述べた。（共同）

www.news.cn 新华网 NEWS www.xinhuanet.com
2019年11月17日

日本第二届“难忘的旅华故事”征文比赛颁奖

2019-11-16 15:08:11 来源：新华网

新华社东京11月16日电（记者郭丹）由日本侨报出版社主办的第二届“难忘的旅华故事”征文比赛颁奖典礼15日在中国驻日本大使馆举行。

在70篇获奖作品中，早稻田大学法学专业硕士研究生乘上美沙的《红羽毛给予的幸福》荣获比赛最高奖项“中国大使奖”。她在文中讲述了2011年在大连留学期间和同学们一起为“3·11”日本大地震发起募捐活动的故事。她希望能够将自己的亲身经历分享给更多的人，以此促进日中友好交流。

中国驻日本大使孔铉佑在颁奖仪式上致辞说，国之交在于民相亲，民间交流是中日关系不可或缺的重要组成部分，也是两国关系得以长期发展的坚实基础。希望大家通过此次活动，进一步了解中国，感知中国的魅力所在，也真诚欢迎大家有机会再去中国走一走，看一看，并把在中国的见闻分享给更多的人。相信大家的点滴努力，一定能够汇聚更多中日关系正能量，将中日友好的种子撒播得更广更远。

人民日报
国際面
2020年10月21日

第三届“难忘的旅华故事”征文比赛结果揭晓

本报东京10月20日电　（记者**刘军国**）由日本侨报出版社主办、中国驻日本大使馆等担任支持单位的第三届“难忘的旅华故事”征文比赛20日公布评选结果，池松俊哉撰写的《百闻不如一见》获得“中国大使奖”。

池松俊哉在日本一家企业工作，他在文中讲述了去年7月去中国大连、沈阳、青岛等地考察食品工厂的见闻，对中国食品工厂完善的质量管理体系、高水平卫生标准以及中国人民的热情好客印象深刻。

人民网 people.cn
2020年10月20日

第三届“难忘的旅华故事”征文比赛结果揭晓

2020年10月20日11:11 来源：人民网-国际频道　分享到：

预计将于11月出版发行的第三届“难忘的旅华故事”作品集封皮

人民网东京10月20日电（记者刘军国）由日本侨报出版社主办、中国驻日本大使馆等担任后援单位的第三届“难忘的旅华故事”征文比赛10月20日公布评选结果。

在日本一家企业工作的池松俊哉撰写的《百闻不如一见》获得“中国大使奖”。池松俊哉讲述了2019年7月去中国大连、沈阳、青岛等地考察食品工厂的见闻与感受。“我在全国约有一万四千家店铺的连锁便利店总部、做着原料采购和商品开发的工作。现在，连锁便利店的供应离不开中国。例如，收银台旁边热柜里的炸鸡、配菜蒸鸡、鸡胸肉沙拉等，原料大多数都是中国产的。这不仅仅是因为其价格优势，还有高水平的品质管理和技术实力。”池松俊哉在文章开头便写道。在一周的中国考察过程中，池松俊哉亲眼见证了中国食品工厂的先进质量管理、高水平卫生标准以及中国人民的热情好客。在文章最后，池松俊哉表示，“我想挺起胸膛对全日本这样说：‘想象和实际完全不一样，百闻不如一见。只要去一次中国，你也会像我一样成为中国的粉丝。’”

主办方当天还公布了一等奖5名、二等奖24名、三等奖50名等评选结果。获得一等奖的5部作品分别是星野信的《日中携手战胜新冠肺炎》、岩崎春香的《山川异域风月同天》、畠山修一的《和焦裕禄精神在一起》、田丸博治的《追寻战争真相之旅》和佐藤奈津美的《给予生活希望和光明的三国演义》。此外，日本众议员海田江万里和参议员矢仓克夫获得特别奖。日本侨报出版社已把三等奖以上的82篇获奖作品集结成书出版，预计于11月在全日本发行。

(责编：苏缨翔、燕勐)

人民日报 2019年11月19日

讲述旅华故事 感受中国魅力

本报驻日本记者　刘军国

"中国是一个美好的国家,中国人民是伟大的人民。只要去中国走走,就会发现中国之好无处不在。"在中国生活过两年多的日本高二学生山崎未朝在第二届"难忘的旅华故事"征文比赛中写道。

11月15日,由日本侨报出版社主办的第二届"难忘的旅华故事"征文比赛颁奖典礼在中国驻日本大使馆举行。据悉,本届比赛共收到293篇投稿。参赛者涵盖国会议员、企业高管、大学教师等多个行业。通过6名获奖者的讲述,出席颁奖典礼的日本人看到了一个朝气蓬勃的中国,感受到了中国人民的善良和热情。

"中国充满魅力,中国人民热情善良。"15岁的野间美帆曾在北京生活8年,她在《我深深热爱的中国》一文中回忆了在中国生活的点点滴滴。"希望更多日本人了解真实的中国,喜欢中国,为日中友好贡献自己的力量。"

中国驻日本大使孔铉佑表示,希望大家通过此次活动,进一步了解中国,感知中国的魅力所在,也真诚欢迎大家再去中国走一走、看一看,把在中国的见闻分享给更多的亲人和朋友。相信通过大家的点滴努力,一定能够汇聚更多中日关系正能量,将中日友好的种子撒播得更广更远。

荣获"中国大使奖"的乘上美沙在颁奖典礼上说:"希望能够将自己的亲身经历、体验分享给更多人,以此来促进日中间的友好交流。"2011年,在大连国际学校留学的乘上美沙在东日本大地震后,与同学们一起发起募捐活动。当他们拿出捐款箱时,许多师生都毫不犹豫地献出了自己的一份爱心。乘上美沙的字里行间,流淌着对中国人民的感激之情。

日本自民党干事长二阶俊博发来贺信表示:"希望去过中国的各位,在今后的日中友好事业中,能充分活用自己宝贵的中国经历。也希望各位读者用自己的眼睛去看看中国,并期待有新的'难忘的旅华故事'诞生。"

获奖作品收入在由日本侨报社出版的《在中国获得的幸福》一书中。日本侨报社总编辑段跃中对本报记者说,普通民众的旅华故事是了解真实中国的绝佳渠道,希望更多日本读者通过这本书深入了解中国,感受中国的魅力,并去中国走走看看,实现日中两国世代友好。

(本报东京11月18日电)

日テレNEWS24

2018年11月22日

日中友好へ…“中国滞在”作文コンクール

ツイートする　シェアする　2018年11月22日 17:29

全文

日中平和友好条約の締結から４０年の今年、日本人を対象に、中国に滞在したときのエピソードを募った作文コンクールが行われた。

これは中国関連書籍の出版社「日本僑報社」が主催したもので、中国に滞在経験のある日本人から現地での思い出深いエピソードを募集した。２２日、都内の中国大使館では入選者への表彰式が行われ、程永華駐日大使は挨拶で日中の交流の重要性を訴えた。

中国・程永華駐日大使「まず交流から。交流から理解が生まれる。理解が深まって、初めて信頼が生まれる。信頼が深まって初めて友好だと。最初から友好が生まれるのではない。努力を通じて、友好に向かって（初めて）実現できる」

入選作には、母親の再婚相手である中国人の父との交流を描いた作品や、日中の文化の違いについての作品など４０本が選ばれ、本としても出版される。

入選者の一人は「心と心のつながりは国境も血縁も越えることができる。今後も日中友好に貢献したい」と喜びを語った。

人民网 people.cn　2019年11月16日

第二届“难忘的旅华故事”征文比赛在东京颁奖

吕少威

2019年11月16日10:11　来源：中国新闻网　分享到：

原标题：第二届“难忘的旅华故事”征文比赛在东京颁奖

中新社东京11月15日电 (记者 吕少威)由日本侨报出版社主办的第二届“难忘的旅华故事”征文比赛15日在东京中国驻日本大使馆举行颁奖典礼。收录70篇获奖作品的文集《在中国获得的幸福》当天首发。

11月15日，由日本侨报出版社主办的第二届“难忘的旅华故事”征文比赛在东京中国驻日本大使馆举行颁奖典礼。图为嘉宾与部分获奖选手合影留念。中新社记者 吕少威 摄

中国驻日本大使孔铉佑出席并致辞。孔铉佑说，希望大家通过此次活动，进一步了解中国，感知中国的魅力所在，也真诚欢迎大家有机会再去中国走一走，看一看，并把在中国的见闻分享给更多的亲人和朋友。相信通过大家的点滴努力，一定能够汇聚更多中日关系正能量，将中日友好的种子撒播得更广更远。

日本自民党干事长二阶俊博也为本次大赛发来贺词。他说，希望去过中国的各位，在今后的日中友好事业中，能充分活用自己宝贵的中国经历。也希望各位读者怀着此书(《在中国获得的幸福》)所带来的感动，去看看今天中国，并期待有新的“难忘的旅华故事”诞生。

讀賣新聞　2020年10月1日

中国滞在記 池松さん最優秀賞

日中関係の書籍を出版する「日本僑報社」（東京都豊島区）は30日、主催する「第３回忘れられない中国滞在エピソード」（読売新聞社など後援）の受賞作品を発表した。最優秀賞の中国大使賞には東京都大田区、会社員池松俊哉さん(32)の「百聞は一見に如（し）かず」が選ばれた。中国に昨夏出張した際に見学した工場の徹底した衛生管理に驚いたことなどをつづった。応募総数は219作品だった。

観光經濟新聞 kankokeizai.com

本だな

段躍中編
忘れられない中国滞在エピソード第2回受賞作品集　中国で叶えた幸せ
日本僑報社

あの瞬間、私は中国の人々の深い愛情と友情で、自分たちが今回の募金活動を成し遂げられたことに気付き、素晴らしい人々に恵まれている幸せを感じた。私のココロは、いつしか中国人に対する感謝の気持ちと穏やかな幸福感に包まれるようになっていた（受賞作から）。

第2回「忘れられない中国滞在エピソード」の受賞作品集。相互理解の促進を目指し、日本人の中国滞在経験者を対象として行われたコンクールには、涙と感動の体験など数多くの作品が寄せられた。本書には最優秀賞・中国大使賞（乗上美沙さん、早稲田大学大学院生）の「赤い羽根がくれた幸せ」をはじめ、計77編の入賞作を収録している。

編者の段氏は、日本僑報社代表。

価格は2500円（税別）。282㌻。問い合わせは日本僑報社☎03（5956）2808。

2020年1月25日

讀賣新聞　2019年11月13日

中国滞在記 乗上さん最優秀賞

日中関係の書籍を出版している「日本僑報社」（東京都豊島区）が、中国に行ったことのある日本人から募集した「忘れられない中国滞在エピソード」（読売新聞社など後援）の受賞作品が決まった。最優秀賞の中国大使賞には、早大大学院２年の乗上（のりがみ）美沙さん(25)の「赤い羽根がくれた幸せ」が選ばれた。東日本大震災発生時、留学していた大連のインターナショナルスクールでの体験をつづった。応募総数は約300点。受賞70点を収録した作品集は書店などで購入できる。問い合わせは日本僑報社（03・5956・2808）へ。

讀賣新聞　2020年6月6日

中国滞在エピソード募集

日中関係の書籍を出版する「日本僑報社」（東京都豊島区）は「『忘れられない中国滞在エピソード』作文コンクール」（読売新聞社など後援）の作品を募集している。日本人が対象で、最優秀賞（１人）には賞金10万円が贈られる。入選70点は作品集にまとめ、出版される。

「中国のここが好き、これが好き」「中国で考えたこと」「私の初めての中国」「中国でかなえた幸せ」の４テーマから一つを選び、1900～2000字以内にまとめる。今年は新型コロナウイルスの流行を受け、中国人も応募可能な「中国で新型肺炎と闘った日本人たち」「新型肺炎、中国とともに闘う――日本からの支援レポート」の特別テーマ（3000字以内）も設けた。締め切りは今月15日（必着）。応募はメールで70@duan.jpへ。詳細は日本僑報社ホームページに掲載されている。

MAINICHI 毎日新聞

2019年6月5日

■「忘れられない中国滞在エピソード」原稿募集

日本僑報社は第2回「忘れられない中国滞在エピソード」の原稿を募集している。応募資格は、中国に行った経験のあるすべての日本人。留学・駐在はもちろん、旅行経験だけの人、現在中国に住んでいる人の応募も歓迎している。中国建国70周年に合わせて70作品を入選とし、1冊の作品集として刊行する予定。最優秀賞の中国大使賞に1人を選び、賞金10万円を副賞として贈呈する。原稿の受け付けは原則、メール（40@duan.jp）に限り、6月16日必着。詳細は（http://duan.jp/cn/）。

朝日新聞デジタル ＞ 記事　　国際　アジア・太平洋　カルチャー　出版

中国滞在の「忘れられない体験」、出版社が作文を募集

高田正幸　2019年5月13日16時00分

シェア　ツイート list　ブックマーク 0　メール　印刷

日本僑報社の段躍中代表＝東京都豊島区西池袋の同社

中国に関する多くの本を出版する日本僑報社が、中国で心に残った出来事を分かち合おうと、「第2回忘れられない中国滞在エピソード」を募集している。段躍中代表は「日中関係は改善しているが、国民感情はまだ厳しい。中国を訪問した時に感じた気持ちを公表してもらうことで、より多くの日本人に中国の姿を知ってもらいたい」と話している。

募集するのは、中国を訪ねたことのある日本人の作文。「私の初めての中国」「中国で叶（かな）えた幸せ」「中国のここが好き、これが好き」「中国建国７０周年に寄せて」の中からテーマを一つ選ぶ。テーマが違えば、複数の作品を提出できる。

◇

募集期間は５月１３日～６月１６日。１９００～２千字の日本語の作文に、２００字以内の筆者の略歴を加えた内容をメールで（４０＠ｄｕａｎ．ｊｐ）に送る。詳細は同社ホームページ（http://duan.jp/cn/）。（高田正幸）

朝日新聞 DIGITAL

2019年5月13日

読賣新聞　2019年6月5日

中国滞在エピソードを募集

日中関係の書籍を多く出版している「日本僑報社」（東京都豊島区）が、中国に行ったことがある日本人を対象に「忘れられない中国滞在エピソード」（読売新聞社など後援）を募集している。中国が今年、建国70年を迎えるのに合わせ、応募作品から70人分を収録した作品集を出版する。

「中国のここが好き、これが好き」「私の初めての中国」「中国でかなえた幸せ」「建国70年に寄せて」の4テーマから一つ選び、1900〜2000字以内にまとめる。中国在住の日本人も応募できる。最優秀賞（1人）には賞金10万円が贈られる。締め切りは今月16日。応募はメールで40@duan.jpへ。詳細は日本僑報社ホームページに掲載されている。編集長の段躍中氏は「草の根の交流を伝えることで相互理解を深め、日中関係友好につなげたい」と話している。

「日中友好に尽力したい」心こもった作品多数
第2回「忘れられない中国滞在エピソード」作文コンクール

受賞者と選考委員、中国大使館の皆さんと記念撮影

日中友好のため出版活動を行なっている日本僑報社は11月15日、第2回「忘れられない中国滞在エピソード」（後援は中華人民共和国駐日本国大使館ほか）作文コンクールの表彰式を東京都内の中国大使館で行いました。

293点の応募作品から最優秀賞（中国大使賞）1人、1等賞5人、2等賞20人、3等賞44人の合計70人が選ばれました。

これは日本と中国の相互理解と交流促進を目的としたもので、今回が2回目。中国に行ったことのある、または現在滞在中の日本人を対象に行われた日本語作文コンクールです。

入選作は東日本大震災の募金活動を通して感じた中国の学生たちの深い愛情と友情を描いた作品や、中国の日本人学校に編入し、そこで交流した中国人学生の思いやりのこもった言葉にふれ、先入観でしか見ていなかった自分を反省し、日本人に中国人の良さを伝える決意をした作品、ひまわりの種の食べ方を通しての異文化理解の大切さを説いた作品など、どれも中国人の魅力を改めて気づかせてくれるものばかりです。

乗上美沙さん

横山明子さん

野間美帆さん

孔鉉佑駐日大使は「中国には『少しのことからすべてを見通す』という言葉があります。受賞された皆さんは普段の印象と全く違った、活気に満ちた中国を目の当たりにし、そして、中国の国民が善良で親切だと感じていただけたと思います。このような経験が皆さんにとって将来の貴重な財産になると信じています」と、あいさつしました。

最優秀賞・中国大使賞を受賞した乗上美沙さん（早稲田大学大学院生）は「最優秀賞の受賞の知らせを聞いてびっくりしました。中国の友人たちも喜んでいます。これからも日中友好に尽力したい」

一等賞の横山明子さん（大学教員）は「受賞は驚きました。中国人の学生たちにも知らせました。週明けには中国・湖南省へ戻ります。学生たちが待っていますから」

二等賞の野間美帆さん（中学生・俳優）は「まさか自分が受賞すると思わず、信じられない。昨年から俳優としても活動しています。力をつけて将来は日中共同の作品に参加できたら」と、それぞれ目を輝かせて語りました。

日本僑報社は来年も、第3回の実施を予定しています。

また、第2回「忘れられない中国滞在エピソード」の入賞作を収録した『中国で叶えた幸せ』を発行、最優秀賞・中国大使賞「赤い羽根がくれた幸せ」はじめ77編が収録されています。定価2500円＋税。問い合わせは☎03（5956）2808（日本僑報社）

日中友好新聞　2019年12月5日

本の紹介

『中国で叶えた幸せ』

忘れられない中国滞在エピソード第2回受賞作品集
鈴木憲和、乗上美沙など77人共著・段躍中編

中国に行ったことのある日本人を対象に、中国での体験エピソードを募集した日本僑報社主催の第2回作文コンクールの受賞作品をまとめた一冊。

「私の初めての中国」「中国で叶えた幸せ」「中国のここが好き、これが好き」「中華人民共和国建国70周年に寄せて」の4つのテーマに293点の応募があり、最優秀賞・中国大使賞の「赤い羽根がくれた幸せ」はじめ77編を収録。

ありのままの中国の姿とは？中国とどう向き合うか？新たな示唆を与えてくれる涙と感動の真実の体験記録集です。

▼発行＝日本僑報社、定価2500円＋税。
▼問い合わせ＝☎03（5956）2808（日本僑報社）

日中友好新聞　2020年3月15日

公募ガイド　2020年4月号

体験記・作文ほか

第3回

「忘れられない中国滞在エピソード」募集

副賞 10万円　前回 300編以上　原稿 1900～2000字　2020 6/15

あなたの体験が日中友好の懸け橋に

インバウンドの伸びで、観光地や街中で中国人の姿を見ない日はないほど。そのおかげで中国人を身近に感じられるようになった。一方、中国を訪れる日本人はどれほどいるのだろう。残念ながらまだ少ないのが現状だ。もしあなたが中国に行ったことがあり、印象的なエピソードを持っていたら、思い出を文章にしてたくさんの人に教えてほしい。入選作品は1冊の本として刊行されるので、中国の新たな側面を知る機会となる。中国への理解が深まることで、近くて遠かった隣国との距離がグッと近くなるだろう。（は）

●内容／中国滞在エピソードを募集。テーマは①中国のここが好き、これが好き、②中国で考えたこと、③私の初めての中国、④中国で叶えた幸せ。　●規定／メールで応募。Word形式で、1900～2000字。文頭にテーマ、文末に200字程度の略歴をつける。〒住所、氏名、年齢、性別、職業、連絡先（メールアドレス、TEL、あれば微信ID）を明記。件名は「第3回中国滞在エピソード応募（応募者名）」とする。応募数自由。　●資格／中国に行ったことのある日本人　●賞／最優秀賞・中国大使賞1編＝10万円、ほか　●応募期間／6月1日～15日　●発表／9月下旬予定

応募先 70@duan.jp　問合せ 03-5956-2808　03-5956-2809　http://duan.jp/news/jp/20200122.htm　主催：日本僑報社

中国经济网 www.ce.cn　2019年11月15日

第二届日本人“难忘的旅华故事”征文比赛东京颁奖

2019年11月15日 20:59　来源：经济日报-中国经济网

[手机看新闻] [字号 大 中 小] [打印本稿]

经济日报-中国经济网东京11月15日讯（记者　苏海河）由日本侨报出版社主办，中国驻日本大使馆、读卖新闻社等担任后援单位的第二届日本人“难忘的旅华故事”征文比赛11月15日在中国驻日大使馆举行颁奖典礼。我国驻日本特命全权大使孔铉佑出席并向早稻田大学法学专业硕士研究生乘上美沙颁发了“中国大使奖”，向日本众议院议员、原外务大臣政务官铃木宪和颁发了“特别奖”。当天收录70篇获奖作品的文集《在中国获得的幸福》也在东京首发。

孔铉佑大使为获奖作者颁奖

国際貿易　2019年12月5日

中国大使館で表彰式

滞在エピソードコンクール

第2回「忘れられない中国滞在エピソード」コンクール（日本僑報社主催、当協会など後援）の表彰式が11月15日、駐日中国大使館で開催された。中学生から90代まで293本の応募があった。

来賓として孔鉉佑大使があいさつ、受賞者に対して「活気に満ちた中国を目にし、中国人民が善良で親切なことを感じ取った。これらの有益な経験が将来の貴重な財産になると信じている」と語った。さらに見聞を友人、親類と分かち合うことを期待すると述べた。

最優秀賞と1等賞受賞者が作文のエピソードを中心にスピーチを行った。最優秀賞の乗上(のりがみ)美沙さん(早稲田大学大学院)は小学4年生から高校3年生まで大連のインターナショナルスクールに留学。在校生の多くは中国人。中学になると歴史教科書の「日中戦争」という記述から中国人と日本人の間には壁があり、分かり合うのは不可能だと思うようになった。高校1年の時、東日本大震災が発生、友人が「学校で募金活動を」と提案。日本人のために募金してくれるのだろうかと思った。しかしそれは杞憂だった。「マイナスの感情を下の世代に残したくない。中国人の温かさを感じて欲しい」と語った。

日本僑報社は3等までの受賞作品を収録した『中国で叶えた幸せ』（2500円＋税）を出版した。同社は来年1月中に第3回の募集要項を発表する予定。

中国新聞網 中新网
WWW.CHINANEWS.COM
2019年11月15日

第二届“难忘的旅华故事”征文比赛在东京颁奖

2019年11月15日 23:34 来源：中国新闻网 参与互动

中新社东京11月15日电 (记者 吕少威)由日本侨报出版社主办的第二届“难忘的旅华故事”征文比赛15日在东京中国驻日本大使馆举行颁奖典礼。收录70篇获奖作品的文集《在中国获得的幸福》当天首发。

11月15日，由日本侨报出版社主办的第二届“难忘的旅华故事”征文比赛在东京中国驻日本大使馆举行颁奖典礼。图为嘉宾与部分获奖选手合影留念。中新社记者 吕少威 摄

中文導報 CHUBUN
2019年11月19日

第二届“难忘的旅华故事”征文比赛东京颁奖

日期：19年11月3期 阅读：271

中文导报讯（记者 尤鸿川）由日本侨报出版社主办的第二届“难忘的旅华故事”征文比赛，11月15日在中国驻日大使馆举行颁奖典礼。收录70篇获奖作品的文集《在中国获得的幸福》当天首发。

2019年11月16日

第2回「忘れられない中国滞在エピソード」作文コンクール表彰式が開催

CRI online 日本語

2019-11-16 14:44 CRI

excite ニュース
Record China
2019年11月25日

ニュース ＞ 海外 ＞ 中国 …

最優秀賞に早大・乗上美沙さん『赤い羽根がくれた幸せ』＝東日本大震災時の募金支援描く―第2回「忘れられない中国滞在エピソード」表彰式

2019年11月25日 09:50 Record China

第2回「忘れられない中国滞在エピソード」コンクールの表彰式が東京の駐日中国大使館で開催され、約200人が出席。早大大学院の乗上美沙さんが最優秀賞に輝いた。写真は表彰式風

第2回「忘れられない中国滞在エピソード」コンクール（日本僑報社主催、駐日中国大使館、読売新聞社、日中友好7団体など後援）の表彰式と交流会がこのほど東京の駐日中国大使館で開催され、約200人が出席した。

【その他の写真】

BOOKウォッチ
2020年2月8日

「3.11日本加油」にいま「中国加油」でお返しする

デイリーBOOKウォッチ
2020/2/8

書名	中国で叶えた幸せ
サブタイトル	第2回「忘れられない中国滞在エピソード」受賞作品集
監修・編集・著者名	鈴木憲和、乗上美沙など77人 著、段躍中 編
出版社名	日本僑報社
出版年月日	2019年11月22日
定価	本体2500円＋税
判型・ページ数	A5判・282ページ
ISBN	9784861852862

タイトルを見て、なんだ、この本は？と思う人が少なくないのではないか。『中国で叶えた幸せ――第2回「忘れられない中国滞在エピソード」受賞作品集』（日本僑報社）。中国に滞在したことがある日本人が、そこで体験した「忘れられないエピソード」をつづっている。要するに、日本人による中国体験談集だ。

「中国人が見た日本」の感想文コンクールがあることは知っていたが、逆の立場の日本人によるものがあったとは…。

■ TOP > 社会

あなたの「忘れられない中国滞在エピソード」は？＝第2回コンクール募集要項を発表！

日本僑報社　　配信日時：2019年2月27日(水) 9時10分

Email
Share
Tweet
コメント

日本僑報社は今月6日、中国に行ったことのある日本人を対象とした第2回「忘れられない中国滞在エピソード」原稿の募集を発表した。

日本僑報社は今月6日、中国に行ったことのある日本人を対象とした第2回「忘れられない中国滞在エピソード」原稿の募集を発表した。

同社はこれまでに「忘れられない中国留学エピソード」（2017年）、「忘れられない中国滞在エピソード」（2018年）を開催しており、今回のコンクールは前回、前々回の流れをくむもの。同社は「今年、中華人民共和国は建国70周年の節目の年を迎えます。日中両首脳の相互訪問も再開し、関係改善の勢いは明らかに加速しています。そこで今年の中国建国70周年を記念し、この中国滞在エピソードコンクールを開催します」とした。

今回の募集テーマは「私の初めての中国」「中国で叶えた幸せ」「中国のここが好き、これが好き」「中華人民共和国建国70周年に寄せて」の4つ。テーマの選択は自由、複数応募も可。応募資格は、これまでに中国に行ったことのある全ての日本人で、現在中国に在住している人も可能だという。

応募作品の中から、中国建国70周年にちなみ70作品を入選とする。内訳は最優秀賞の中国大使賞1人、1等賞5人、2等賞20人、3等賞44人で、最優秀賞には賞金10万円が贈呈される。応募受付は2019年5月13日（月）～6月16日（日）（必着）。入選発表は2019年9月下旬を予定している。（編集/北田）

Record China
2019年2月27日

共同网　2018年11月22日

旅华故事作文比赛颁奖仪式在东京举行

共同社，日中关系　2018年11月22日 · 22:11

朝日新聞 DIGITAL　2018年11月23日

朝日新聞デジタル > 記事　　国際　アジア・太平洋

「餃子は太陽となり私の心を照らした」体験談に最優秀賞

2018年11月23日08時06分

シェア 23　ツイート　ブックマーク 1　スクラップ　メール　印刷

「忘れられない中国滞在エピソード」コンクールで中国大使賞（最優秀賞）を受賞し、程永華（チョンヨンホワ）駐日中国大使（右）から賞状を受け取る原麻由美さん＝東京都港区の中国大使館

中国での体験談を募った「忘れられない中国滞在エピソード」コンクール（日本僑報社主催）の表彰式が22日、東京都港区 の中国大使館であった。10～80代から125本の応募があり、約40本が入選した。

中国大使賞（最優秀賞）は、今夏まで北京の大学に通っていた原麻由美さん（23）の「世界で一番美味しい食べ物」が受賞した。うっとうしく思っていた中国人の継父と、一緒に餃子（ぎょうざ）を作ったり、食べたりして心を通わせた経験を紹介。「餃子は太陽となり私の心を照らし、親子の絆をくれた」などとつづった。

“日本と中国”を読む

心と心つないだ餃子

第一回「忘れられない中国滞在エピソード」受賞作品集

伊佐進一など44人〈著〉 段躍中〈編〉

日本僑報社
2,200円（税別）

日中平和友好条約40周年記念・第1回「忘れられない中国滞在エピソード」受賞作品集。相互理解の促進をめざして、日本人の中国滞在経験者を対象として行われた初のコンクールには、現滞在者を含む日本全国の10～80代の幅広い世代から数多くの作品が寄せられた（2017年・第1回「忘れられない中国留学エピソード」の拡大版。ともに日本僑報社主催）。昨年11月に都内で開かれた表彰式で程永華・駐日中国大使は「身近に起きたことが様々な角度から書かれていた。交流を通じて理解や信頼が生まれる」と語った。

本書には、最優秀賞の「心と心つないだ餃子」ほか入賞作を収録。近くて遠い大国・中国の本当の姿とは？ 14億の隣人と今後どう向き合うべきか？ 新たな示唆を与えてくれる涙と感動のありのままの体験を伝える。

日本と中国
Japan and China Friendship Newspaper

2019年2月1日

国際貿易

☜ 2018年12月4日

中国滞在エピソード

作文コンクール表彰式開く

「第1回忘れられない中国滞在エピソード」作文コンクール（当協会などが後援）の表彰式が中国大使館で11月22日、開催された。冒頭、程永華大使があいさつし、受賞者を祝福するとともに「中国人と日本人を同文同種という先入観で見ると誤解が生じやすい。交流し違いを見つめることで理解が生まれ、それが信頼、友好につながっていく。これからも日中友好のために頑張ってほしい」と激励した。

また、グランプリにあたる「中国大使賞」を受賞した原真由美氏をはじめとする受賞者の代表数人が登壇し、それぞれが受賞の喜びや今後の抱負等を語った。

同コンクールは日本僑報社が日中平和友好条約締結40周年を記念して初開催、10代から80代までの幅広い年齢層の応募者が自らの中国滞在の経験を紹介し、40人余りが受賞した。

同社より受賞作品集『心と心つないだ餃子』が出版されている。

表彰式に先立ち、日本僑報社の主宰する中国語翻訳塾で長年にわたり後進の育成に尽力してきた武吉次朗当協会相談役をねぎらう程大使との面談が行われた。

2019年1月25日 ☞

『心と心つないだ餃子— 忘れられない中国滞在エピソード』

（伊佐進一ほか・日本僑報社・2200円＋税）

いまこの一冊 新刊紹介

岡崎雄兒 前中京学院大学教授

心ゆさぶる体験が満載

書籍出版をはじめ日中交流に尽力している日本僑報社が、日本人の中国滞在経験者を対象に「忘れられない中国滞在エピソード」を募集した。本書は応募総数125本から最優秀賞など入選作品40本を収録した第1回受賞作品集である。

作品の書き手は高校生、大学生、会社員、日本語講師、教員、医師など、年齢も10代から70代と老若男女さまざま。体験した内容も多岐にわたってそれぞれに興味を惹かれる。

最優秀賞に選ばれた原真由美さんの「世界で一番美味しい食べ物」は、中国人継父との心の葛藤を描く。餃子は親子の絆をくれ、「そして人と人の絆を強くし、心と心を繋（つな）げてくれる、世界で一番美味しい食べ物だと、私は思っています」と結ぶ。

また三本美和さんの「具だくさん餃子の味」は痛快。留学を始めて3カ月ほど経ち生活にも慣れてきた彼女は、留学とは現地の人の生活に入ることだと考えていた。なのにそれがない。そこで友だちと作戦を練った。食べることが好きなので食べ物に関することにしょう。中国人の家に行って家庭を見てみたい。お願いするだけでなく日本の文化も伝えたい。ひねりだしたのが「ヒッチクック」。画用紙に「餃子を作りたい」と書いて道行く人に声を掛けた。さてこの作戦はどんな展開になったのか。それは本書を読んでのお楽しみ。

いま日中関係は、首脳交流は再開されたものの訪日中国人客に比べ訪中日本人は依然少ない。14億もの人が住む隣国への無関心がこのまま続くのは残念だ。日本人と中国人のさまざまな場面でのふれ合いで得られた心ゆさぶる体験満載の本書が、まだ訪中したことのない日本人が中国を訪れるきっかけになればと願うばかりである。

人民中国 PEOPLE'S CHINA

2019年1月号

東京　作文でつづる中国の思い出

中国での体験談を募った日本僑報社主催の第1回「忘れられない中国滞在エピソード」コンクールの表彰式が昨年11月22日、駐日本中国大使館で行われた。同コンクールには、10～80代の幅広い年齢層から125作品の応募があり、40点が入選した。

程永華駐日中国大使はあいさつで、「最初から友好が生まれるのではない。交流から理解が生まれる。理解が深まって、初めて信頼が生まれる。信頼が深まって初めて友好だ。努力することで、友好が初めて実現できる」と交流の重要性を訴えた。

最優秀賞に輝いた原麻由美さんは12歳から中国で暮らし、昨年7月に清華大学を卒業した。受賞作の「世界で一番美味しい食べ物」は、うとましいと感じていた中国人の義父と、ギョーザ作りで心を通わせた経験をつづった。表彰式で原さんは、「心と心のつながりは国境や血縁を越えることを、義父との経験が教えてくれました」とスピーチした。

聖教新聞

2018年12月25日

日中平和友好条約締《てい》結《けつ》40周年を記念

入賞者が中国大使館の程永華駐日大使らと記念のカメラに（11月22日）

日中平和友好条約締結40周年の記念行事を二つ紹介する。

◇

【第1回「忘れられない中国滞在エピソード」コンクール】

日本人の中国滞在経験者を対象とした、このコンクールは、日本僑報社が主催し、中国大使館などが後援。10代から80代まで合計125本の応募があり、40本が入選した。

東京・港区の中国大使館で行われた表彰式（11月22日）で、程永華駐日大使は、中国と日本は「引っ越すことができない隣国であり、友好への努力を惜しんではならない」と力説。「交流から理解が生まれ、理解から信頼が生まれ、信頼から友好が生まれます。ダイナミックに交流を重ね、両国の平和友好関係を一層、強固にしていきたい」と呼び掛けた。

入賞作品は『心と心つないだ餃子——第1回「忘れられない中国滞在エピソード」受賞作品集』に収められている。

段躍中編『心と心つないだ餃子』日本僑報社

◇

【金陵画派新韻——中日水墨画芸術展】

金陵とは、中国・江蘇省の南京のこと。金陵画派とは、明・清の時代に南京を中心に活躍した画家の一派である。日本に留学した画家・傅抱石を中心とする新金陵画派は、伝統を継承しながら新しい芸術を追求し、中国画壇に新風を巻き起こした。

同展は、現代中国画壇で活躍する新金陵画派の世界を紹介。

代表作家20人の作品と、日本の関西を中心に活動する40人の作品が公開された。東京・港区の中国文化センターで12月4日から7日まで開かれ、「日中の友好親善の絆を強める展示」（中国大使館の陳静文化参事官）となった（写真、主催＝江蘇省美術家協会、日中書画芸術交流協会、中国文化センター）。

東京新聞

2018年12月17日

私説　論説室から

想包餃子

「忘れられない中国滞在エピソード」というテーマの作文コンクール表彰式が、中国大使館で行われた。その中に「想包餃子」（ぎょうざを作りたい）と書いた紙を手にした大学生がいた。三本美和さん（二三）だった。

三本さんの作文は二〇一六年から約一年間、上海に語学留学した時のこと。現地の人と交流したいと考え、留学仲間と、この中国語を画用紙に大きく書いて公園で掲げてみた。

多くの人は通り過ぎていく。一人の中年女性が足を止め、三本さんたちを見ていた。

すかさず「中国人の生活を体験したいのです」と頼み込んだ。「私は餃子を作るのがうまくない。家もここから遠いけどいい？」

女性は二人と車に乗り、材料を買って高層マンションの自宅に招き入れた。そして、作り方を丁寧に教えてくれた。お礼に二人は、ツナ缶で日本風のおにぎりを作った。

女性は、日中戦争について語り出した。「だから、日本人を好きになれなかった。でも…」と女性は言葉を継いだ。

「お互い憎み合うのは悲しいことだと、今日気がついた。いつでも遊びにおいで」

中国は怖い、韓国は嫌いと言う人が少なくない。そう言う前に、一歩自分から歩み寄ってほしい。何か感じることがあるはずだ。

三本さんは「あの餃子は幸せの味だった」と作文を締めくくった。入賞作品集は日本僑報社から出版されている。

（五味洋治）

北海道新聞 どうしん電子版 2018年11月22日

忘れられぬ経験つづる　中国滞在の作文コンクール

2018/11/22 18:08 更新

最優秀賞に選ばれ、中国の程永華駐日大使（右）から賞状を受け取る原麻由美さん＝２２日、東京都港区の中国大使館

忘れられない中国滞在の経験をテーマにした日本語の作文コンクールの表彰式が２２日、東京都港区の中国大使館であり、７月に中国の清華大を卒業して帰国した原麻由美さん（２３）＝神奈川県＝に最優秀賞、浜松市の高校１年相曽圭さん（１５）ら５人に１等賞が贈られた。

１２歳から中国で暮らしていた原さんは作文で、かつて敬遠していた中国人継父と信頼関係を築くまでのエピソードを紹介。表彰式では「心と心のつながりは、国境や血縁を越えることを（継父が）教えてくれた」とスピーチした。

相曽さんは、父親の赴任で天津日本人学校の小学部に通っていたころの体験を文章にまとめた。いつの間にか自分の中にあった「中国人との間の壁」を壊すと「人々の温かさに気づくことができた」とつづった。

西日本新聞 2018年11月22日

西日本新聞 › ニュース › アジア・世界

忘れられぬ経験つづる　中国滞在の作文コンクール

2018年11月22日17時51分 (更新 11月22日 18時12分)

最優秀賞に選ばれ、中国の程永華駐日大使（右）から賞状を受け取る原麻由美さん＝２２日、東京都港区の中国大使館

写真を見る

作文コンクールの表彰式で賞状を手にする受賞者たち＝２２日、東京都港区の中国大使館

忘れられない中国滞在の経験をテーマにした日本語の作文コンクールの表彰式が２２日、東京都港区の中国大使館であり、７月に中国の清華大を卒業して帰国した原麻由美さん（２３）＝神奈川県＝に最優秀賞、浜松市の高校１年相曽圭さん（１５）ら５人に１等賞が贈られた。

１２歳から中国で暮らしていた原さんは作文で、かつて敬遠していた中国人継父と信頼関係を築くまでのエピソードを紹介。表彰式では「心と心のつながりは、国境や血縁を越えることを（継父が）教えてくれた」とスピーチした。

相曽さんは、父親の赴任で天津日本人学校の小学部に通っていたころの体験を文章にまとめた。いつの間にか自分の中にあった「中国人との間の壁」を壊すと「人々の温かさに気づくことができた」とつづった。

コンクールは日本僑報社が主催し、今回が第１回。１２５本の応募があった。中国の程永華駐日大使は「身近に起きたことがさまざまな角度から書かれていた。交流を通じて理解や信頼が生まれる」と語った。

KYODO 共同通信 2018年11月22日

忘れられぬ経験つづる

中国滞在の作文コンクール

2018/11/22 18:07 (JST)　|　12/7 15:31 (JST) updated　　©一般社団法人共同通信社

最優秀賞に選ばれ、中国の程永華駐日大使（右）から賞状を受け取る原麻由美さん＝22日、東京都港区の中国大使館

忘れられない中国滞在の経験をテーマにした日本語の作文コンクールの表彰式が22日、東京都港区の中国大使館であり、7月に中国の清華大を卒業して帰国した原麻由美さん（23）＝神奈川県＝に最優秀賞、浜松市の高校1年相曽圭さん（15）ら5人に1等賞が贈られた。

12歳から中国で暮らしていた原さんは作文で、かつて敬遠していた中国人継父と信頼関係を築くまでのエピソードを紹介。表彰式では「心と心のつながりは、国境や血縁を越えることを（継父が）教えてくれた」とスピーチした。

相曽さんは、父親の赴任で天津日本人学校の小学部に通っていたころの体験を文章にまとめた。いつの間にか自分の中にあった「中国人との間の壁」を壊すと「人々の温かさに気づくことができた」とつづった。

コンクールは日本僑報社が主催し、今回が第1回。125本の応募があった。中国の程永華駐日大使は「身近に起きたことがさまざまな角度から書かれていた。交流を通じて理解や信頼が生まれる」と語った。

作文コンクールの表彰式で賞状を手にする受賞者たち＝22日、東京都港区の中国大使館

福島民報 2018年11月22日

忘れられぬ経験つづる
中国滞在の作文コンクール

忘れられない中国滞在の経験をテーマにした日本語の作文コンクールの表彰式が２２日、東京都港区の中国大使館であり、7月に中国の清華大を卒業して帰国した原麻由美さん（２３）＝神奈川県＝に最優秀賞、浜松市の高校１年相曽圭さん（１５）ら５人に１等賞が贈られた。

１２歳から中国で暮らしていた原さんは作文で、かつて敬遠していた中国人継父と信頼関係を築くまでのエピソードを紹介。表彰式では「心と心のつながりは、国境や血縁を越えることを（継父が）教えてくれた」とスピーチした。

山陰中央新報 ONLINE NEWS 2018年11月22日

忘れられぬ経験つづる　中国滞在の作文コンクール

忘れられない中国滞在の経験をテーマにした日本語の作文コンクールの表彰式が２２日、東京都港区の中国大使館であり、７月に中国の清華大を卒業して帰国した原麻由美さん（２３）＝神奈川県＝に最優秀賞、浜松市の高校１年相曽圭さん（１５）ら５人に１等賞が贈られた。

１２歳から中国で暮らしていた原さんは作文で、かつて敬遠していた中国人継父と信頼関係を築くまでのエピソードを紹介。表彰式では「心と心のつながりは、国境や血縁を越えることを（継父が）教えてくれた」とスピーチした。

相曽さんは、父親の赴任で天津日本人学校の小学部に通っていたころの体験を文章にまとめた。いつの間にか自分の中にあった「中国人との間の壁」を壊すと「人々の温かさに気づくことができた」とつづった。

コンクールは日本僑報社が主催し、今回が第１回。１２５本の応募があった。中国の程永華駐日大使は「身近に起きたことがさまざまな角度から書かれていた。交流を通じて理解や信頼が生まれる」と語った。

最優秀賞に選ばれ、中国の程永華駐日大使（右）から賞状を受け取る原麻由美さん＝２２日、東京都港区の中国大使館

作文コンクールの表彰式で賞状を手にする受賞者たち＝２２日、東京都港区の中国大使館

福井新聞 FUKUISHIMBUN ONLINE 2018年11月22日

HOME ＞ 全国のニュース ＞ 国際

忘れられぬ経験つづる
中国滞在の作文コンクール

2018年11月22日 午後5時47分

最優秀賞に選ばれ、中国の程永華駐日大使（右）から賞状を受け取る原麻由美さん＝２２日、東京都港区の中国大使館

忘れられない中国滞在の経験をテーマにした日本語の作文コンクールの表彰式が２２日、東京都港区の中国大使館であり、７月に中国の清華大を卒業して帰国した原麻由美さん（２３）＝神奈川県＝に最優秀賞、浜松市の高校１年相曽圭さん（１５）ら５人に１等賞が贈られた。

１２歳から中国で暮らしていた原さんは作文で、かつて敬遠していた中国人継父と信頼関係を築くまでのエピソードを紹介。表彰式では「心と心のつながりは、国境や血縁を越えることを（継父が）教えてくれた」とスピーチした。

相曽さんは、父親の赴任で天津日本人学校の小学部に通っていたころの体験を文章にまとめた。いつの間にか自分の中にあった「中国人との間の壁」を壊すと「人々の温かさに気づくことができた」とつづった。

沖縄タイムス＋プラス OKINAWA TIMES 2018年11月22日

忘れられぬ経験つづる　中国滞在の作文コンクール

2018年11月22日 17:47

忘れられない中国滞在の経験をテーマにした日本語の作文コンクールの表彰式が２２日、東京都港区の中国大使館であり、７月に中国の清華大を卒業して帰国した原麻由美さん（２３）＝神奈川県＝に最優秀賞、浜松市の高校１年相曽圭さん（１５）ら５人に１等賞が贈られた。

最優秀賞に選ばれ、中国の程永華駐日大使（右）から賞状を受け取る原麻由美さん＝２２日、東京都港区の中国大使館

１２歳から中国で暮らしていた原さんは作文で、かつて敬遠していた中国人継父と信頼関係を築くまでのエピソードを紹介。表彰式では「心と心のつながりは、国境や血縁を越えること

Web東奥　2018年11月22日

忘れられぬ経験つづる　中国滞在の作文コンクール

忘れられない中国滞在の経験をテーマにした日本語の作文コンクールの表彰式が２２日、東京都港区の中国大使館であり、７月に中国の清華大を卒業して帰国した原麻由美さん（２３）＝神奈川県＝に最優秀賞、浜松市の高校１年相曽圭さん（１５）ら５人に１等賞が贈られた。

１２歳から中国で暮らしていた原さんは作文で、かつて敬遠していた中国人継父と信頼関係を築くまでのエピソードを紹介。表彰式では「心と心のつながりは、国境や血縁を越えることを（継父が）教えてくれた」とスピーチした。

相曽さんは、父親の赴任で天津日本人学校の小学部に通っていたころの体験を文章にまとめた。いつの間にか自分の中にあった「中国人との間の壁」を壊すと「人々の温かさに気づくことができた」とつづった。

最優秀賞に選ばれ、中国の程永華駐日大使（右）から賞状を受け取る原麻由美さん＝２２日、東京都港区の中国大使館

佐賀新聞LiVE　2018年11月22日

忘れられぬ経験つづる

中国滞在の作文コンクール

2018/11/22（共同通信）

最優秀賞に選ばれ、中国の程永華駐日大使（右）から賞状を受け取る原麻由美さん＝２２日、東京都港区の中国大使館

作文コンクールの表彰式で賞状を手にする受賞者たち＝２２日、東京都港区の中国大使館

忘れられない中国滞在の経験をテーマにした日本語の作文コンクールの表彰式が２２日、東京都港区の中国大使館であり、７月に中国の清華大を卒業して帰国した原麻由美さん（２３）＝神奈川県＝に最優秀賞、浜松市の高校１年相曽圭さん（１５）ら５人に１等賞が贈られた。

１２歳から中国で暮らしていた原さんは作文で、かつて敬遠していた中国人継父と信頼関係を築くまでのエピソードを紹介。表彰式では「心と心のつながりは、国境や血縁を越えることを（継父が）教えてくれた」とスピーチした。

相曽さんは、父親の赴任で天津日本人学校の小学部に通っていたころの体験を文章にまとめた。いつの間にか自分の中にあった「中国人との間の壁」を壊すと「人々の温かさに気づくことができた」とつづった。

忘れられぬ経験つづる　中国滞在の作文コンクール

中日新聞 CHUNICHI Web　2018年11月22日

忘れられぬ経験つづる
中国滞在の作文コンクール

IWATE NIPPO　2018年11月22日

忘れられぬ経験つづる　中国滞在の作文コンクール

東京新聞 TOKYO Web　2018年11月22日

四国新聞社　2018年11月22日

忘れられぬ経験つづる／中国滞在の作文コンクール

2018/11/22 17:47

メールで記事を紹介　印刷する　一覧へ

ツイート　B! 0　シェア 0

忘れられない中国滞在の経験をテーマにした日本語の作文コンクールの表彰式が22日、東京都港区の中国大使館であり、7月に中国の清華大を卒業して帰国した原麻由美さん（23）＝神奈川県＝に最優秀賞、浜松市の高校1年相曽圭さん（15）ら5人に1等賞が贈られた。

作文コンクールの表彰式で賞状を手にする受賞者たち＝２２日、東京都港区の中国大使館

最優秀賞に選ばれ、中国の程永華駐日大使（右）から賞状を受け取る原麻由美さん＝２２日、東京都港区の中国大使館

12歳から中国で暮らしていた原さんは作文で、かつて敬遠していた中国人継父と信頼関係を築くまでのエピソードを紹介。表彰式では「心と心のつながりは、国境や血縁を越えることを（継父が）教えてくれた」とスピーチした。

相曽さんは、父親の赴任で天津日本人学校の小学部に通っていたころの体験を文章にまとめた。いつの間にか自分の中にあった「中国人との間の壁」を壊すと「人々の温かさに気づくことができた」とつづった。

コンクールは日本僑報社が主催し、今回が第1回。125本の応募があった。中国の程永華駐日大使は「身近に起きたことがさまざまな角度から書かれていた。交流を通じて理解や信頼が生まれる」と語った。

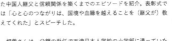

YOMISAT
中国・アジア
2018年6月28日

中国滞在時の体験記を募集

日本僑報社

【北京＝比嘉清太】日中関係の書籍を出版している「日本僑報社」（本社・東京都豊島区）が、中国滞在経験のある日本人を対象に、滞在時の忘れられないエピソードをつづる作文を募集している。日中平和友好条約締結40周年の今年、応募作品から40人分を収録して書籍化することも検討している。

同社は昨年、日本人の中国留学経験者を対象に留学エピソードをつづる作文を募集、書籍化しており、日中双方のメディアで話題を読んだ。その拡大版と位置づける今回の事業では、旅行や留学を含め、滞在期間の長短は問わない。現在、中国に滞在中の日本人でも応募できる。

同社編集長の段躍中さんは、「中国での体験を記してもらうことで、日中の相互理解の促進につなげたい」と話している。

最優秀賞（1人）には賞金10万円が進呈される。応募期間は今月30日まで。原稿の送付先は、メール（40@duan.jp）へ。文字数は3000字で、略歴200字。詳細は同社のホームページ（http://duan.jp/cn）で。

忘れられない中国滞在エピソード大募集

日本僑報社主催

日本僑報社が「忘れられない中国滞在エピソード」を左記の要領で募集しています。これは日中平和友好条約締結40周年を記念した取り組み。

▽内容＝中国滞在時の貴重な思い出、帰国後の中国とのかかわり、近況報告、中国の魅力、今後の日中関係への提言など

▽エピソードは日本語3000字＋文末に略歴200字（ワード形式で）

文字数のほか、郵便番号、住所、氏名、年齢、性別、職業、連絡先（E-mail、電話番号、微信ID）といった情報を、エクセル形式で一行にまとめて送付

▽写真＝滞在時の思い出の写真1枚と筆者の近影1枚

▽送付先＝E-mail 40@duan.jp（送信メールの件名（タイトル）は「忘れられない中国滞在エピソード応募」と記入、応募者の氏名も明記

▽応募期間＝6月1日（金）～30日（土）

▽入選発表＝8月31日（金）予定

▽特典＝最優秀賞（中国大使賞）1名（賞金10万円）、1等賞5名、2等賞10名、3等賞24名、佳作賞をそれぞれ進呈

▽問い合わせ＝☎03（5956）2808

担当（張本、伊藤）

日中友好新聞　2018年6月15日

公募ガイド

2018年6月号

体験記・作文ほか

＼第1回／
日中平和友好条約締結40周年記念「忘れられない中国滞在エピソード」募集

副賞 10万円　原稿 3000字程度　入選 40編　2018 6/30

舞台は中国、とっておきの思い出を！
留学生やビジネスパーソン、行政・教育・文化・スポーツ・科学技術関係者や駐在員家族、国際結婚をした人、短期旅行者など、幅広い分野や立場での中国滞在経験者のエピソードを募集。中国人の同僚や部下、恩師や友人、家族との関わり、現在の中国との関わり、知る人ぞ知る中国の魅力、日中関係への提言といった平和友好条約締結40周年を記念するにふさわしい作品を。入選作40編は、作品集として刊行される予定。（ふ）

応募要項

●**内容**／忘れられない中国滞在エピソードを募集。　●**規定**／メールで応募。Word形式で、3000字程度。文末に200字程度の略歴をつける。縦書き。1行の字数、1枚の行数自由。末尾に〒住所、氏名、年齢、性別、職業、連絡先（メールアドレス、TEL、あれば微信ID）を明記。滞在時の思い出の写真1枚と応募者の近影1枚をJPG形式で添付。長辺600ピクセル以内。写真は入選の連絡後に送付しても可。メールの件名は「忘れられない中国滞在エピソード応募（応募者名）」とする。応募数自由。　●**資格**／中国滞在経験のある日本人　●**賞**／1等賞（中国大使賞）1編＝10万円、ほか　●**応募期間**／6月1日～30日　●**発表**／8月31日予定

応募先 40@duan.jp　問合せ 03-5956-2808　03-5956-2809　http://duan.jp/news/jp/20180402.htm　主催：日本僑報社

Record China　2018年11月24日

■ TOP > 社会

「餃子が心と心をつないだ」＝忘れられない中国滞在エピソード最優秀賞の原麻由美さん、表彰式で日中国民の友好訴え<受賞作全文掲載>

Record china　配信日時：2018年11月24日(土) 11時0分

中国に滞在した経験のある日本人を対象にした第1回「忘れられない中国滞在エピソード」コンクールの表彰式が東京の中国大使館で開催された。最優秀賞を受賞した原麻由美さんの「世界で一番美味しい食べ物」。写真は表彰式風景。

公明新聞　2018年4月13日

◆第１回「忘れられない中国滞在エピソード」募集

日中平和友好条約締結40周年に当たる2018年、中国に滞在したことのある日本人を対象にした第１回「忘れられない中国滞在エピソード」の原稿を募集する。文字数は3000字で、応募期間は６月１～30日。入選発表は８月31日。送信メールのタイトルに「忘れられない中国滞在エピソード応募（氏名）」として、40@duan.jp（Ｅメール）へ。詳しい問い合わせは☎03・5956・2808へ。

日本と中国　Japan and China Friendship Newspaper　2018年5月1日

「忘れられない中国滞在エピソード」

第1回作品を6月1日から募集

1等の中国大使賞は賞金10万円！

日本僑報社は、今年の日中平和友好条約締結40周年を記念して、中国に滞在したことのある日本人を対象とした第1回「忘れられない中国滞在エピソード」（駐日中国大使館、（公社）日中友好協会などが後援）の原稿を募集する。

1972年に日中国交正常化が実現し、79年に両国政府が留学生の相互派遣で合意して以来、これまで約23万人の日本人が中国へ留学し、来日した中国人留学生は累計100万人を超えるという。

今回は、中国滞在時のとっておきのエピソードをはじめ、現在の中国との関わり、知る人ぞ知る中国の魅力、そしてこれからの日中関係にプラスになるような提言といった、40周年を記念するにふさわしい内容のオリジナリティーあふれる作品を募集する。

40周年に合わせて、原則として40作品を入選作として選び、それらを1冊の作品集として刊行する予定。さらに入選作から、1等賞1人（中国大使賞）、2等賞10人、3等賞29人（以上40人・作品）、佳作賞若干名を選出し、1等賞には副賞10万円が贈られる。

応募期間は6月1日から6月30日まで。応募の詳細は同社ホームページ（http://duan.jp/news/jp/20180402.htm）を参照のこと。

日中文化交流　2018年5月1日

日本僑報社主催

「忘れられない中国滞在エピソード」募集はじまる

日本僑報社（段躍中編集長）は、6月1日から30日まで、第1回「忘れられない中国滞在エピソード」への原稿の公募を実施する。

公募内容は、中国滞在時の思い出や、帰国後の中国との関わり、中国の魅力、日中関係への提言など。中国滞在経験者が対象。入選発表は8月31日を予定しており、40本の入選作品は単行本として出版される予定。当協会後援。

応募方法、特典など詳細は、HP（http://duan.jp/cn/2018.htm）参照。

人民日报 海外版
PEOPLE'S DAILY OVERSEAS EDITION
2019年1月9日

讲述交往故事，增进交流理解

《连心饺子》汇集日本友人记忆

本报驻日本记者　刘军国

■"难忘的旅华故事"征文比赛显示中日民众相互交流的热情

■通过在中国学习历史、以史为鉴，理解了和平的珍贵

日本庆应大学学生正在翻看《连心饺子》一书。　本报记者　刘军国摄

为纪念中日和平友好条约缔结40周年，由日本侨报出版社主办、中国驻日本大使馆担任后援单位的第一届"难忘的旅华故事"征文比赛颁奖典礼日前在东京举行。中国驻日本大使程永华、日本侨报社总编辑段跃中、日本财务大臣政务官伊佐进一、日中友好协会顾问小岛康誉以及获奖者等约150人出席了此次颁奖礼。

在颁奖礼上，获奖者先后上台分享了各自在中国的见闻以及与中国朋友交往的感人故事。各位获奖者均表示，通过在中国工作、学习和生活的经历，认识了一个完全不一样的中国，今后愿做日中友好交流的桥梁，增强两国关系发展的民意纽带。

期待日本民众多去中国走走看看

"难忘的旅华故事"征文比赛面向所有拥有旅华经历、包括目前正在中国的日本民众，征集他们旅华期间的故事，旨在促进日中友好交流和相互理解。在众多参赛作品中，有的讲述与中国民众的交往故事，有的抒发体验中国文化的感悟。获奖文章已经结集为《连心饺子》一书出版，并在日本各大实体和网络书店销售。

日本自民党干事长二阶俊博发来贺信表示："希望有旅华经历的日本人将这一宝贵经历充分运用到日中友好交流中，希望广大日本读者能够铭记阅读时的感动，能够亲眼去看一看中国，从而写出更多新的难忘的旅华故事。"

国之交在于民相亲。程永华在颁奖礼致辞中说，"难忘的旅华故事"征文比赛成功举办，充分显示了中日两国民众相互交流的热情。很高兴看到很多日本民众从对中国一无所知，到通过交流与中国民众加深相互了解、增进理解和信任，最终建立起牢固的友谊。

2018年是中日和平友好条约缔结40周年。程永华表示，在中日关系保持良好改善发展势头的大背景下，希望两国民众特别是青年之间进一步扩大交流、增进友谊，为中日关系长期健康稳定发展发挥积极作用。

段跃中对本报记者说，希望日本全国各地的民众都能读到《连心饺子》一书，能够多去中国走走看看，感受中国悠久灿烂的文化、日新月异的变化，结识中国淳朴善良的民众。

希望向更多人讲述中国的魅力

很多日本民众读了《连心饺子》中的故事后备受感动，希望去中国看看。日本前首相福田康夫为《连心饺子》撰写序言，称赞这些珍贵的经历对于促进日中两国人民相互理解发挥着重要作用。

2018年7月刚从清华大学毕业的原麻由美回忆自己10年的赴华学习生活，撰写了《世界上最美味的食物》一文，讲述了饺子作为心与心之间的纽带，给自己人生带来的积极影响。

在颁奖礼上，原麻由美激动地讲述了自己在中国的美好回忆。2008年，由于母亲与中国继父结婚，12岁的原麻由美跟随母亲从日本来到中国上学。初到中国，原麻由美每次考试都在班级里倒数第一，这令她很难受。

一天放学后，中国继父带着原麻由美去一家饺子馆吃饭。吃着热腾腾的饺子，中国继父打破了沉默："不要为倒数第一名感到羞愧。你只学习了一年汉语，同学们的母语是汉语，你们成绩不一样是正常的。你把中国同学当作榜样去努力，为超越过去的自己而奋斗，慢慢进步就可以了。"这段话深深地温暖了原麻由美。那年春节，原麻由美向继父提议全家人一起包饺子，边吃边聊。从那以后，原麻由美从心底里接受了中国继父，成为真正意义上的一家人。

原麻由美在文中写道："十年在中国的学习生活中，给予我如饺子一样热腾腾的爱的人无疑就是中国继父。与继父一起吃饺子的温暖和启迪就像太阳一样，照亮了我的心灵，给予了我无限的希望，给予我和继父超越国境与血缘的父女之情。从此，我们一起吃的饺子也变成了世界上最美味的食物，成为心与心之间的纽带。"

原麻由美认为，与中国人相处、交流并学习中国文化的经历是她一生中宝贵的经验。在文章结尾，原麻由美表示："希望通过介绍自己在中国的美好回忆，向更多人传达中国的魅力。"

从历史中理解和平的珍贵

程永华说，尤其令人感到欣慰的是，有的作者通过参观历史纪念馆和战争遗迹，加深了对中日之间不幸历史的了解，写下了对中日关系的深入思考。正是这种正视历史、以史为鉴、面向未来的正确态度，才有助于两国民众超越历史纠葛，构筑两国和平友好合作关系。

一名叫中关令美的东京姑娘在文章中讲述了自己与一名南京姑娘的故事。当中关令美告诉家人，应中国朋友之邀要去南京旅游时，祖父母表达了深切担忧和强烈反对。中关令美不顾家人反对，只身一人前往南京。

曾经在中学历史教科书中了解了南京大屠杀历史的中关令美到达南京之后，起初特别在意自己的国籍。在海关入关处，为把护照正面的"日本"两字藏起来，她刻意把护照反面朝上交给工作人员。每当被出租车司机、餐馆服务员问起自己的国籍，她内心都十分忐忑。但令她惊讶的是，当她告诉对方自己是日本人时，对方依然友善地对待她。

当她的南京朋友问她最想去哪里时，中关令美说，希望去侵华日军南京大屠杀遇难同胞纪念馆参观。在认真参观完纪念馆后，她的中国朋友说道："历史不容篡改，南京大屠杀铁证如山、不容推翻。但我们永远是朋友。"中关令美顿时泪如泉涌。她意识到，虽然时钟无法拨回到1937年，无法阻止那场大屠杀，但是我们可以以史为鉴，从历史中学习和平的珍贵。

中关令美最后写道："在机场与中国朋友道别之后，我种下了一个新的梦想，那就是将来做日本和中国友好的桥梁。我将把在南京的经历铭记在心，继续努力下去。"

（本报东京电）

中文導報 CHUBUN
2018年11月29日

"难忘的旅华故事"东京颁奖

Record China
2018年4月4日

■ TOP > 社会

「忘れられない中国滞在エピソード」大募集！＝日中平和友好条約締結40周年記念

日本僑報社

配信日時：2018年4月4日(水) 18時0分

Email
Share
Tweet
コメント

日本僑報社は、日中平和友好条約締結40周年を記念して、中国に滞在したことのある日本人を対象とした第1回「忘れられない中国滞在エピソード」原稿を大募集します！

1972年の日中国交正常化以降、とくに1979年に両国政府が留学生の相互派遣で合意してから、これまでに中国は累計約23万人の日本人留学生を受け入れており、来日した中国人留学生は累計100万人を超えています。

人民日报 海外版
PEOPLE'S DAILY OVERSEAS EDITION
2018年12月7日

《连心饺子》在日首发

为纪念中日和平友好条约缔结40周年，由日本侨报出版社主办、中国驻日大使馆支援的第一届"难忘的旅华故事"征文比赛颁奖典礼暨获奖文集《连心饺子》首发式，近日在东京举行。中国驻日本大使程永华，日本众议院议员、财务大臣政务官伊佐进一、日本著名作家海老名香叶子等及获奖者约150人出席。

日本前首相福田康夫在为《连心饺子》撰写的序言中写到，读完"旅华故事"后心潮澎湃，这些珍贵的经历对于促进日中两国民相互理解发挥不可替代的重要作用，无疑将成为日中关系发展的正能量。

日本自民党干事长二阶俊博发来贺信表示，希望有旅华经历的日本人将这一宝贵经历充分运用到日中友好交流中，希望广大日本读者能够铭记阅读时的感动，去亲眼看一看中国，从而写出更多新的难忘的旅华故事。

（刘军国）

首届"难忘的旅华故事"征文比赛在东京揭晓

2018年11月23日 12:01　来源：经济日报-中国经济网　苏海河

［手机看新闻］［字号 大 中 小］［打印本稿］

程永华大使为获奖作者颁奖

经济日报-中国经济网东京11月23日讯（记者　苏海河）为纪念中日和平友好条约缔结40周年，由日本侨报出版社主办、中国驻日大使馆支援的首届"难忘的旅华故事"征文比赛，11月22日评选揭晓并在我国驻日大使馆举行颁奖典礼。

中国经济网
www.ce.cn
2018年11月23日

中青在线 2018年11月26日

《连心饺子》首发：旅华故事传递中日友好

发布时间：2018-11-26 14:04 来源：中青在线 作者：蒋肖斌

中青在线讯（中国青年报・中青在线记者 蒋肖斌）为纪念中日和平友好条约缔结40周年，由日本侨报出版社主办、中国驻日大使馆支持的第一届“难忘的旅华故事”征文比赛颁奖典礼暨获奖文集《连心饺子》首发式，11月22日在东京举行。

程永华大使在会场和原麻由美合影。段跃中摄

中国驻日本大使程永华向清华大学留学生原麻由美颁发了“中国大使奖”，向日本众议院议员兼财务大臣政务官伊佐进一颁发了“特别奖”，另有54位日本人分别获得一二三等和佳作奖。

www.news.cn 新华网 NEWS www.xinhuanet.com 2018年11月24日

第一届“难忘的旅华故事”征文比赛颁奖典礼在东京举行

2018-11-24 14:18:40 来源：新华网

新华网东京11月24日电（记者 姜俏梅）为纪念中日和平友好条约缔结40周年，由日本侨报社主办的第一届“难忘的旅华故事”征文比赛颁奖典礼近日在中国驻日本大使馆举行，日本各界代表160余人出席了颁奖典礼。

曾在清华大学留学的日本女孩原麻由美以《世界最美味食物》一文获得最高奖项“中国大使奖”。原麻由美在文章中写道，“饺子如太阳一般照耀到我的心底，给我希望，支撑着我在中国的留学生活，并帮助我和继父之间建立起超越国界和血缘的亲子关系。在我心里，饺子是能够超越国界，让人与人心灵相通的全世界最美味的食物。”

中国驻日本使馆举行“难忘的旅华故事”征文比赛颁奖仪式

11月22日，中国驻日本使馆举行“难忘的旅华故事”征文比赛颁奖仪式，中国驻日本大使程永华，众议院议员、财务大臣政务官伊佐进一，日中友好协会顾问小岛康誉以及获奖者等约150人出席。

程大使在致辞中表示，“难忘的旅华故事”征文比赛成功举办，充分显示了中日两国民众相互交流的热情。在众多参赛作品中，有的讲述与中国人的交往趣事，有的描写体验中国文化的感悟，这些发生在普通日本民众身边的故事令人感动。很高兴看到很多日本民众从对中国一无所知，到通过交流与中国民众加深相互了解认识，在此基础上增进相互理解和信任，进而建立起牢固的友好感情。尤其令人感到欣慰的是，有的作者通过参观历史纪念馆和战争遗迹，加深了对中日之间不幸历史的了解，写下了对中日关系的深入思考。正是这种正视历史、以史为鉴、面向未来的正确态度，才有助于两国民众超越历史纠葛，实现民族和解并构筑两国和平友好合作关系。

程大使表示，今年是中日和平友好条约缔结40周年，在双方共同努力下，两国关系在重回正轨基础上取得新的发展。今年5月，李克强总理成功访问日本。安倍首相上个月访问中国，两国领导人一致同意开展更加广泛的人文交流，增进相互理解。两国领导人还同意将明年定为“中日青少年交流促进年”，鼓励两国各界特别是年轻一代踊跃投身中日友好事业。2020年、2022年，东京和北京将相继迎来夏季和冬季奥运会，在中日关系保持良好改善发展势头的大背景下，希望两国民众特别是青年进一步扩大交流，增进友谊，为中日关系长期健康稳定发展发挥积极作用。

自民党干事长二阶俊博发来贺信表示，希望有旅华经历的日本人将这一宝贵经历充分运用到日中友好交流中，希望广大日本读者能够铭记阅读时的感动，多去亲眼看一看中国，从而写出更多新的“难忘的旅华故事”。希望通过此次征文比赛，日本民众可以增加与中国的交往，加深对中国的了解，为日中关系改善发展贡献更多力量。

伊佐进一和获奖者分别上台发言，分享了在中国的见闻以及与中国朋友交往的感人故事。获奖者表示，通过在中国生活、旅行，增进了了解中国，改变了对中国的刻板印象。日中关系不仅是政治（转第3版）

大富報 2018年12月2日

2018年11月23日

驻日本使馆举行"难忘的旅华故事"征文比赛颁奖仪式

11月22日，驻日本使馆举行"难忘的旅华故事"征文比赛颁奖仪式，程永华大使、日本侨报社社长段跃中、众议院议员、财务大臣政务官伊佐进一、日中友好协会顾问小岛康誉以及获奖者等约150人出席。

程大使在致辞中表示，"难忘的旅华故事"征文比赛成功举办，充分显示了中日两国民众相互交流的热情。在众多参赛作品中，有的讲述与中国人的交往趣事，有的描写体验中国文化的感悟，这些发生在普通日本民众身边的故事令人感动。很高兴看到很多日本民众从对中国一无所知，到通过交流与中国民众加深相互了解认识,在此基础上增进相互理解和信任，进而建立起牢固的友好感情。尤其令人感到欣慰的是，有的作者通过参观历史纪念馆和战争遗迹，加深了对中日之间不幸历史的了解，写下了对中日关系的深入思考。正是这种正视历史、以史为鉴、面向未来的正确态度，才有助于两国民众超越历史纠葛，实现民族和解并构筑两国和平友好合作关系。

人民视频
v.people.cn
2018年11月23日

"难忘的旅华故事"征文比赛在东京举行颁奖仪式

2018/11/23 22:59:44　来源：人民网-人民视频

人民网
people.cn
2018年11月22日

"难忘的旅华故事"征文比赛东京颁奖 日本留学生荣获"中国大使奖"

2018年11月22日17:14　来源：人民网-日本频道

首届征文大赛颁奖典礼颁奖嘉宾及获奖者合影

人民网东京11月22日电（吴颖）11月22日，第一届"难忘的旅华故事"征文比赛在中国驻日本使馆举行颁奖典礼。本次征文比赛为纪念中日和平友好条约缔结40周年，由日本侨报出版社主办、中国驻日大使馆支援。

国际 22

“武术让我亲近中国文化”

电子屏幕对法国“新一代”危害大

“清洁印度”运动仍有待观念变革

人工智能，需要“负责任的创新”

人民日报 2018年4月3日

“难忘的旅华故事”征文比赛在东京启动

本报东京4月2日电 （记者**刘军国**）为纪念中日和平友好条约缔结40周年，第一届“难忘的旅华故事”征文比赛4月2日在东京启动。

您在中国生活和工作期间有哪些难忘的故事？您心中一直怀念哪位中国朋友？您现在与中国割舍不断的联系是什么？您是怎样讲述您认识的中国人及中国魅力的……主办方希望在中国生活和工作过的日本各界人士拿起笔来，写出珍藏在心中的记忆，分享各自的原创故事，从而让更多的日本人了解到在中国生活和工作、旅游的快乐，让更多的人感受到中国独特的魅力，促进中日之间的相互理解。

2017年，日本侨报出版社举办了首届“难忘的中国留学故事”征文比赛，受到日本各界好评。据悉，由于很多没有在中国留学的日本人也想参加该活动，在中日和平友好条约缔结40周年之际，主办方把参加对象扩大至所有在中国生活和工作过的日本人，并表示将把此项活动长期办下去。中国驻日本大使馆是本次活动的后援单位。

第一届“难忘的旅华故事”征文比赛结果揭晓

2018年09月13日07:15　来源：人民网-国际频道　分享到：

人民网东京9月12日电（记者 刘军国）为纪念中日和平友好条约缔结40周年，由日本侨报社主办的第一届“难忘的旅华故事”征文比赛评选结果9月12日揭晓。清华大学留学生原麻由美获中国大使奖，另有54位日本人分别获得一二三等和佳作奖。

本次“旅华故事”征文活动是以促进中日友好交流和相互理解为目的，向拥有旅华经验（包括目前正在中国）的日本人征集他们旅华期间的珍贵往事，特别是那些符合中日和平友好条约精神的原创作品。

据了解，主办方审查员评价作品主要依据以下标准。一是符合“难忘的旅华故事”主题，写出了令人感动、印象深刻的故事，二是通过自己独特的旅华经验，使读者感受到勇气、希望等充满“正能量”，三是对今后的中日关系的良性发展，有着积极引导的作用。

此次征文是去年举办、广受好评的“难忘的中国留学生故事”的扩大版。据主办方介绍，此次共收到125篇作品，都是作者亲历的倾心之作，有的作者依然生活在中国，有的作者已经回到日本。

获奖名单如下：http://duan.jp/cn/2018shou.htm。

主办方将把获得中国大使奖和一二三等奖的40部作品结集出版在日本公开发行。颁奖典礼暨出版纪念酒会将于11月22日中国驻日大使馆举行。

人民网 people.cn
2018年9月13日

公明新聞
2018年
10月26日

中国 私の留学時代

公明党参院議員　西田 実仁

学生、教授との交流は「宝」

日中関係をテーマに出版する、日本僑報社の段躍中代表から、「中国留学のエピソードを」と依頼があり、『忘れられない中国留学エピソード』【写真】に拙文を寄せた。そこで私の中国留学時代をお伝えしてみたい。

留学したのは1982年、私が慶応義塾大学経済学部の2年生で19歳だった。留学先は、北京語言学院。世界各国からの留学生で溢れていた。中国に留学したいという思いは、高校時代からだろうか。

母が10歳まで旧満州で育ち、「戦争に敗れて逃げ帰ってくるときに、現地の中国人に食べるものや着るものなど、大変に世話になった」と幼い頃から聞いていた。もし、母がそこで亡くなれば、今の私は存在しないわけで、「自らのルーツともいうべき中国大陸に渡って、中国の人々と中国語で話ができるようになりたい」という素朴な思いからだった。

初めての海外が中国・北京。両親と離れて一人暮らしをするのも初めて。薄暗い洗い場で、衣服を手洗いするのも初めて。その思い出は、年を重ねるごとに、より膨らみ、私にとって貴重な「宝」となっていることを実感する。

2004年、参院議員に送り出していただき、日中の諸問題に直接、携わる機会を拝した。13年、国家主席就任前の習近平氏と公明党の山口那津男代表が約70分間、会談する場に陪席した。その後、15年、そして今年9月、山口代表とともに中国・北京へ渡り、安倍晋三首相の親書を要人に手渡すなど、中国との交流窓口として、働かせていただいている。

留学の思い出は、楽しいことばかりだ。語言学院の前の五道口の商店で、当時はまだ配給制だった肉票や布票を使って、肉や洋服を買ったこと、ちょうど20歳になったお祝いに、同班同学と気の抜けたビールで乾杯したこと、郊外には馬車でわらを運ぶ農民がいて、その糞に当たりそうになったこと、などなど。

ある初老の大学教授との出会いも忘れられない。当時、中華人民共和国が誕生して33年。先生はそれまでの様々な出来事を振り返りながら、自宅で夜の「互相学習」の時間を持ってくださった。とても心地よかった。目的は、日本語と中国語を相互に学びあうことだったが、実際にはほとんど中国語による会話となった。ときに諭すように、ときに嘆き、ときに笑い、そして期待を込めて、話しかけてくれた優しい眼差しは今も忘れていない。当時の中国を、そして日中関係を深く考えるきっかけとなった。

日中の学生が集まって、誰かの誕生日に「餃子会」と称して、宿舎内で、いろいろなものを餃子の皮に包んで食べたことは昨日のことのように思い起こす。中国に留学できれば最高だ。そして、旅行でも、仕事でも、とにかく触れ合うことから交流は始まる。お互いに引っ越すことのできないお隣の国にいるのだから。

（にしだ・まこと）

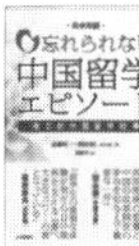

段躍中編『忘れられない中国留学エピソード』（日本僑報社＝☎03・5956・2808＝2600円＋税）

中国留学時代の西田氏（右から3人目）＝1982年

THE YOMIURI SHIMBUN
讀賣新聞　2018年3月18日

記者が選ぶ

忘れられない中国留学エピソード

段躍中編

中国で日本語を学ぶ学生たちの作文コンクールを長く催してきた出版社が、今度は日本人の中国留学経験者を対象に、留学エピソードをつづる作文を募集した。本書は入賞作を含む計48本を収録した。

還暦を過ぎてMBA（経営学修士）コースに入学した人、現在はネットラジオで活躍する人など、経歴も様々だが、体験している内容も幅広い。不幸な歴史を抱えているだけに、心温まる体験ばかりではない。だが、留学がそれぞれの人生に、大切な何かを刻んだことがよく分かる。行って暮らしてみることの意義や魅力が伝わってくる。

今回の取り組みで友好親善が深まるというのは、単純すぎる理解かもしれない。だが、継続していくことで育つものが、確実にあると感じられた。（日本僑報社、2600円）　（佑）

讀賣新聞 オンライン　2018年3月28日

ライフ　本よみうり堂　コラム　記者が選ぶ

『忘れられない　中国留学エピソード』段躍中編

2018年03月28日

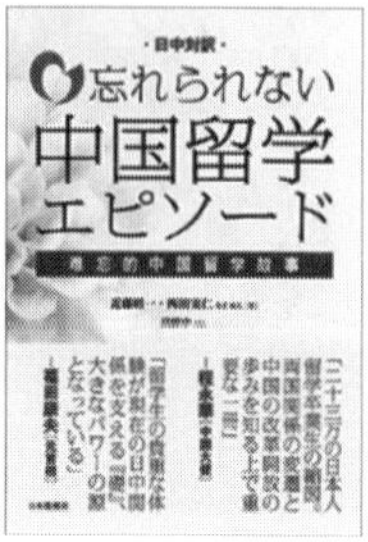

中国で日本語を学ぶ学生たちの作文コンクールを長く催してきた出版社が、今度は日本人の中国留学経験者を対象に、留学エピソードをつづる作文を募集した。本書は入賞作を含む計48本を収録した。

還暦を過ぎてMBA（経営学修士）コースに入学した人、現在はネットラジオで活躍する人など、経歴も様々だが、体験している内容も幅広い。不幸な歴史を抱えているだけに、心温まる体験ばかりではない。だが、留学がそれぞれの人生に、大切な何かを刻んだことがよく分かる。行って暮らしてみることの意義や魅力が伝わってくる。

今回の取り組みで友好親善が深まるというのは、単純すぎる理解かもしれない。だが、継続していくことで育つものが、確実にあると感じられた。（日本僑報社、2600円）（佑）

しんぶん赤旗　2018年5月13日

忘れられない中国留学エピソード

段躍中編

中国政府の発表によるとこれまでに中国を訪れた日本人留学生は約23万人。日中国交正常化45周年の2017年、これら留学経験者を対象に呼びかけられた第1回「忘れられない中国留学エピソード」コンクールの入選作品集です。抗日戦線にも従事した日本嫌いの先達の学者に思い切って質問し、快く受け入れられた経験（堀川英嗣氏）など45作品を収録します。中国語対訳つき。

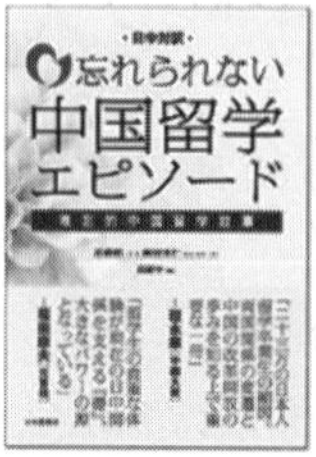

（日本僑報社・2600円）

国際貿易　2018年1月30日

近着の 図書紹介

■『忘れられない中国留学エピソード』（段躍中編・日本僑報社・2600円＋税）

日本僑報社は17年、日中国交正常化45周年を記念して第1回「忘れられない中国留学エピソード」コンクール（当協会などが後援）を実施した。93本の応募があり、45本が入賞。応募者は20代から80代、留学時期は70年代から現代まで。入賞作と留学経験のある国会議員の近藤昭一、西田実仁氏による寄稿、親族から送られた故幾田宏氏（享年89歳）の日記の一部を収録。小林陽子氏（深圳大学留学）は日本にいた時に中国人から日本の習慣について質問攻めに遭い、答えに窮していた。しかし、留学してみると、日本人の習慣になかったことを不思議に思い、質問ばかりしている自分を発見した。日中対訳になっている。（亜娥歩）

人民中国 PEOPLE'S CHINA　2018年2月号

東京　世代を超えた留学交流

昨年12月8日、駐日本中国大使館は中国留学経験者の交流の場として、「2017年中国留学経験者の集い」を開催した。約250人の参加者の年齢層は幅広く、世代を越えて中国留学の思い出や帰国後の様子を和やかに語り合った。

当日は「『忘れられない中国留学エピソード』入選作品集発刊式」も同時開催され、28年前の北京大学留学での経験をつづって一等を受賞し、訪中旅行の機会を得た岩佐敬昭さんは、「訪中旅行では中国人の友人と28年ぶりに再会した。見た目は変わったが、優しい瞳がそのままだった。ウイーチャットアドレスも交換したので、これからはいつでも連絡ができる」と喜びを語り、これを機会に引き続き中日交流を大切にしていく決意を新たにしたと締めくくった。

中国関連書籍紹介

【日中対訳】忘れられない中国留学エピソード

－難忘的中国留学故事－

近藤昭一、西田実仁など48人〈共著〉・段躍中〈編〉

日本僑報社
2,600円（税別）

日中国交正常化45周年記念・第1回「忘れられない中国留学エピソード」受賞作品集。お隣の国・中国がこれまでに受け入れた日本人留学生は累計23万人！この「中国留学エピソード」は、日中相互理解の促進をめざし中国留学の経験者を対象として2017年にスタート（日本僑報社主催）。記念すべき第1回には短期募集にも関わらず北京大学、南京大学など留学先は52校、20～80代までの幅広い世代による93本もの作品が寄せられた。本書には入賞作を含め計48本を収録。心揺さぶる感動秘話や驚きの体験談などリアル中国留学模様を届ける。

日本と中国
Japan and China Friendship Newspaper
2018年2月1日

23万人の日本人留学卒業生の縮図 『忘れられない中国留学エピソード』が発売

タグ：留学　中国　作文　コンクール

発信時間：2018-01-08 15:00:56 | チャイナネット | 編集者にメールを送る

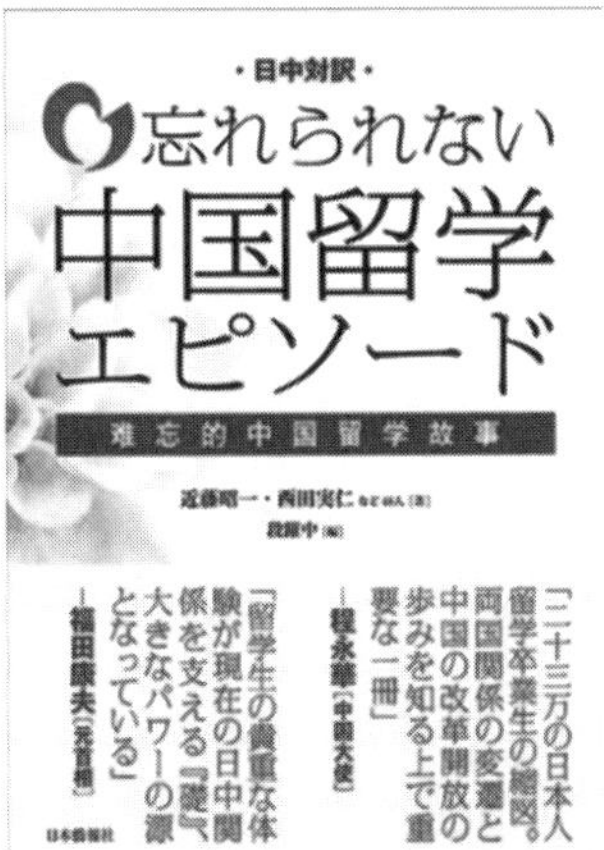

中日国交正常化45周年にあたる2017年、在日本中国大使館の支援のもとで、日本僑報社は日本の中国留学経験者を対象とした第1回『忘れらない中国留学エピソード』コンクールを開催した。45日間の募集期間に、政治家や外交官、ジャーナリスト、会社員、日本語教師、主婦、現役の留学生など各分野で活躍する人たちから93本の寄稿が集まった。入賞作を含め、その中から選ばれた48本の応募作品を日本僑報社は『忘れられない中国留学エピソード』という本に収録し、12月に出版した。

中国网
2018年1月8日

毎日新聞
MAINICHI
2018年
1月27日

憂楽帳

可愛い人

「あなたは顔が大きすぎるから、美容整形をして骨を削ったら?」。最近出版された「忘れられない中国留学エピソード」（日本僑報社）に、タレントを目指して北京電影学院に留学し、中国の同級生から整形手術を勧められた元留学生の体験談が載っている。

筆者で埼玉県在住の中国語講師、小林美佳さん(48)に聞くと、「結局、整形しなかったけれど、本当にショックで食事ものどを通らなかった」とふり返った。美容整形が珍しかった1990年代の話だ。

中国は今、市場規模で米国、ブラジルに次ぐ世界3位の「整形大国」になっている。旧知の女性が大きな整形手術をしていたことを知り、驚いたことも一度や二度ではない。その際、どう声をかけるか。実に悩ましい。

整形しようか悩んでいた小林さんを救ったのは「あなたは可愛い人」という別の同級生の一言だったという。

「美しい人が可愛いのではなく、可愛らしい人が美しいのです」。ロシアの文豪トルストイの言葉だ。もっと知られてほしい。　【浦松丈二】

2018.1.27

日中友好新聞

本の紹介

『忘れられない中国留学エピソード』近藤昭一・西田実仁など48人著　段躍中 編

日本僑報社は、日中国交正常化45周年の節目に当たる2017年を記念して、第1回「忘れられない中国留学エピソード」コンクールを開催しました。

本書は入賞作含め48本を収録。いずれも中国留学の楽しさ、つらさ、意義深さ、そして中国の知られざる魅力を日中対訳版で紹介。

発行に当たり、程永華中国大使は「23万の日本人留学生の縮図。両国関係の変遷と中国の改革開放の歩みを知るうえで重要な一冊」と評しています。

日本僑報社発行、定価2600円+税。問い合わせは同社☎03（5956）2808

2018年1月25日　2017年8月5日

「忘れられない中国留学エピソード」
作文の受賞者決まる

日中国交正常化45周年記念・第1回「忘れられない中国留学エピソード」を主催する日本僑報社は7月3日、厳正な審査の結果、作文の各賞受賞者を決定しました。

主催者にとっては、中国留学に関する作品の初めての募集。また募集発表から応募締切まで約45日間と短期間だったにもかかわらず、応募総数延べ93本、留学先の大学・学校は延べ52校で中国のほぼ全土にわたることが、明らかになりました。応募者は男性45人、女性48人。年代別では20代から80代まで幅広い年齢層でした。

入選作は、国交正常化45周年に合わせて原則として45作品とし、さらに入選作から1等賞10本、2等賞15本、3等賞20本を選出しました。

1等賞は、東京都の五十木正さん（留学先＝北京大学）らで、男性8人、女性2人。いずれもかけがえのない留学体験にもとづいた力作、秀作ぞろいで甲乙つけがたく、各審査員も大いに頭を悩ませました。

その中でも上位に選ばれた作品は、(1)「忘れられない中国留学エピソード」というタイトルにふさわしく、具体的かつ印象的なエピソードが記されたもの

(2)テーマ性、メッセージ性のはっきりしたもの

(3)独自の中国留学体験から、読者に勇気や希望、感動を与えてくれたもの——などの点が高く評価されました。

主催者は、入選作45本など計48本を1冊の作品集としてまとめ、日中2カ国語版として年内に刊行する予定です。

中日新聞 2017年7月26日

中国留学作文コンクール
県出身2人が1等賞

山本勝巳さん

市川真也さん

日中関係の出版社・日本僑報社（東京）の作文コンクール「忘れられない中国留学エピソード」で、星城大事務職員、山本勝巳さん(三二)=東海市富貴ノ台二=と、安城市出身の早稲田大四年、市川真也さん(二二)=東京在住=が一等賞の十人の中に選ばれた。二人とも中国での体験を通じ、市民レベルでの交流や相手の立場で考えることの大切さを訴えた。

コンクールは、日中国交正常化四十五周年を記念して行われた。二十代から八十代までの中国留学経験者や現役留学生九十三人から応募があり、今月上旬に受賞者が決まった。

山本さんは二〇〇七年三月から約一年間、北京の演劇大学・中央戯劇学院で中国語や演技を学んだ。作文では、中国のドラマに日本兵役で出演した経験に触れた。ロケ地で子どもたちから「バカヤロ」と怒鳴られたが、自分から中国語で話し掛けると次第にうち解け、日本のアニメのことで質問攻めにあった体験をつづった。

市川さんは一五年二月から半年余り、北京大に留学。寮で同室だった中国人と一緒に「抗日ドラマ」を見たのをきっかけに、日中戦争について知ろうと、旅順やハルビン、南京などを訪問。生存者の悲痛な声も聞き、「彼らの戦争体験、私が見てきたもの、すべてを伝えていかなければならないと心から感じた」と書いた。

受賞の知らせに、山本さんは「自分の考えに共感してもらえたのでうれしい」と述べた。市川さんは「一等賞になるとは思わなかった。多くの人に中国の現場を訪れてほしいと思う」と話した。

一等賞の受賞者十人は十一月に一週間の中国旅行に招待される。

（重村敦）

讀賣新聞 2017年5月27日

よみうり抄

◆「忘れられない中国留学エピソード」募集　中国留学の経験者や現役の留学生を対象に、思い出や日中関係への提言などを原稿用紙5枚（2000字）程度で募集。1等賞10人は1週間の中国旅行に招待。入賞者の作品は刊行予定も。31日まで。問い合わせは主催の日本僑報社（☎03・5956・2808）。

毎日新聞 2017年5月14日

中国留学エピソード募集

日中国交正常化から今年で45周年を迎えるのを機に、出版社「日本僑報社」（東京都豊島区）が「忘れられない中国留学エピソード」の作文を募集している。対象は中国留学経験者で、原則として日本人（現役留学生可）。テーマは「中国との出会い」や「恩師やクラスメートとの交流」「日中関係にプラスになるような提言」など。31日締め切り。問い合わせは同社（03・5956・2808）。

首页 新闻聚焦 新报专题 新报时评 文华TV 日中飞鸿 玩转日本 东瀛

当前位置： 新闻聚焦 > 日中之间 > > 内容

《难忘的旅华故事》征文赛在东京启动

来源：东方新报 作者：朱耀忠 时间：2018-04-03 分享到：

纪念中日和平友好条约签订40周年
首届《难忘的旅华故事》征文比赛在东京启动

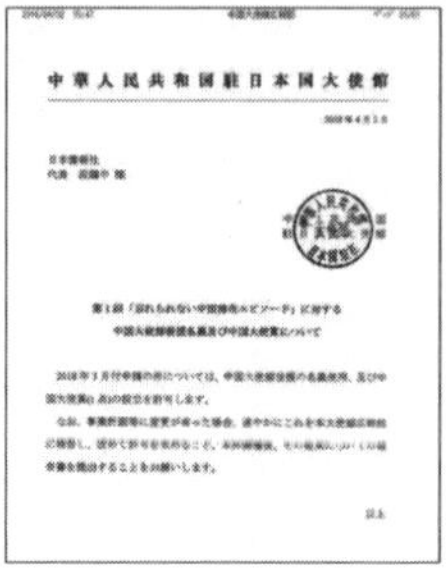

中国驻日本大使馆给主办方的通知

【本报讯】为纪念中日和平友好条约签订40周年，第一届《难忘的旅华故事》征文比赛，于4月2日在东京启动，中国驻日本大使馆向主办方——日本侨报出版社，发出了作为本次征文活动支持单位和同意设立"中国大使奖"的通知。主办方欢迎所有在中国生活和工作过的日本各界人士参加。

2018年4月3日☞

日本東方新報
—www.LiveJapan.cn—

☞2017年12月24日

首页 新闻聚焦 新报专题 新报时评 文华TV 东瀛旅游 在日指南

当前位置： 新闻聚焦 > 日中之间 > > 内容

中日双语版 《难忘的中国留学故事》在日本出版

来源：日本东方新报 作者：朱耀忠 时间：2017-12-24 浏览次数：52

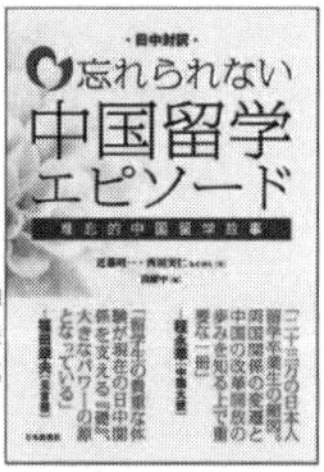

【本报讯】2017年度日本留华毕业生交流会暨《难忘的中国留学故事》首发式，日前在东京举行。

为纪念中日邦交正常化45周年，在中国驻日本大使馆的支持下，日本侨报社今年4月举办首届"难忘的中国留学故事"征文活动。45天里收到93篇文章。文章的作者既有退休的耄耋老人，也有还在中国学习的年轻学子，有外交官、大学教授还有企业高管，有的记录了因留学与中国的相遇结缘、与中国恩师和同学的交流、与当今中国的联系，有的讲述了结识的朋友与感受到的中国魅力，还有的对中日关系的发展提出了积极建议。

程永华大使在该书序言中表示："因作者的留学年代跨越了近半个世纪，留学大学遍及中国多省，由一个个小故事汇集而成的文集相映成趣，构成了23万日本留华毕业生的缩影，既反映出中日两国关系的时代变迁，也从一个个侧面反映出中国改革开放以来的发展历程"。

"通过阅读作品，充分了解到日本留学生在中国各地经历了各种体验，与中国老百姓深入开展真挚交流，这些成为支撑日中关系的重要基石和强劲力量源泉。"日本前首相福田康夫为该书所作的序言表示，构建未来的日中关系，两国人民之间的交流不可或缺。日本人要想了解中国，除留学外，通过旅游、研修、商务等多种途径与中国开展务实互动是非常重要的。

"到中国留学是人生的宝贵财富。"35年前曾在北京留学的日本参议员西田实仁在文中讲述了中国留学经历对自己人生的重大作用，他写道，"正是在中国的生活，让我更加了解中国、日本，以及身为日本人的自己。留学的作用不仅仅是语言技能的提高，更是人生感悟的收获。"

因留学中国而爱上中国并决心在中国生活一辈子的中村纪子特意从武汉赶回东京。已经在中国生活15年的她手持刊登自己获奖作品的《难忘的中国留学故事》一书，兴奋与激动之情溢于言表，眼角噙着泪水。

刊登了45篇获奖文章的《难忘的中国留学故事》12月中旬开始在日本各大书店上架。日本侨报社总编辑段跃中说，希望通过日本留华毕业生的文字，介绍所认识和理解的中国及中国人，让更多日本人了解去中国留学的意义，让更多日本人感受到中国的魅力。

中国驻日本大使馆教育处公使衔参赞胡志平表示，希望中日两国共同努力为两国青年到对方国家留学创造更加有利的环境，中国大使馆将继续鼓励和支持更多日本青年赴华留学深造。（作者：刘军国，图片：日本侨报社）

週刊読書人 2017年5月26日

第1回
忘れられない中国留学エピソード
募集（締切：5月31日）
主催：日本僑報社

■内容
忘れられない中国留学エピソード
※中国留学の思い出、帰国後の中国とのかかわり、近況報告、中国の魅力、今後の日中関係への提言など。テーマ性を明確に。
■対象
中国留学経験者※原則として日本人。現役留学生可。
■入賞数
45名（作品）
■文字数
４００字詰め原稿用紙５枚（２０００字）＋文末に略歴２００字以内（ワード形式で）※規定文字数のほか、郵便番号、住所、氏名、年齢、性別、職業、電話番号、連絡先（E-mail、微信ID）を記入のうえ送付。
■写真
留学時の思い出の写真、筆者の近影計2枚（ＪＰＧ形式で、サイズは長辺６００ピクセル以内）
■送付方法
原稿と写真を、E-mailで送付。
【あて先】
E-mail:45@duan.jp
※送信メールの「件名(タイトル)」は「忘れられない中国留学エピソード応募（お名前）」として、応募者の名前も明記。
■応募期間
２０１７年５月８日～５月31日
■入選発表
6月30日（予定）
■問い合わせ
「忘れられない中国留学エピソード係」☎０３・５９５６・２８０８

聖教新聞 SEIKYO SHIMBUN 2017年5月13日

募集

第1回 忘れられない中国留学エピソード

31日締め切り 日本僑報社

日本僑報社が、日中国交正常化45周年を記念し、第1回「忘れられない中国留学エピソード」の作品を募集している。

中国への日本人留学生は、受け入れが始まった1962年から2015年までに累計22万人を超えた。そうした多くの留学経験者（現役留学生含む）が対象で、留学時代の思い出や中国の魅力、帰国後の中国との関わり、日中関係への前向きな提言など、各人のエピソードを、テーマ性を明確にしてまとめる。

入選作45作品は作品集として8月に同社から刊行される。また、入選作の中から1等賞（10作品、中国大使館主催の「一週間中国旅行」に招待）、2等賞（15作品、2万円相当の同社書籍贈呈）、3等賞（20作品、1万円相当の同社書籍贈呈）が選ばれる。

詳細は公式ホームページ（http://duan.jp/cn/2017.htm）を参照。

文字数＝400字詰め原稿用紙5枚と掲載用略歴200字以内（どちらもワード形式）。規定文字数のほか、住所・氏名・年齢・職業・連絡先を記載。

写真＝2枚（留学時のもの、筆者の近影）を添付。

応募先＝日本僑報社内「忘れられない中国留学エピソード」係まで、メール（45@duan.jp）で作品と写真を送信する。

募集期間＝5月31日(水)まで。入選発表は6月30日(金)。

問い合わせ先＝日本僑報社、忘れられない中国留学エピソード係、電話03（5956）2808。

中日新聞 2017年5月12日

★中国留学エピソード募集

今年秋が日中国交正常化四十五周年の節目になるのを記念し、東京都豊島区西池袋の出版社・日本僑報社が「忘れられない中国留学エピソード」の原稿を募集している。

入選四十五作品を今年八月に同社が作品集として刊行するほか、後援の在日中国大使館が入選のうち一等賞の十人を八月に一週間の中国旅行に招待する。

同社は「経験者以外にあまり知られていない中国留学の楽しさ、つらさ、意義深さ、中国の知られざる魅力を書いてください」と積極的な応募を呼びかけている。

中国は国交正常化前の一九六二年から日本人留学生を受け入れ、二〇一五年までに累計で二十二万人を超えるという。作品募集の対象は日本人の中国留学経験者で、現役留学生も可。

四百字詰め原稿用紙五枚の本文と二百字以内の略歴、留学時の思い出の写真と筆者近影の二枚をEメールで送る。宛先は45@duan.jp。締め切りは今月三十一日。入選発表は六月三十日。問い合わせは日本僑報社＝電03（5956）2808＝へ。

日中国交正常化45周年記念

第1回「忘れられない中国留学エピソード」大募集

日本僑報社は、日中国交正常化45周年の年である今年、中国留学の経験者を対象とした第1回「忘れられない中国留学エピソード」原稿を募集します。

中国は1962年から日本人留学生を受け入れ、2015年までにその数は累計22万人を超えています（うち中国政府奨学金を受けた留学生は、計7000人余り）。

また2015年時点で、中国国内で学ぶ日本人留学生は1万4085人を数え、これは世界202カ国・地域にわたる計39万8000人の日本人留学生のうち、国別・地域で第7位にランクされています。

留学時代のとっておきのエピソード――中国との出合い、恩師とクラスメートなどとの思い出をはじめ、現在の中国とのかかわり、知る人ぞ知る中国の魅力、そしてこれからの日中関係にプラスになるような提言といった、国交正常化45周年にふさわしい幅広い内容のオリジナリティーあふれる作品が期待されています。

同社では、原則として45作品を入選作として選び、それらを1冊の作品集として刊行する予定。さらに入選作から、1等賞10本、2等賞15本、3等賞20本を選出。副賞として1等賞の受賞者10人は、中国大使館主催の「一週間中国旅行」に招待。2等賞と3等賞の受賞者には、それぞれ2万円相当と1万円相当の日本僑報社の書籍が贈呈されます。

募集内容は以下の通り。

■内容＝忘れられない中国留学エピソード
※中国留学の思い出、帰国後の中国とのかかわり、近況報告、中国の魅力、今後の日中関係への提言など。中国留学の忘れられない思い出に触れつつもテーマ性を明確にしてください。

■主催＝日本僑報社（http://jp.duan.jp）

■対象＝中国留学経験者
※原則として日本人、現役留学生可。

■入賞数＝45人

■文字数＝400字詰め原稿用紙5枚（2000字）＋掲載用略歴200字以内
※日本語、縦書きを想定のこと。表記は『記者ハンドブック』『用語の手引』等を参考にしてください。文字数のほか、住所、氏名、年齢、職業、連絡先（E-mail、電話番号、微信ID）を記入。

■写真＝留学時の思い出の写真、筆者の近影 計2枚

■応募期間＝5月8日～5月31日

■入選発表＝6月30日

○あて先＝〒171-0021 東京都豊島区西池袋3-17-15 日本僑報社内「忘れられない中国留学エピソード」係 担当、段、張本
E-mail：45@duan.jp（※作品はE-mailでお送りください）

○問い合わせ＝☎03（5956）2808 Fax03（5956）2809
※応募作品は、返却しません。
※個人情報は、本プロジェクトについてのみ使用します。

日中友好新聞　2017年5月5日

東京新聞

2017年
5月2日

日中国交正常化45周年を記念

中国留学 体験談を教えて

都内の出版社 作品募集へ

今年、日中国交正常化四十五周年となるのを記念し、中国留学の経験者を対象とした「忘れられない中国留学エピソード」を東京・西池袋にある出版社、日本僑報社が募集する。在日中国大使館などが後援しており、入選四十五作品を書籍として刊行するほか、一等賞十人には一週間の中国旅行が贈られる。

旅行は中国政府が主催するもので、国内の有名な史跡や都市を回り、歴史、文化を学ぶ内容。

中国の名門・復旦大学で行われた日本人留学生と中国人学生の交流会＝4月、上海で（坂井華海さん提供）

中国は一九六二年から日本人留学生の受け入れを始めた。二〇一五年までに累計約二十二万人（うち中国政府奨学金を受けた留学生は、計七千人）を超えた。

また、中国国内で学ぶ日本人留学生数は約一万三千六百人（一六年現在、中国政府まとめ）となり、韓国、米国などに次ぎ九番目だが、若者の留学離れの影響などから日本の順位は年々下がっている。

テーマは、留学時代のエピソードや、恩師とクラスメートなどとの思い出、自分が出会った中国の魅力、日中関係への提言など自由。日本僑報社の段躍中社長は、「中国留学の楽しさを伝える作品を期待します」と話している。

四百字詰め原稿用紙五枚分で、年齢制限はなく、現在留学中でも可。応募方法など詳細は、日本僑報社＝http://jp.duan.jp＝へ。

応募期間は五月八～三十一日まで。入選発表は六月三十日。

（五味洋治）

日本僑報社、「忘れられない中国留学エピソード」を募集

新文化

2017年
5月9日

日中国交正常化45周年を記念し、第1回「忘れられない中国留学エピソード」を開催する。中国留学経験のある日本人を対象に、5月8日、作品の募集を開始した。
応募作品のなかから入選45作を選出し、1等賞10点、2等賞15点、3等賞20点を決める。1等賞受賞者は、中国大使館主催の「一週間中国旅行」に招待される。また、入選作は1冊にまとめて単行本化し、8月に日本僑報社から刊行される予定。
応募締切は5月31日。入選発表は6月30日。

西日本新聞 2017年5月1日

中国留学思い出文募集
国交正常化45周年で

日本僑報社（東京）は、中国留学経験者を対象に「第1回忘れられない中国留学エピソード」の作品を募集している。今年が日中国交正常化45周年に当たることから企画した。入選作45作品は、同社が8月に書籍として刊行する予定。

中国留学の思い出や帰国後の中国との関わりなどをテーマに、日本語で400字詰め原稿用紙5枚（2千字）にまとめる。書籍掲載用の略歴（200字）、留学時の思い出の写真と筆者近影を添えて、メールで申し込む。募集は5月8～31日。入選者には在日中国大使館が主催する1週間の中国旅行などが贈られる。

メールアドレス＝45@duan.jp。問い合わせは同社＝03（5956）2808。

ニューストップ ＞ 海外ニュース ＞ 中国 ＞ 記事　@nifty ニュース

あなたの「忘れられない中国留学エピソード」は？―日中国交正常化45周年を記念した作文コンクール始まる

いいね！0　シェア　ツイート

2017年4月23日

出版社・日本僑報社はこのほど、中国に留学した経験を持つ日本人を対象としたコンクール第1回「忘れられない中国留学エピソード」の原稿の募集を開始すると発表した。写真は留学経験者パーティー。（撮影・提供/段躍中）

出版社・日本僑報社はこのほど、日中国交正常化45周年の節目の年である今年、中国に留学した経験を持つ日本人を対象としたコンクール第1回「忘れられない中国留学エピソード」の原稿の募集を開始すると発表した。

中国は1962年から日本人留学生を受け入れ、2015年までにその数は累計22万人を超えている。2015年時点で、中国国内で学ぶ日本人留学生は1万4085人を数え、世界202カ国・地域で学ぶ計39万8000人の日本人留学生のうち、国・地域別で第7位にランクされている。

中国留学を経験した日本人は多数に上り、そこには1人ひとりにとってかけがえのない、数多くの思い出が刻まれてきた。駐日中国大使館がこれまでに中国に留学した「日本人卒業生」を対象にした交流会を開催したところ、卒業生たちがそれぞれに留学の思い出話に花を咲かせ、大いに盛り上がったという。

日　中　文　化　交　流　2017. 5. 1

日本僑報社がエピソード募集
「忘れられない中国留学」

日本僑報社（段躍中代表）が第1回「忘れられない中国留学エピソード」を5月8日から募集する。中国留学経験者を対象に、帰国後の中国との関わり、日中関係への提言など幅広い内容を受け付ける。入選した45作品は8月に単行本として刊行される予定。一等の10名は、中国大使館主催による一週間の中国旅行へ招待される。締切りは5月31日。入選発表は6月30日。字数、応募方法などお問合せは日本僑報社（電話03・5956・2808）まで。日中文化交流協会などが後援。

(1)第 398 号　日 中 月 報　2017（平・29）年 5 月 1 日

一般社団法人　日中協会　編集
日中月報
題字　茅　誠司

発行日　平成 29 年 5 月 1 日
発行所　一般社団法人　日中協会
毎月1回1日発行（4月・10月休刊）
〒112-0004　東京都文京区後楽
1-5-3　日中友好会館本館 3F
TEL (03) 3812－1683
FAX (03) 3812－1694
ホームページ　http://jcs.or.jp/

日中国交正常化 45 周年記念

第 1 回「中国留学の思い出」エピソードを大募集

入選作品集を刊行、1 等賞 10 名は「一週間中国旅行」に招待

主催／日本僑報社　後援／日中協会、駐日中国大使館　他

日本僑報社は、日中国交正常化 45 周年の節目の年である今年、中国留学の経験者を対象とした第 1 回「中国留学の思い出」エピソード原稿を大募集します！

公　明　新　聞
2017 年 4 月 21 日

◆第１回「忘れられない中国留学エピソード」募集

中国は1962年から日本人留学生を受け入れ、2015年までにその数は累計22万人を超え、数多くの思い出が刻まれた。そこで「忘れられない中国留学エピソード」を募集する。文字数は2000字で。応募期間は５月８～31日。入選発表は６月30日。作品は日本僑報社内「忘れられない中国留学エピソード」係あてにEメール＝45@duan.jpへ送信を。詳しい問い合せは☎03・5956・2808へ。

日本と中国　2017年5月1日

忘れられない中国留学エピソード作品募集中！

1等賞10人に「一週間中国旅行」招待

日本僑報社はこのほど、中国留学の経験者を対象とした第1回「忘れられない中国留学エピソード」作品を5月8日から31日まで募集する。（公社）日中友好協会などの後援。

中国は1962年から日本人留学生を受け入れ、2015年までに累計22万人を超える（うち中国政府奨学金を受けた留学生は7000人余り）。そこで、中国留学経験者なら必ずあるだろう「忘れられない中国留学エピソード」を募集する。応募作品の中から国交正常化45周年にちなみ45作品（1等10人、2等15人、3等20人）を選び、副賞として1等10人を、中国大使館主催の「一週間中国旅行」に招待する。

中国留学の楽しさ、つらさ、中国の魅力などを伝えるユニークな作品を幅広く集め、入賞作品は作品集としてまとめ刊行する予定。

第1回「忘れられない中国留学エピソード」募集内容

■**内容**：忘れられない中国留学エピソード　※思い出、帰国後の中国とのかかわり、近況報告、中国の魅力、日中関係への提言など（テーマ性を明確に！）。
■**対象**：中国留学経験者　※原則として日本人、現役留学生可。
■**文字数**：400 字詰め原稿用紙5枚（2000 字）＋掲載用略歴200 字以内 ※日本語、縦書きを想定のこと。表記は『記者ハンドブック』等をご参考ください。規定文字数のほか、住所、氏名、年齢、職業、連絡先（E-mail、電話番号、微信 ID）をご記入ください。
■**写真**：留学時の思い出の写真、筆者の近影　計2枚
■**入賞数**：45 名（作品）■**特典**：応募作品は単行本として8月に日本僑報社から刊行予定。※入選作品から、1等賞 10 本、2等賞 15 本、3等賞 20 本を選出。1等賞の受賞者は中国大使館主催の「一週間中国旅行」（8月実施予定）に招待。2等賞と3等賞の受賞者にはそれぞれ2万円相当と1万円相当の日本僑報社の書籍を贈呈。
■**応募期間**：2017 年 5 月 8 日～5月 31 日　■**発表**：6 月 30 日
○**作品応募先**　E-mail：45@duan.jp　※作品は E-mail でお送りください。
○**問合せ**：Tel 03-5956-2808　Fax03-5956-2809　担当：段、張本
※ 応募作品は、返却しませせん。※ 個人情報は、本件のみに使用します。
応募の詳細は、日本僑報社HP（http://duan.jp/cn/2017.htm）に掲載

人民日报

2018年1月5日

日报 周报 杂志

人民网 people.cn

人民日报海外版 2018年01月05日 星期五

返回目录

往期回顾 分类检索

《难忘的中国留学故事》在日出版

《人民日报海外版》（2018年01月05日 第07版）

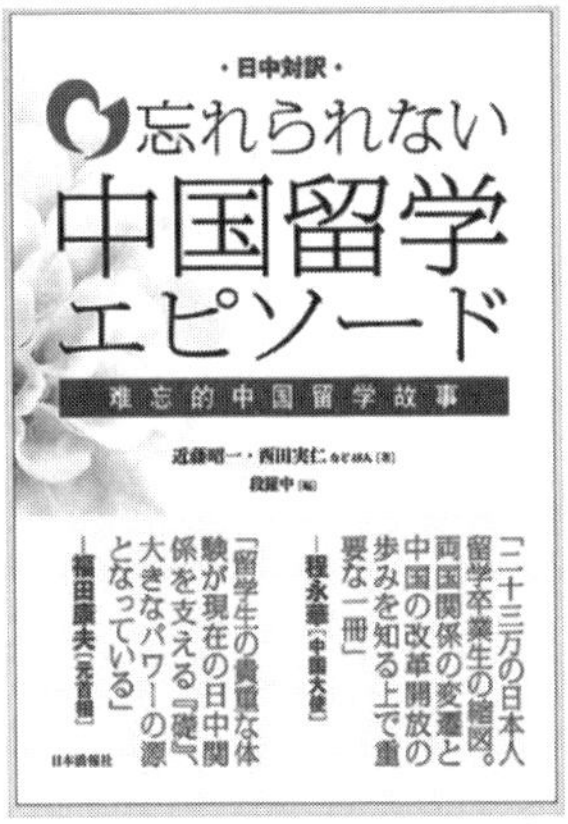

2017年12月中旬，刊登了45篇获奖文章的《难忘的中国留学故事》在日本各大书店上架。

为纪念中日邦交正常化45周年，在中国驻日使馆支持下，日本侨报社今年4月举办首届"难忘的中国留学故事"征文活动。45天里收到93篇文章，作者既有退休老人，也有还在中国学习的年轻学子，有外交官、大学教授还有企业高管，文章记录了因留学与中国的相遇结缘、结识的朋友与感受到的中国魅力，有的还对中日关系发展提出了积极建议。中国驻日本大使程永华与日本前首相福田康夫为该书作序。日本侨报社总编辑段跃中说，希望通过日本留华毕业生的文字，让更多日本人感受到中国的魅力。

（刘军国）

光明日报

2018年4月3日

报纸 杂志 光明日报 2018年04月03日 星期二

往期回顾 数字报检索 返回目录 ＜上一期 下一期＞

感知中国 "用真心碰撞真心"

作者：本报记者 张冠楠　《光明日报》（2018年04月03日 12版）

自1979年，中日两国政府就互派留学生达成协议后，两国留学生交流不断得到发展。据统计，截至目前，日本累计赴华留学人数超过24万人，其中享受中国政府奖学金的日本留学生超过7000名。2016年，在华日本留学生人数为13595人，在205个国家44.3万留学生中位列第九位。

从2015年开始，中国驻日本大使馆每年年底都会举办日本留华毕业生交流会，受到日本各界好评。在去年的交流会上，日本文部科学省、外务省、人事院、日本学生支援机构、日本中国友好协会等机构、团体的有关负责人、各界留华毕业生代表等约300人出席交流会。中国驻日本大使馆公使刘少宾代表程永华大使在致辞中表示，希望留华毕业生充分发挥自己的优势，积极推动中日两国在各领域的交流合作，为增进两国人民的相互理解和长期友好作出更大贡献。期待更多日本青年到中国留学，加入到中日友好的行列。

留学中国故事多

国之交在于民相亲。中日两国作为一衣带水的邻邦，2000多年来人文交流对两国文化和社会发展一直发挥着重要的作用。2017年，为纪念中日邦交正常化45周年，在中国驻日本大使馆的支持下，日本侨报社在2017年4月举办首届"难忘的中国留学故事"征文活动。45天里收到93篇文章，其中获奖的文章均被收录至《难忘的中国留学故事》一书中，其中的作者有已经退休的老人，也有尚在中国学习的年轻学子；有经济界人士，也有知名的国会议员，讲述了在中国的留学经历，分享了在中国留学的体验。

中国驻日本大使程永华在《难忘的中国留学故事》序言中表示，因作者的留学年代跨越了近半个世纪，留学大学遍及中国多省，由一个个小故事汇集而成的文集相映成趣，构成了23万日本留华毕业生的缩影，既反映出中日两国关系的时代变迁，也从一个个侧面反映出中国改革开放以来的发展历程。日本前首相福田康夫为该书所作的序言表示，"通过阅读作品，充分了解到日本留学生在中国各地经历了各种体验，与中国老百姓深入开展真挚交流，这些成为支撑日中关系的重要基石和强劲力量源泉。"

www.news.cn
新华网
NEWS
www.xinhuanet.com

2017年12月11日

中国驻日使馆举办2017年度日本留华毕业生交流会

中国驻日本大使馆公使刘少宾在交流会上致辞。新华网记者 姜俏梅摄

新华网东京12月11日电(记者 姜俏梅)2017年度日本留华毕业生交流会8日在中国驻日本大使馆举行。日本文部科学省、外务省、日本学生支援机构、日本中国友好协会等机构及各界留华毕业生代表200多人出席交流会。

2017年4月17日

“难忘的中国留学故事”征文活动在日本启动

2017-04-17 12:35:45　来源：新华社

新华社东京４月１７日电（记者杨汀）为纪念中日邦交正常化４５周年，首届“难忘的中国留学故事”征文活动１７日在东京启动。

“难忘的中国留学故事”征文活动由日本侨报出版社主办，获得中国驻日本大使馆、日中协会等支持，邀请有在中国留学经历的日本各界人士，以２０００字的篇幅讲述在中国留学期间的难忘故事，介绍所认识和理解的中国及中国人等，在中日邦交正常化４５周年的大背景下弘扬中日友好。

日本侨报出版社社长段跃中表示，希望通过留学生的作品，让更多人了解到在中国留学的意义，让更多人感受到中国的魅力。

活动将在５月８日至３１日期间受理投稿，遴选４５篇获奖作品结集出版，并从中选出一等奖１０名、二等奖１５名、三等奖２０名。评选结果将于６月３０日公布。

按照活动规则，一等奖得主将获得中国大使馆赞助赴中国旅行一周的奖励。二等奖及三等奖得主将获得日本侨报出版社出版的书籍。

据中国驻日本大使馆教育处的数据，中国从１９６２年开始接受日本留学生，５５年来日本累计赴华留学人数超过２２万，其中享受中国政府奖学金的日本留学生超过７０００名。截至２０１５年１２月，在华日本留学生人数为１４０８５人。中国驻日本大使馆从２０１５年年底开始每年举行一次日本留华毕业生交流会，受到日本各界好评。

人民网
people.cn

2017年12月09日

《难忘的中国留学故事》在东京首发

2017年12月09日20:09　来源：人民网-人民电视

视频介绍

当地时间12月8日晚，2017年度日本留华毕业生交流会暨《难忘的中国留学故事》首发式在中国驻日本大使馆举办。来自日本文部科学省、外务省、日本中国友好协会等机构、团体的有关负责人，各界留华毕业生代表等约300人出席交流会。（人民日报记者 刘军国）

人民网 people.cn　人民网 >> 日本频道

2017年4月17日

“难忘的中国留学故事”征文活动在日本启动

原标题：“难忘的中国留学故事”征文活动在日本启动

为纪念中日邦交正常化４５周年，首届“难忘的中国留学故事”征文活动１７日在东京启动。

“难忘的中国留学故事”征文活动由日本侨报出版社主办，获得中国驻日本大使馆、日中协会等支持，邀请有在中国留学经历的日本各界人士，以２０００字的篇幅讲述在中国留学期间的难忘故事，介绍所认识和理解的中国及中国人等，在中日邦交正常化４５周年的大背景下弘扬中日友好。

日本侨报出版社社长段跃中表示，希望通过留学生的作品，让更多人了解到在中国留学的意义，让更多人感受到中国的魅力。

活动将在５月８日至３１日期间受理投稿，遴选４５篇获奖作品结集出版，并从中选出一等奖１０名、二等奖１５名、三等奖２０名。评选结果将于６月３０日公布。

編者略歴

段 躍中（だん やくちゅう）

日本僑報社代表、日中交流研究所所長。

中国湖南省生まれ。有力紙「中国青年報」記者・編集者などを経て、1991年に来日。2000年新潟大学大学院で博士号を取得。

1996年日本僑報社を創立。以来、書籍出版をはじめ、日中交流に尽力している。

2005年1月、日中交流研究所を発足、中国人の日本語作文コンクールと日本人の中国語作文コンクール（現「忘れられない中国滞在エピソード」）とを同時主催。

2007年8月に「星期日漢語角」、2008年に出版翻訳のプロを養成する「日中翻訳学院」、2018年に「日中ユースフォーラム」を創設。

2009年日本外務大臣表彰受賞。

武蔵大学「2020年度学生が選ぶベストティーチャー賞」受賞。

現在北京大学客員研究員、湖南大学客員教授、立教大学特任研究員、武蔵大学非常勤講師、日本経済大学特任教授、湖南省国際友好交流特別代表（湖南省人民政府より）、群馬県日中友好協会顧問、中国新聞社世界華文伝媒研究センター「特聘専家（特別招聘専門家）」、埼玉県日中友好協会特別顧問などを兼任。

著書に『現代中国人の日本留学』『日本の中国語メディア研究』など多数。

詳細：http://my.duan.jp/

The Duan Press

日中平和友好条約締結45周年記念出版

「香香《シャンシャン》」と中国と私

第6回「忘れられない中国滞在エピソード」受賞作品集

2023年12月26日　初版第1刷発行

著　者　三日月大造・高畑友香・清水哲太郎・森下洋子など45人

編　者　段 躍中

発行者　段 景子

発売所　日本僑報社

〒171-0021 東京都豊島区西池袋3-17-15

TEL03-5956-2808　FAX03-5956-2809

info@duan.jp

http://jp.duan.jp

e-shop「Duan books」

https://duanbooks.myshopify.com/

ISBN 978-4-86185-340-1

日本僑報社好評既刊書籍

新装版 「ことづくりの国」日本へ
そのための「喜怒哀楽」世界地図

NHK「中国鉄道大紀行」
等で知られる俳優・旅人
関口知宏 著

鉄道の旅で知られる著者が、人の気質要素をそれぞれの国に当てはめてみる「『喜怒哀楽』世界地図」持論を展開。

四六判248頁 並製 定価1800円＋税
2018年刊 ISBN 978-4-86185-266-4

愛と心のバレエ
ユーラシアの懸け橋に 心を結ぶ芸術の力

和中清 著
松山バレエ団
清水哲太郎 森下洋子 監修

松山バレエ団創始者松山樹子をはじめ、清水哲太郎、森下洋子らの人生を追い、松山バレエ団の足跡をたどる一冊。

四六判184頁 並製 定価2200円＋税
2023年刊 ISBN 978-4-86185-338-8

悠久の都 北京 中国文化の真髄を知る

北京を題材とした小説・
エッセイ作家の第一人者 劉一達 著
天安門の毛沢東肖像画を描いた
新聞漫画家の第一人者 李濱声 イラスト

風情豊かなエッセイとイラストで描かれる北京の人々の暮らしを通して、中国文化や中国人の考えがより深く理解できる。国際社会に関心を持つすべての方におすすめの一冊！

四六判324頁 並製 定価3600円＋税
2022年刊 ISBN 978-4-86185-288-6

日中ユースフォーラム2020
ポストコロナ時代の若者交流

段躍中 編

「中国人の日本語作文コンクール」「忘れられない中国滞在エピソード」上位受賞者たちがネット上に集い、ポストコロナ時代の国際交流について活発な討論を行った開催報告書。日中両国に新たな活力とポジティブエネルギーを注ぎ込む一冊。

四六判168頁 並製 定価1800円＋税
2021年刊 ISBN 978-4-86185-308-1

日中語学対照研究シリーズ
中日対照言語学概論
―その発想と表現―

大東文化大学名誉教授 高橋弥守彦 著

中日両言語は、語順や文型、単語など、いったいなぜこうも表現形式に違いがあるのか。
現代中国語文法学と中日対照文法学を専門とする高橋弥守彦教授が、最新の研究成果をまとめ、中日両言語の違いをわかりやすく解き明かす。

A5判256頁 並製 定価3600円＋税
2017年刊 ISBN 978-4-86185-240-4

わが七爸《おじ》 周恩来

第1位
Amazon
ベストセラー
歴史人物評伝 2022.9.29-10.1

元北京大学副学長
周爾鎏 著
日中翻訳学院 馬場真由美、松橋夏子 訳

新中国創成期の立役者・周恩来はどのような人物であったのか。親族だからこそ知りえた周恩来の素顔、真実の記憶、歴史の動乱期をくぐり抜けてきた彼らの魂の記録。

A5判280頁 上製 定価3600円＋税
2019年刊 ISBN 978-4-86185-268-8

日中中日翻訳必携
基礎編 翻訳の達人が軽妙に明かすノウハウ

武吉次朗 著

古川 裕（中国語教育学会会長・大阪大学教授）推薦のロングセラー。著者の40年にわたる通訳・翻訳歴と講座主宰及び大学での教授の経験をまとめた労作。

四六判177頁 並製 定価1800円＋税
2007年刊 ISBN 978-4-86185-055-4

日中中日翻訳必携シリーズ

- 実戦編Ⅴ **直訳型、意訳型、自然言語型の極意** 高橋弥守彦、段景子 編著 2200円+税
- 実戦編Ⅳ **こなれた訳文に仕上げるコツ** 武吉次朗 編著 1800円+税
- 実戦編Ⅲ **美しい中国語の手紙の書き方・訳し方** 千葉明 著 1900円+税
- 実戦編Ⅱ **脱・翻訳調を目指す訳文のコツ** 武吉次朗 著 1800円+税
- 実 戦 編 **よりよい訳文のテクニック** 武吉次朗 著 1800円+税

中国語・日本語翻訳のプロ人材を育成
日中翻訳学院

中文和訳の高橋塾 講師：高橋弥守彦 受講生募集中！詳しくはHPをご覧ください☞